LES FINS DU COMMUNISME

Françoise THOM

LES FINS DU COMMUNISME

CRITERION
11, rue Duguay-Trouin 75006 Paris

ISBN : 2.7413.0048.8
Dépôt légal : février 1994
Première édition

« Toutes les expériences passées disparaissent devant l'exemple épouvantable donné par le dernier siècle. Encore enivrés de ses vapeurs, il s'en faut de beaucoup que les hommes... soient assez de sang-froid pour contempler cet exemple sous son vrai jour, et surtout pour en tirer les conséquences nécessaires ; il est donc bien essentiel de diriger tous les regards sur cette scène terrible. »

Joseph de Maistre,
Essai sur le principe générateur des constitutions politiques.

« Pour moi je n'ai aucun doute : il est impossible d'échapper au socialisme. »

V. Kojinov,
Narodnaïa Pravda, 7 déc. 1992

INTRODUCTION

Paysage après la bataille

Les tragiques de l'Antiquité affirmaient que la destinée véritable d'un homme n'est lisible qu'au moment de sa mort. La même chose est vraie du communisme : son effondrement fulgurant, son bizarre hara-kiri nous donnent une vision plus exacte de ce qu'il a été. Ce retour en arrière est nécessaire si l'on veut tenter de cerner les causes du malaise de l'après-communisme, qui tient entre autres à cette impression d'avoir remporté une victoire trop facile, ou même d'avoir donné dans un piège ourdi par ceux-là mêmes qu'on croyait détruire. Comment expliquer que le régime communiste se soit écroulé au moment où il semblait avoir réduit les oppositions avec succès (on se souvient des énergiques mesures prises par Andropov contre la dissidence) ? S'il n'a pas été vaincu par la résistance de ses victimes ni par l'intervention du monde extérieur, qu'est-ce qui l'a précipité vers sa perte ? Quel est le prix d'une victoire sans combat ? La force du bolchevisme était visible à tous, elle impressionnait les étrangers et hypnotisait les sujets de l'empire communiste. Mais où était sa faiblesse, qui a brutalement éclaté au grand jour au moment de la perestroïka gorbatchévienne ? Où situer le début de la fin du régime de Lénine ? Aujourd'hui, quand les archives s'entr'ouvrent, quand les mémoires des protagonistes foisonnent, on peut essayer d'aborder cette question, cruciale si l'on veut déchiffrer la physionomie de l'après-communisme et comprendre quels éléments du régime ont été emportés pendant la molle tempête de 1989-91 ; et lesquels ont refait surface, mettant fin à la brève euphorie des « révolutions de velours », freinant la difficile convalescence des sociétés post-totalitaires.

I

Les failles et les forces du régime

« La gêne du commandement fatiguera comme celle de l'obéissance. »

Montesquieu,
L'Esprit des Lois

« Le mal, arrivé à un certain point, s'égorge lui-même, et cela doit être ; car le mal qui n'est qu'une négation a, pour mesures de dimensions et de durée, celles de l'être auquel il s'est attaché et qu'il dévore. Il existe comme le chancre qui ne peut achever qu'en s'achevant. »

Joseph de Maistre,
Essai sur le principe générateur des constitutions politiques.

Les bolcheviks se sont emparés du pouvoir à la faveur du vide politique provoqué par l'effondrement de l'autocratie russe. Le gouvernement provisoire avait été incapable de créer des institutions qui fonctionnent : toutes ses tentatives d'ordre s'étaient heurtées au chaos d'une société qui se défaisait à toute allure, rongée par la réunionite et les Soviets. Lénine se proposait d'encadrer cette société en pleine anarchie. L'ordre artificiel voulu par les bolcheviks s'imposa sans peine au terme d'un coup d'État aussi facile que les « révolutions de velours » qui emportèrent le communisme soixante-douze ans plus tard, et les bolcheviks eurent autant de mal à croire à leur victoire inattendue que leurs successeurs étonnés à la défaite du PCUS. Le vide et le chaos les avaient mis en selle ; le vide et le chaos les mèneront à la débâcle finale.

Le parti bolchevik était avant tout conçu comme une machine à écraser l'ennemi. Le régime bolchevik a connu deux moments de vitalité extraordinaire, deux apogées qui coïncidaient avec les périodes où il avait un adversaire réel à se mettre sous la dent : la guerre civile et la Deuxième Guerre mondiale. Ce sont les seules périodes où il n'est pas en crise. Durant tout le reste de son existence, le régime communiste a connu un état de réforme chronique et a flirté avec sa propre destruction, soit en introduisant des éléments de marché (sous la NEP), soit en poussant à outrance la logique socialiste (pendant la collectivisation), soit en sapant les fondements idéologiques sur lesquels il reposait. Même en pleine période stalinienne, le régime garde quelque chose de précaire, qui est perçu par les contemporains, comme si le chaos sous-jacent menaçait d'affleurer à la surface à tout instant. Le 5 janvier 1940, le savant Vernadski écrit dans ses carnets : « Un jour il n'y a pas eu de pain. Le chaos était total, et on se rend compte qu'une panique est tout à fait possible avec toutes ses conséquences... Le mécontentement monte, et il peut être terrible. » Le 3 novembre, il note : « La foule soutient aujourd'hui Staline, mais si les circonstances changent elle soutiendra n'importe qui. Elle ne pense qu'à survivre. » Le 21 janvier 1941, il constate : « Le communisme policier se renforce et a pratiquement absorbé la structure de l'État... Plus de vingt ans après la révolution, ce régime ne donne pas une impression de solidité[1]... »

Quelques jours après la mort de Staline, Beria soumet au Présidium un projet de perestroïka, prévoyant entre autres la liquidation à terme du Goulag, l'émancipation des medias, la réunification de l'Allemagne ; programme qui, s'il eût été

1. Cité in *NG* 9/6/92.

appliqué, eût débouché sur la liquidation du parti communiste. Khrouchtchev prend les devants et se débarrasse de Beria. Mais il adoptera des éléments de sa politique : le monde communiste ne se remettra jamais du XXe Congrès, même si l'âge d'or du soviétisme semble être la période brejnévienne. A partir de la déstalinisation, le régime commence à avoir mauvaise conscience. L'épisode Beria, et à un moindre degré l'intermède Khrouchtchev, annoncent un élément qui sera déterminant dans la chute du régime communiste : la désaffection des élites à l'égard du système qu'elles sont censées servir et dont elles profitent largement. Lorsqu'on réfléchit aux causes de l'effondrement accéléré du communisme, il faut avant tout se souvenir que ce régime répugnait à ceux-là mêmes sur lesquels il appuyait son pouvoir. Plus un apparatchik ou un membre du parti se compromettait pour promouvoir sa carrière, plus il en concevait une sourde rancune à l'égard de ceux qui le forçaient de commettre ces bassesses — car, pour se justifier à ses propres yeux, il se représentait son avilissement comme une violence qui lui était faite. Socrate péchait par excès d'optimisme lorsqu'il affirmait que nul n'est méchant volontairement. Mais l'expérience du totalitarisme et de sa fin foudroyante prouve que rares sont ceux qui aiment à être, ou plutôt à se sentir, méchants. Dès qu'ils en eurent l'autorisation, les serviteurs du régime se mirent à mentir un peu moins, à relâcher leur emprise sur les hommes et les choses. Finalement c'est au sein du système que sont apparues les forces qui ont organisé sa liquidation : comme au sein d'une famille d'alcooliques peut naître un fils qui déteste l'ivrognerie, pour reprendre une comparaison de l'ex-Premier ministre Ryjkov[2].

On a expliqué la débâcle du bolchevisme par le sursaut occidental incarné par la politique reaganienne. En fait,

2. Nous aurons souvent à revenir sur son livre *La perestroïka : histoire des trahisons*, Moscou 1992, un des témoignages les plus intéressants sur les événements évoqués ici. Contrairement à la plupart des Mémoires des différents acteurs de la perestroïka, ce livre contient des accents personnels et des observations révélant une réflexion vraie.

lorsqu'on cherche à localiser le coup initial porté au communisme, la blessure première dont il ne se remet pas, on s'aperçoit qu'il faut remonter toujours plus haut. Certes, le XXe Congrès a déclenché des mouvements qui aboutiront à l'effondrement de 1989. Mais Staline n'a-t-il pas creusé une brèche tout aussi fatale au régime, bien que moins visible, en décevant les espoirs qu'il avait laissé poindre pendant la guerre ? Et que dire des grandes purges de 1937, de la dékoulakisation et de la collectivisation, qui selon certaines sources mirent le pays au bord de la guerre civile ? Staline avait de bonnes raisons de se laisser aller à la panique pendant les deux premières semaines de l'attaque allemande — il ne se faisait pas d'illusions sur la solidité de son pouvoir. On peut pourtant remonter plus en amont encore : l'écrasement de la révolte de Kronstadt prive définitivement le régime bolchevik de la légitimité dont il se réclamait. Toutes ces failles successives semblent colmatées par le temps : mais le grand déballage de la glasnost montre que rien n'avait été véritablement oublié, qu'aucune blessure ne s'était cicatrisée.

Lénine s'est imposé par la force de sa volonté qui, après avoir cimenté le parti bolchevik, formera la charpente de l'État soviétique ; de tous les successeurs possibles de Lénine Staline l'emporte car il possède la volonté la plus tenace. La machine étatique est animée par la volonté d'un seul homme. Les décisions les plus infimes sont renvoyées vers le haut. Lorsqu'on prend connaissance de la correspondance de Lénine, on est frappé des vétilles sur lesquelles le chef de l'État bolchevik était forcé de se pencher. Cette propension du système à ignorer la délégation, à se soustraire à la décision en la renvoyant plus haut, en s'en remettant à la volonté d'un seul homme, lui coûtera finalement la vie. Le régime ne produisant que des exécutants, où se trouvera-t-il des chefs ? Le déclin des systèmes totalitaires commence par leur « routinisation »[3] : le parti

3. V. Roger Scruton « Totalitarianism and the Rule of Law » in E.F. Paul, *Totalitarianism at the Crossroads*, Londres, 1990.

contrôle la société plus par des règles et des coutumes que par l'énergie de ses dirigeants ; le pouvoir est assuré par le fonctionnement automatique de la machine bureaucratique, qui repose sur l'obéissance des citoyens ; celle-ci dure tant qu'est vivant le souvenir de la terreur. A partir de la mort de Staline, le régime existe en signant des chèques sur un compte qui n'est plus approvisionné — il est vrai que Staline avait laissé à ses héritiers un vaste capital de terreur, qui fut long à s'épuiser. Le dérèglement de la volonté commence à se manifester sous Khrouchtchev, le premier des leaders velléitaires de l'URSS. Khrouchtchev s'est montré dépourvu d'esprit de suite, son règne n'a été qu'une succession d'engouements passagers à la Bouvard et Pécuchet, souvent destructeurs. Brejnev a su cacher sa mollesse têtue dans l'inertie générale qu'il a sagement entretenue. Mais l'acharnement de son entourage à le maintenir au pouvoir, alors que dès 1973 il est évident pour ses proches qu'il est incapable d'assurer ses fonctions, révèle déjà la profondeur du mal. Le médecin de Brejnev, E. Tchazov, a laissé une description saisissante du refus obstiné des responsables du Politburo à prendre une décision en vue de trouver un successeur à Brejnev. En 1973, Andropov lui confie : « Il faut tout faire pour cacher les insuffisances de Brejnev. Si la lutte pour le pouvoir commence dans l'anarchie où nous sommes, nous risquons de détruire l'économie et le système. » En 1974, la question se pose à nouveau : « Andropov était en proie à un désarroi visible. Malgré son opiniâtreté... il était désorienté dans certaines situations, lorsqu'il devait trouver une solution qui convienne à la fois à la cause servie par lui avec dévouement et à ses propres intérêts. A ces moments j'avais l'impression qu'il avait peur... Andropov prit sur lui de tout raconter à Souslov. Il revint de cette rencontre de fort méchante humeur... Souslov avait manifesté son mécontentement d'avoir été choisi pour prendre une décision[4]. » Après la mort de Brejnev, Andropov tente de lutter contre le mal en déterrant les vieilles

4. E. Tchazov, *Zdorovie i Vlast*, Moscou, 1992, p. 132.

recettes de pouvoir, mais sous des dehors de tchékiste endurci, lui aussi est un velléitaire[5]. Avec Gorbatchev le mal de la volonté frappant les leaders soviétiques devient incapacitant. C'est en évitant les décisions, en temporisant à l'infini que l'instigateur de la perestroïka a porté le coup de grâce au système qu'il croyait réformer : la combinaison d'une rhétorique du changement avec une pratique immobiliste s'est révélée fatale. L'aboulie progressive du régime se manifeste de manière plus singulière encore durant le putsch d'août 1991 : son instigateur, le chef du KGB Krioutchkov, a longtemps été l'ombre d'Andropov et, pour reprendre l'expression du général du KGB Oleg Kalouguine, « il a toujours gardé une mentalité d'adjoint, même lorsqu'il eut à occuper des postes importants[6] ». Le comportement de nos Pinochets à la mode soviétique a stupéfié les observateurs étrangers : que penser de conjurés qui lancent un coup d'État et disparaissent ensuite pour se saouler à mort jusqu'au lendemain matin ? Les putschistes étaient des exécutants privés de chef. Ils ont agi se croyant assurés d'un soutien d'en haut. Dès que ce soutien a fait défaut, ils sont retombés comme des marionnettes dont on a coupé les ficelles. Le moment du putsch est celui où l'aboulie gorbatchévienne rencontre celle de toute la vieille direction du PCUS. Les bolcheviks ne sont même plus capables de garder un pouvoir que personne ne leur conteste sérieusement ; une dernière fois, ils déçoivent les masses qui espéraient voir l'anarchie prendre fin et rêvaient d'ordre.

Le naufrage du régime ne guérit pas le mal de la volonté qui afflige la société tout entière[7]. Le succès d'Eltsine tenait en grande partie à son apparente résolution. Mais Eltsine

5. Outre l'ouvrage de Tchazov cité plus haut, je me réfère au témoignage de G. Gvichiani, le gendre de Kossyguine, qui a bien connu Andropov.

6. V. Stepankov et E. Lisov, *Kremlëvskii Zagovor*, Moscou, 1992.

7. Le dissident du nazisme, Hermann Rauschning, notait un phénomène identique dans l'Allemagne hitlérienne : « La destruction d'une moralité supérieure s'associe toujours à un affaiblissement de la volonté... » *La révolution du nihilisme*, Gallimard, 1980. Nous reviendrons souvent à ce livre, écrit en 1938, dans lequel Rauschning essaie de penser la situation allemande et les voies de sortie du totalitarisme.

s'avéra tout aussi incapable de persévérance que son prédécesseur. Chez lui des poussées d'activité succèdent à de longues éclipses durant lesquelles mêmes ses proches collaborateurs n'arrivent pas à le joindre.

Un facteur a particulièrement contribué à l'avachissement des organes du parti, à leur étiolement progressif. Dès les premiers jours du régime, toute la structure du parti et de l'État est appuyée sur le réseau invisible et efficace des « organes ». La Tchéka s'occupait de tout : des livraisons en blé, des orphelins, des épidémies, des incendies et, après la NEP, de l'organisation du capitalisme d'État. Subordonnés au parti en apparence, les « organes » doublent toutes les institutions, ils dispensent la justice, gèrent l'intendance, exécutent les grands travaux du socialisme, administrent le complexe militaro-industriel, patronnent les lettres et les arts, conduisent la politique étrangère. Formellement soumis au parti, les tchékistes semblent vider ce dernier de sa substance : et ce, depuis les premiers jours du régime soviétique. A partir de la période de Khrouchtchev, sous l'énergique direction du jeune Chelepine, le KGB évince peu à peu le parti dans la conquête des élites. Il écrème le Komsomol, cueille les jeunes les plus prometteurs dès le début de leurs études. Durant la dernière période, le poids grandissant du KGB s'est reflété dans les institutions : en 1973, le chef du KGB entre au Politburo ; la constitution de 1977 place au nombre des « devoirs » du citoyen soviétique, au même titre que le service militaire, la participation à la sécurité d'État ; le décret du 17 mars 1978 libère le KGB de sa subordination au Conseil des ministres. Le KGB ne dépend plus que du Politburo. « La police du parti » avoue être l'exécutif du Politburo. Sa puissance se manifeste au grand jour lorsqu'elle ose s'attaquer aux proches du secrétaire général lui-même. Oleg Kalouguine apporte un témoignage éloquent de cette transformation du KGB sous Andropov : « Le KGB a été systématiquement renforcé, il a retrouvé sa puissance passée, ses effectifs n'ont cessé de s'accroître... Il a pénétré dans toutes les sphères de la société, il s'est occupé à sa manière des questions militaires, politiques et économiques... Il a réussi à s'assurer un contrôle total sur toutes les actions qui menaient à la création d'une opposition réelle au régime. Andropov s'acquittait de ces tâches avec persévérance et talent[8]... »

Les organes ont le privilège des contacts avec le monde extérieur. A partir des années 60, lorsque ces contacts se multiplient, les organes commencent à s'intellectualiser : toutes sortes de « think tanks » gravitant dans leur orbite se créent, Institut des États-Unis et du Canada, Institut d'Amérique Latine, Institut de l'Économie mondiale et des Relations internationales (le fameux IMEMO), et le plus fameux de tous, l'Institut des Sciences sociales du Comité central créé en 1964[9], dont le premier recteur, Fiodor Ryjenko, est un ami d'Andropov. Les organes ont une relation de symbiose avec l'Académie des Sciences, l'Académie des Sciences se confond avec les organes. C'est vers 1966 que l'expression « approche scientifique » devient à la mode[10]. Ce processus, entamé sous Khrouchtchev, culmine au début des années 80. En 1970, 51 % des officiers du KGB avaient une formation universitaire ; en 1987, ce chiffre est passé à 88 %[11]. Les archives du KGB révèlent que le taux de recrutement de la gent intellectuelle dans les domaines intéressant la sécurité d'État allait jusqu'à 70 %. Cette évolution ne pouvait pas ne pas entraîner une érosion de l'idéologie — au cœur même du système. L'impulsion à la perestroïka partira de ces « académocrates », de cette frange intellectualisée et occidentalisée des organes qu'Andropov fait accéder au cœur de la machine du pouvoir. La rapidité avec laquelle la glasnost balaiera les vaches sacrées de la

8. *Sobesednik*, n° 29, 1990.

9. Voir à ce propos l'excellent article d'E. Novikov in *Stolitsa*, n° 30, 1991. Les stagiaires communistes français et italiens s'étant déclarés choqués de voir les enseignants soviétiques en costume sombre, cravate et chemise blanche, le recteur convoque ces derniers et leur enjoint de se laisser pousser la barbe et les cheveux. Un magasin spécial est ouvert dans l'Institut, où le personnel peut se procurer des jeans et des nu-pieds. Les thésards sont tenus d'assimiler le style « décontracté » de rigueur dans la gauche occidentale.

10. E. Bagramov, in *NG* 24/01/92.

11. *Sbornik KGB SSSR*, n° 124, 1988.

doctrine marxiste-léniniste ne peut s'expliquer que par ce travail antérieur qui s'était fait dans les esprits au sein de l'establishment durant les années précédentes.

Cette « intellectualisation » du régime accompagne un autre processus souterrain longtemps inaperçu, aux conséquences tout aussi fatales à terme pour le système (d'ailleurs on verra que c'est la rencontre de ces deux éléments et leur fusion qui fera tomber le communisme). La politique de « stabilité des cadres » proclamée par Souslov et Brejnev aboutit à un début de privatisation de fait des biens de l'État. La nomenklatura économique (directeurs d'entreprises et fonctionnaires des ministères) s'approprie les entreprises qu'elle est chargée d'administrer ; elle développe des circuits économiques indépendants du réseau d'État qui devient progressivement une coquille vide. Les postes clés dans l'appareil du parti deviennent des charges achetées par le plus offrant (d'où la montée en puissance de la nomenklatura économique autrefois sous la botte de l'appareil du parti). A mesure qu'elle s'émancipe, cette nomenklatura supporte de plus en plus mal la tyrannie de l'idéologie et le despotisme des instances centrales. L'exigence d'une plus grande autonomie des entreprises (c'est-à-dire d'une commercialisation plus grande des relations économiques), d'une décentralisation, est déjà perceptible dans la réforme de 1965 et l'ébauche de réforme de 1979. L'apparition de ce que certains économistes russes appellent le « marché bureaucratique » n'a certes pas entraîné la naissance d'un droit de propriété : les directeurs d'entreprises, les secrétaires de parti (après août 91 les présidents de Soviets et les chefs d'administration) de tous niveaux disposent de leur fief comme de leur bien, mais ils n'en sont pas légalement propriétaires — leur position tient à l'appartenance à une corporation, dont les règles de fonctionnement internes deviennent aussi rigoureuses que si elles étaient codifiées. Il est rare qu'on perde une charge acquise à prix d'or : dans les cas extrêmes, un fonctionnaire est déplacé dans un autre fauteuil de valeur équivalente. Autrement dit, les élites dirigeantes de l'URSS post-stalinienne commencent à être protégées par la coutume, ce qui les rend plus indépendantes du système et moins tributaires de la légitimité idéologique.

Cependant il était inévitable que la question de la propriété se posât un jour ou l'autre : et c'est ce qui se produisit en 1988, lorsque les républiques baltes réclamèrent la propriété de leur sol et de leurs ressources. C'était le début de la fin. Dans un certain sens on peut dire que le système communiste et l'État soviétique ont péri parce que la propriété n'y était pas définie. Dès que les biens publics furent perçus comme un gâteau à partager entre des concurrents toujours plus nombreux et plus effrontés, dès que les positions dans la hiérarchie de l'État furent considérées comme un moyen d'accès privilégié à la curée, la paix civile prit fin. « A partir de 1983, nos réformes ont consisté à accorder à certaines catégories une priorité pour dépouiller toutes les autres », a constaté You. Skokov, l'ancien responsable de l'administration du président Eltsine [12]. La volonté d'indépendance des républiques, des régions et des municipalités reflète avant tout le désir de réaliser localement un droit de propriété.

Cette évolution se traduit par une ascension lente mais irrésistible de la nomenklatura économique, le deuxième groupe de la corporation soviétique régnante, au détriment du premier groupe dominant à l'origine, celui des fonctionnaires du parti, des apparatchiks proprement dits. Ces derniers régentent l'idéologie, les media, l'éducation, et surtout ils contrôlent « la politique des cadres ». L'émergence de la nomenklatura économique devient visible lorsque des cadres économiques atteignent le sommet de la machine du parti, grâce au cumul des fonctions : par exemple, un ministre devient automatiquement membre titulaire ou membre suppléant du Politburo [13]. Le « putsch » d'août 1991 ne fera que révéler un état de fait beaucoup plus ancien : depuis longtemps le pouvoir ne se trouvait plus là

12. *NG*, 10/06/93.

13. V. O.G. Miasnikov « Smena praviaščikh elit : "konsolidacia" ili "večnaïa skhvatka" ? » in *Polis*, n° 1, 1993.

où l'on croyait qu'il était. Un coup d'Etat d'opérette suffit à balayer les derniers vestiges de ce qu'on prenait pour le pilier du régime et qui n'était plus qu'un fétiche : l'empire des « partocrates ». L'élite dirigeante était arrivée au moment où pour élargir ses privilèges elle a dû mettre à mort le système qui lui avait fourni ces privilèges.

Le fait que le pouvoir réel demeurât caché n'a pas empêché l'usure des institutions, au contraire. Celles-ci sont utilisées les unes contre les autres dans la lutte pour le pouvoir. Les Soviets (organismes d'État) sont opposés aux comités du parti — tactique employée par Staline puis par Gorbatchev ; l'accent est mis tantôt sur le gouvernement (à la fin du règne de Staline), tantôt sur le secrétariat du parti (au début du règne de Khrouchtchev). Le pouvoir personnel masque mal un chaos sous-jacent que le grand leader peut faire surgir à sa guise dans des opérations de type « révolution culturelle », lorsqu'il s'agit d'effrayer les cadres ou de relâcher la tension accumulée dans la société. L'oppression communiste ne s'exerce pas seulement par la tyrannie, elle repose tout autant sur le désordre qui force les citoyens de se heurter les uns aux autres dans les multiples conflits dont est faite l'existence socialiste. Les compétences ne sont pas définies, les pouvoirs ne sont pas divisés, les administrations prolifèrent et légifèrent à tour de bras. La dictature parvenait à tenir en bride le chaos inévitable dans une société à qui l'auto-organisation est interdite. A mesure que le pouvoir personnel s'affaiblit, le désordre gagne du terrain, sans toutefois que la société puisse en profiter pour développer ses institutions : les organes sont là pour interdire toute organisation suspecte. La conscience que les leviers habituels de pouvoir patinaient à vide sur le pays a été un des motifs incitant Gorbatchev à se lancer dans une réforme politique. Là encore, la rapidité avec laquelle les liens anciens (économiques et politiques) se sont défaits montre à quel point le mal était avancé. Vue d'aujourd'hui, quand l'Eurasie ex-soviétique a sombré dans une pagaille sans fond, la fragilité de l'ordre totalitaire, encadrement rudimentaire posé sur un corps social amorphe, se distingue sans peine, à travers toute la période soviétique, y compris l'ère stalinienne.

Le mystère tient donc plutôt à la durée de ce régime qu'à sa fin sans gloire. Les Russes aiment à dire : « Notre pays est vaste », comme si cette constatation expliquait la décourageante idiosyncrasie du devenir russe, le fait que l'organisation politique évolue à si grand-peine et va d'effondrement en effondrement chaque fois que le système est complètement vermoulu. A la différence des nations européennes, la Russie s'est constituée en empire en même temps qu'elle se rassemblait en État. Dès le début État et empire ont été confondus. La structure impériale freinait le développement de l'État [14] ; les distances entravaient l'organisation politique de la société. Sous le régime soviétique ces facteurs se sont exercés à leur manière, différant indéfiniment les effets de la dégradation du système, et la prise de conscience de ces effets. Montesquieu a remarqué que le gouvernement despotique périt par son « vice intérieur », « lorsque quelques causes accidentelles n'empêchent point son principe de se corrompre » ; ces « causes accidentelles », qui emportent les autres gouvernements, maintiennent en vie les régimes despotiques. En URSS l'invasion allemande a joué ce rôle, en apportant au système communiste un second souffle.

Il faut aussi tenir compte du poids des « organes ». On savait certes que le régime communiste était un régime policier, mais c'est seulement avec le développement de la glasnost et surtout l'ouverture des archives que l'on peut prendre une pleine mesure de la place occupée par les « organes » dans la société communiste. Le député Vlasov avait fait scandale lors du Ier Congrès des députés du peuple fin mai 1989 lorsqu'il avait brisé le tabou protégeant les

14. On a une illustration frappante de ce facteur en 1992-1993, quand la question du statut des républiques autonomes de la fédération russe a indéfiniment prolongé le débat sur la constitution, tandis que l'État russe s'affaiblissait dans cette indétermination juridique.

organes : « ... Le KGB n'est pas un service, c'est un véritable empire souterrain qui n'a pas encore dévoilé ses secrets, même si les tombes se sont ouvertes[15] »... Les archives du KGB lituanien montrent par exemple qu'un tiers de la population de la république était impliqué dans les organes, si l'on dénombre ensemble ceux qui persécutaient et ceux qui étaient persécutés. Tout le formidable réseau de tchékistes de base et de mouchards constitue une force redoutable qui a intérêt au maintien du statu quo, ne serait-ce que par crainte de révélations futures. Les organes omniprésents, la peur — justifiée — des organes maintiennent l'individu dans un état d'isolement qui rend impensable l'idée même d'une organisation indépendante du parti et de l'État. La circulation des idées est réduite, la qualité des idées en circulation s'en ressent puisque chacun est obligé de réinventer la bicyclette. Le fait que chaque génération soit forcée de repartir à zéro car les parents n'osent pas transmettre leur expérience à leurs enfants contribue aussi à la stagnation générale.

D'autre part le régime contrôle étroitement les élites. Il a su se rallier une bonne partie d'entre elles, par la corruption et l'intimidation. Nous évoquerons plus loin les traits de l'intelligentsia soviétique qui marquent le paysage politique post-communiste.

L'agressivité du régime à l'égard de ses sujets décline à partir des années 60. Mais la société ne sait pas profiter de ce relâchement, car la courte période d'euphorie et d'idéalisme que représentait le dégel khrouchtchévien — celle des « derniers romantiques » —, lorsque les élites intellectuelles

15. Même son de cloche chez Oleg Kalouguine, le premier « déçu de la perestroïka » dans les rangs du KGB : « Le KGB est un État dans l'État, il dispose d'un pouvoir colossal, il peut écraser n'importe quel gouvernement ». Voir *Nouvelles de Moscou*, 24 juin 1990. L'historien Walter Laqueur a comparé les effectifs du KGB et ceux de la Gestapo. En 1991, le KGB employait 513 000 fonctionnaires, alors qu'en 1944 la Gestapo ne comptait que 32 000 hommes. En 1937, à Dusseldorf, ville de 4 millions d'habitants, 291 personnes travaillaient pour la Gestapo ; en 1989, la région de Rostock comptant 900 000 habitants était contrôlée par une section de la Stasi de 3 600 hommes (sans compter un réseau de 10 000 mouchards). Voir *Novoe Vremia*, n° 20, mai 1993.

s'imaginaient qu'il leur serait possible de collaborer avec le système pour le bien commun, prend fin avec les procès Siniavski et Daniel et surtout après l'intervention en Tchécoslovaquie. Un petit nombre d'intellectuels se tournent vers la dissidence ; le reste pactise et choisit le cynisme. Pendant l'ère Brejnev, ce cynisme qui touche d'abord les élites se « démocratise » peu à peu en gagnant les masses. Une marée noire de misanthropie déferle sur les sociétés communistes. Le parti a perdu beaucoup de sa combativité, mais les citoyens, dégoûtés de l'existence sociale, soupçonneux des motivations de chacun, se réfugient dans l'apathie, l'alcool ou l'excentricité. La cause ultime de l'effondrement de tout système totalitaire a été décrite par Rauschning en 1938 : « Avec le nihilisme pour base, une dictature totale de la violence est possible, mais elle détruit ses fondements au fur et à mesure qu'elle inculque ses principes aux masses. La dictature de la violence vit de l'ancienne morale qui subsiste dans les masses. Quand elle en aura consumé le dernier reste, elle sera aussi faible, aussi creuse que le plus faible de tous les régimes. La dictature... vit des dernières valeurs personnelles mais elle est incapable de les régénérer. » L'affaiblissement du régime s'accompagne d'une démobilisation grandissante de la société, dans laquelle les plus lucides des dirigeants soviétiques voient une menace plus grave encore pour la survie du système que celle d'une confrontation avec la société. De cette conscience naît le projet de perestroïka.

II

La mise à mort du PCUS

« Comme toujours en Russie, la débâcle se fera d'un seul coup, et c'est au moment où l'on croira que les bolcheviks tiennent le mieux qu'ils prendront la fuite. »

Louis de Robien,
Journal d'un Diplomate en Russie,
5 septembre 1918

1. LES ORIGINES

La fronde des « académocrates »

A partir des années 60 on peut appliquer à la direction politique soviétique la distinction orwellienne entre « parti intérieur » et « parti extérieur ». Le pouvoir est détenu par le « parti intérieur », qui comprend les membres influents du Comité central, la haute hiérarchie du KGB, la haute hiérarchie militaire, le sommet de l'appareil d'État, le gratin de l'appareil économique et du complexe militaro-industriel. Chacune de ces instances s'entoure d'un réseau d'experts (les divers « referenty », conseillers, « consultants », speechwriters, recrutés parmi les chercheurs employés dans les divers instituts dépendant de l'Académie des Sciences, économistes, spécialistes des relations internationales, sociologues, etc.). Ce réseau constitue le « parti extérieur », le cerveau du régime.

Aujourd'hui on peut retracer les étapes de sa formation. Prenons par exemple le domaine de l'économie, puisque les économistes joueront un rôle crucial dans l'impulsion initiale de la perestroïka. En 1955, est créé l'Institut de recherches économiques du Gosplan, dirigé par A.N. Efimov. De cet institut sont issus A.I. Antchichkine, O. Bogomolov, N. Petrakov, Chataline, You. Yaremenko, futurs théoriciens de la réforme gorbatchévienne. L'Institut central d'Économie mathématique qui deviendra un « vivier d'antimarxistes et de partisans du marché[1] » est créé en 1963. Tous les économistes de la perestroïka sont passé par cet institut dirigé par N.P. Fiodorenko. La réforme de 1965 était déjà inspirée par ce groupe. En 1969, B.N. Mikhalevski et Chataline expédient au Gosplan un rapport sur l'état de l'économie. Les conclusions sont fort pessimistes. Kossyguine furieux téléphone à Keldych, alors président de l'Académie, pour manifester son mécontentement. C'est cependant Kossyguine qui met en vogue la coutume de consulter les experts et qui commence à organiser des rencontres avec les économistes, même si leurs conclusions le mettent en rage. Vers la même époque se développe l'Institut des Études sociologiques concrètes. En 1972, Chataline et Antchichkine proposent un « programme de progrès scientifico-technique ». En 1983, le Politburo crée la Commission de perfectionnement de la gestion de l'économie, dont dépend un groupe dirigé par D.M. Gvichiani, gendre de Kossyguine. Ce groupe proposera le passage au « khozrasčët » (« autonomie comptable ») réel, une décentralisation radicale, « une planification nouvelle », des investissements dans la sphère sociale. Lorsque Andropov assume ses fonctions au Comité central, Chataline rédige pour lui trois rapports sur l'économie soviétique, dans lesquels il ne mâche pas ses mots. « Il me téléphona, me remercia et je

1. S. Chataline in *NG*, 31/03/92.

sentis qu'une base venait de s'établir pour un travail commun ». « Dans un de ses rapports Andropov reprit la formule que nous avions avancée sur le caractère indispensable d'une amélioration complexe de la gestion de l'économie. Ce fut son testament en matière d'économie », rappelle Chataline bien des années plus tard. On retrouve Chataline à l'Institut d'Étude des systèmes dirigé par le même D. Gvichiani ; il y travaille pendant dix ans, créant notamment un séminaire intitulé « la modélisation systémique des processus socio-économiques ». En mai 86, Chataline entre à l'Institut d'économie et de pronostic du progrès scientifico-technique dirigé par Antchichkine. En juin 86, se tient à Voronej un colloque sur le thème « la modélisation systémique des processus socio-économiques ».

Le gouvernement Eltsine est également issu de la filière « académocrate » : Chokhine et Gaïdar sont des élèves de Chataline. Petr Aven a été un collaborateur de l'Institut international de l'analyse appliquée des systèmes situé à Vienne, qui semble avoir joué un rôle important dans la genèse de la « nouvelle pensée ».

Nous avons donné quelque idée ici de la nébuleuse académico-tchékiste gravitant autour des sciences économiques. Les relations internationales, le complexe militaro-industriel sécrètent des réseaux plus denses encore[2]. Aucun domaine de connaissance ne semble laisser les organes indifférents. Andropov va jusqu'à patronner l'histoire : en 1965, c'est lui qui confie à Roy Medvedev la tâche de rédiger une histoire du stalinisme[3].

Cette élite toujours plus nombreuse, qui bénéficie de privilèges inconnus du grand public soviétique, l'accès à la littérature étrangère, une relative liberté d'expression, le droit de se soustraire au moins en partie à la langue de bois,

2. Presque tous les savants soviétiques devenus les « ténors de la nouvelle pensée » ont travaillé aux programmes militaires des années 60 et 70 : c'est le cas d'E. Velikhov, de R. Sagdeev, de B. Rauchenbach, de G. Martchuk, de V. Goldanski et d'autres.

3. *Stolitsa*, nº 1, 1991, p. 8.

supporte de plus en plus mal l'obtuse tutelle des gérontes du « parti intérieur ». « Au début des années 80, la nomenklatura était proche de ce stade d'"idiotisme génial" lorsque chacune des actions qu'elle entreprenait se retournait objectivement contre elle », écrit A. Sobtchak[4], qui est une parfaite incarnation de la « nouvelle vague ». Celle-ci est consciente du déclin du pays, des menaces qui s'amoncellent de tous côtés, des bourdes commises en politique extérieure (ainsi il n'y pas de raison de mettre en doute l'académicien O. Bogomolov lorsqu'il affirme que les experts de l'Institut des Relations internationales avaient formellement déconseillé l'intervention en Afghanistan). Elle est de plus en plus sceptique quant aux vertus du système économique socialiste. Elle souhaite le développement des contacts avec l'Occident, dont elle se voit la principale bénéficiaire : chacun de ces « académocrates » rêve de voyager dans les pays capitalistes. Les jeunes Turcs du « parti extérieur » piaffent d'impatience en voyant la vieille garde du PCUS s'accrocher à ses fauteuils, mettre au panier les innombrables projets de réforme[5], les memorandums alarmistes concoctés par ses fougueux experts. Ils accumulent leur rancune et attendent leur heure, regroupant leurs forces sous la bienveillante protection des organes où Andropov leur est tout acquis. Les premiers coups aux gérontes de l'appareil sont d'ailleurs portés par Andropov lorsqu'il s'en prend à la famille Brejnev et commence à s'attaquer aux plus corrompus des satrapes régionaux. Les tchékistes n'ont jamais digéré l'instruction donnée au KGB et au MVD, en vertu de laquelle tous les dossiers compromettants sur la nomenklatura (à partir du rang de secrétaire d'obkom) doivent être détruits. « Le CC du PCUS ne prenait aucune mesure contre la pourriture dans notre société », se lamente Kalouguine[6].

4. *Khozdenie vo vlast*, Léningrad, 1991.

5. « On n'appréciait pas chez les consultants la capacité de formuler des idées nouvelles, mais celle d'enrober dans un vocabulaire nouveau les pratiques politiques anciennes », constate avec amertume E. Bagramov, spécialiste en politique nationale, qui avait essayé de tirer la sonnette d'alarme dès 1966. V. *NG*, 24/01/92.

6. *Nouvelles de Moscou*, 24 juin 1990.

Lorsque Gorbatchev accède au pouvoir, le « parti extérieur » renforce ses positions. Pour la première fois il dispose d'hommes à lui dans la forteresse du pouvoir, au sein du Comité central. Alexandre Yakovlev et Edouard Chevarnadzé sont les « chevaux de Troie » de nos « académocrates » au cœur du Parti intérieur. Nos perestroïkistes ont donc des hommes, ils croient aussi avoir une idéologie, en bons léninistes : la « nouvelle pensée » puisée en Occident de bric et de broc durant les années 60-70.

La « nouvelle pensée », fumeuse en elle-même (il suffit de prendre connaissance de quelques échantillons de la logorrhée gorbatchévienne pour s'en convaincre), tire sa cohésion du projet révolutionnaire qui l'anime. Elle se proclame rupture avec le passé — non seulement le passé soviétique, mais le passé de l'humanité tout entière. Elle se veut aussi totale. Chevarnadzé, l'un de ses principaux théoriciens, l'écrira expressément : « La nouvelle pensée — une **révolution globale** dans les esprits[7] ». Comme chez Lénine, cette « révolution globale dans les esprits » doit déboucher sur une réorganisation complète des sociétés humaines. Selon Chevarnadzé : « **L'organisation rationnelle de l'existence humaine à l'échelle globale...** apparaît comme une nécessité absolue. » « Pour la première fois nous commençons à prendre conscience... de **la nécessité de régulariser au niveau global de nombreux aspects de l'activité humaine.** » Dans son discours de Fulton (7 mai 1992), Gorbatchev fait chorus : « Le monde prend conscience qu'il est indispensable de créer des formes d'administration globale, auxquelles prendraient part tous les membres de la communauté internationale. »

Quel est le projet sous-jacent de la « nouvelle pensée » ? Celui de toutes les utopies, un « ordre nouveau » fondé sur la raison. La société voulue par Chevarnadzé et Gorbatchev est une république mondiale des savants et des philosophes, où une petite élite intellectuelle (le terme d'« architecte »

7. Les citations de Chevarnadzé qui vont suivre sont extraites de son livre *L'avenir s'écrit liberté*, Paris, 1992. Lorsqu'elles proviendront d'une autre source, celle-ci sera indiquée.

revient souvent sous la plume de Chevarnadzé) dicterait à la masse ignorante les lois de l'existence harmonieuse. Aux sources de la « nouvelle pensée » nous trouvons un projet d'ingénierie sociale totale, tout comme la doctrine léniniste repose sur l'ambition de former un homme nouveau. Dans les deux cas c'est le même refus de l'ordre humain naturel et, bien sûr, de la liberté. Chevarnadzé caresse toujours le rêve d'un socialisme mondial : « Je prévois qu'il sera indispensable de créer une infrastructure internationale spéciale pour protéger les catégories de la population les plus nécessiteuses[8]. » « Tant que des États supporteront un endettement colossal, sapant leur économie, et tant que n'aura pas été mis en place un ordre économique équitable assurant à tous sans exception un niveau de vie et de bien-être décent... la sécurité internationale sera instable et précaire. » L'un des attraits premiers du gorbatchévisme, en URSS et dans les pays occidentaux, a été le rôle dévolu aux intellectuels et aux technocrates dans le projet perestroïkiste, rôle d'architectes de l'ordre social qui n'avait rien à envier à la fonction d'« ingénieurs des âmes » attribuée aux écrivains par Staline[9]. L'autre attrait tient à la perspective d'un ordre gestionnaire, où le politique serait supplanté par la pure administration et où la classe politique ne serait donc plus menacée par l'alternance : le slogan des « valeurs humaines communes » implique au fond la liquidation de la politique, puisqu'il présuppose le consensus obligatoire et donc l'élimination de l'opposition.

Les pionniers de la perestroïka ne rompent donc que superficiellement avec l'idéologie bolchevique. De leurs prédécesseurs ils conservent une vision volontariste de la société, l'idée qu'une approche « scientifique » des problèmes à résoudre permettra d'en trouver la solution. Gorbatchev rencontrant l'économiste Petrakov dans les couloirs

8. *NG*, 4 janv. 92.

9. Il est significatif que Gorbatchev ait voulu bâtir sa stratégie de retour au pouvoir autour du « Fonds Gorbatchev », c'est-à-dire d'une ruche d'académiciens destinée à débaucher tous les « experts » ralliés à Eltsine. La lutte pour le pouvoir devient une lutte pour les académiciens.

du Kremlin l'apostrophait en ces termes : « Eh bien, as-tu inventé quelque chose[10] ? » dans une attente jamais lassée de trouver enfin la pierre philosophale qui transformerait la misère socialiste en prospérité capitaliste. Au fur et à mesure que la perestroïka ira de déboires en déboires, les dirigeants soviétiques et russes finiront par perdre confiance en leurs experts, et ils chercheront dans les universités américaines et le FMI l'assistance « scientifique » jugée requise pour le succès des réformes. L'étendue même de la décomposition de l'ancien système encouragera les rêveries volontaristes au sein de la direction politique eltsinienne et à l'étranger, comme si la Russie, une fois de plus, était redevenue cette page blanche sur laquelle les encyclopédistes français aimaient autrefois à projeter leurs songeries philosophiques. Les « thinks tanks », centres analytiques, instituts de recherche, etc., ne cesseront de proliférer, généreusement financés par les Occidentaux, durant toute la période perestroïkiste et post-perestroïkiste : à croire que l'ex-URSS n'était peuplée que de chercheurs en sciences sociales. Le seul Fonds Gorbatchev, modestement « orienté vers des programmes concrets devant contribuer en perspective à faire déboucher notre société vers une civilisation nouvelle », comporte : un Centre de programmes pronostics, un Centre de programmes globaux, un Centre de problèmes globaux, un Centre de programmes politologiques, un Centre de programmes sociaux, un Centre de programmes économiques. Chaque apparatchik en disgrâce y va de sa fondation ou de son « Centre de technologies informationnelles et sociales » *(sic)*.

La deuxième illusion bolchevique nourrie par les gorbatchéviens tenait à la conviction qu'il suffisait de remplacer les cadres pour que les choses se décident à aller mieux. Pour le « parti extérieur », la perestroïka était avant tout une purge de grande ampleur (allant jusqu'à la destruction du parti, ce qu'avait failli faire Staline), proportionnelle à la longue attente à laquelle il avait été contraint. Cet état

10. *Kuranty*, 29/01/93.

d'esprit survivra au démantèlement du PCUS et il entre dans les ambiguïtés du post-communisme, surtout en Russie[11].

La troisième illusion « académocratique » tenait à une surestimation de l'opinion : le projet perestroïkiste revenait à l'origine à une tentative de remodelage des consciences à l'aide de la glasnost, tentative mise en œuvre par Alexandre Yakovlev (v. *infra*). La priorité donnée à l'opinion, c'est-à-dire à la manipulation des consciences, au détriment d'une réforme intelligente de l'ordre réel des choses suffit à elle seule à expliquer le fiasco du gorbatchévisme, sa fin piteuse dans l'auto-incantation et l'incontinence verbale[12]. Gratchev décrit très justement Gorbatchev comme un « pédagogue social », « un homme capable de changer la réalité psychologique du pays... mais qui s'arrêtait devant la nécessité d'influer sur la réalité économique et sociale ». En cela Gorbatchev est un pur socialiste — son rapport au réel est un rapport de négation, comme pour tout socialiste : négation qui se traduit soit par la destruction, soit par la fuite dans la surréalité idéologique ou médiatique. Pour lui ce qui est important c'est le « mouvement » (d'où son expression fameuse « process pochol », « le processus s'est mis en marche » ou, traduit dans la novlangue du socialisme français, « ça bouge ») ; lorsqu'on lui demande ce que recouvre le concept de perestroïka, il se met en colère. Ces traits sont caractéristiques de toute l'équipe perestroïkiste. Chez Gorbatchev ils sont aggravés par des particularités qui hâteront la fin du système communiste et de l'empire soviétique.

11. Bien qu'à l'origine les rapports de Eltsine avec les « académocrates » aient été teintés de méfiance mutuelle. Eltsine n'a-t-il pas déclaré en 1987 : « Nous avons une énorme quantité d'instituts, surtout ceux qui dépendent des ministères et des administrations, que leurs employés s'en chargent, et s'ils ne veulent pas devenir vendeurs, on les mettra au travail à la chaîne ! » Cité in Jerzy Reinhardt, *Boris Eltsine et le réveil russe*, Stock, 1992, p. 49.

12. Dont un proche de Gorbatchev, Andreï Gratchev, nous fait un tableau saisissant dans son livre apologétique, *L'Histoire vraie de la fin de l'URSS*, Éditions du Rocher, 1992. Durant les derniers jours de son règne, après son retour de Foros, Gorbatchev ne sera préoccupé que des media et de l'opinion internationale, perdant la bataille pour le pouvoir car il a choisi le mauvais terrain pour mener la lutte.

La personnalité de Gorbatchev

> « Plus on examine les personnages en apparence les plus actifs de la révolution, plus on trouve en eux quelque chose de passif et de mécanique. »
>
> Joseph de Maistre,
> *Considérations sur la France*

Les observateurs occidentaux ne cessent d'attribuer aux réformes gorbatchéviennes le mérite de l'effondrement du communisme. En fait, si Gorbatchev a effectivement contribué à démolir le régime qui l'avait porté au pouvoir, c'est plus par sa personnalité et les limites mêmes de son intelligence politique que par une stratégie délibérée — même si *a posteriori*, faisant de nécessité vertu, il essaie de s'attribuer le mérite d'une évolution qu'il n'a pas voulue, de son propre aveu : « Je souhaitais développer le processus de démocratisation dans le cadre du système à parti unique [13]. » Ancien chef de Komsomol, habitué à déployer un simulacre d'activité et à déplacer beaucoup de vent pour se faire bien voir, habitué aussi à l'irresponsabilité, Gorbatchev résume toutes les qualités du bureaucrate soviétique grandi sous le « socialisme mûr » ; en lui — autre ironie de l'histoire — ces qualités fusionnent pour former un cocktail explosif qui déstabilisera le système. Les ingrédients de ce cocktail sont la dissimulation (le critique Viatcheslav Ivanov dit de lui : « Il n'a jamais été populaire ici, même pas dans les années 85-86... Bien sûr, il n'était pas toujours sincère. Je me demandais toujours ce qu'il pensait vraiment lorsque je l'entendais parler [14] »), la mesquinerie (selon le témoignage d'A. Yakovlev, la brouille avec Eltsine doit être imputée aux critiques dudit Eltsine à l'égard de Raissa : « Gorbatchev ne le lui pardonna pas [15]. »), l'esprit manœuvrier au point de l'inconséquence, le caractère influençable et senti-

13. *Obščaïa Gazeta*, nº 2, 21/05/93.
14. *NG*, 23/01/92
15. *IHT*, mai 92

mental (toujours selon Yakovlev : « Je ne pourrais dire que j'étais son ami le plus proche. On ne pouvait jamais prévoir qui il allait écouter. Il était imprévisible, on ne savait jamais ce qu'il allait faire... »), la « vanité, l'amour des signes extérieurs du pouvoir » (témoignage de Ryjkov), la propension à la trahison (en bon disciple de Staline, Gorbatchev a lâché tous ceux qui l'avaient appuyé — la liste est longue : Gromyko, Tchebrikov, Ligatchev, Chataline, Yavlinski, Yanaev, Loukianov, Yazov, etc.), la perte du sentiment des réalités[16], une propension à s'attacher à l'aspect extérieur des choses et à choisir le moindre effort (Gratchev : « L'esprit de système, l'insistance, l'organisation étaient étrangers à sa nature ; il profitait de la moindre occasion pour se "défiler". Cela l'ennuyait de quitter les hauteurs de son projets de transformation historique pour descendre vers la "prose de la vie"... Le décorum occupait parfois le président plus que les structures réelles du pouvoir... Il était bien plus simple et agréable de se pencher sur l'apparence extérieure de la puissance présidentielle »), le talent de l'apparatchik exemplaire à arrondir les angles, éviter les réalités gênantes en les noyant dans un flot de paroles hypnotiques (Gratchev : « En s'écoutant, il se prenait pour son propre interlocuteur et se persuadait plus qu'il ne persuadait les autres »). Pour Ryjkov, l'instinct théâtral propre à tout être humain était particulièrement puissant chez Gorbatchev qui aimait « jouer la comédie pour lui-même... Il le faisait avec goût, prolixité, et pendant un certain temps, avec assez de tact ». « Il aimait le sentiment du pouvoir... mais le pouvoir était pour lui avant tout un jeu. Son autoritarisme était, si je puis dire, sublime et romantique. » Les

16. Trait souvent passé inaperçu des Occidentaux, et qui pourtant explique bien des faux pas de Gorbatchev. Gorbatchev est enfermé dans la vision nomenklaturiste des choses, et tout ce qui dépasse ce cadre n'entre tout simplement pas dans le champ de son intelligence. Voici un exemple de son caractère imperméable au réel. Lors de son voyage en Lituanie en 1990, il avise un manifestant brandissant une pancarte réclamant l'indépendance de la Lituanie. Il se tourne vers lui et lui demande : « Qui vous a chargé de faire cela ? » En bon communiste, Gorbatchev ne croit pas à la spontanéité des masses. V. *NG*, 27/12/91

archives révèlent que Gorbatchev était aussi un « organisateur exécrable »[17]. « Il voulait rester au pouvoir dans toutes les circonstances... Incapable d'organiser, d'agir ni de prévoir... c'était un poltron sans volonté, tenace seulement dans la rancune : il a su balayer tous ceux qu'il trouvait sur sa route, seul Eltsine lui a résisté... » Ce portrait cruel dû à la plume du général Varennikov, un des putschistes d'août 1991, ne manque pas de vérité[18].

Toute la « ligne » Gorbatchev se déduit de ces traits, et il est facile de voir comment leur interaction a pu aboutir aux résultats que l'on sait. La vanité, le désir d'être encensé en Occident et dans son pays poussent Gorbatchev à se faire le champion du « changement » ; la soif de pouvoir inhérente au bureaucrate communiste l'incite à reprendre d'une main ce qu'il vient d'accorder de l'autre, mais pour éviter que n'en pâtisse son aura de « réformateur » il le fait de manière détournée et sournoise. Gorbatchev veut le beurre et l'argent du beurre : la gloire du « démocrate » en Occident et le pouvoir du dictateur communiste chez lui. Toute sa politique n'aura été qu'une suite d'oscillations entre ces deux aspirations contraires : Gorbatchev soumet le système à des secousses ininterrompues, mais il ne le laisse pas chercher un nouvel équilibre, après chaque coup porté il semble vouloir revenir au statu quo ante. Incapable de largeur de vues ni de générosité, incapable d'écouter autrui, « cherchant toujours à tirer la couverture à lui[19] », Gorbatchev est mû par des motivations mesquines et des impulsions de bureaucrate étroit, on l'a vu dans son attitude à l'égard de Sakharov lors du Ier Congrès, ou encore à l'égard de Eltsine. Rien ne pouvait être plus destructeur que cette politique. Les compatriotes de Gorbatchev ont vu ce que ses admirateurs occidentaux se dissimulaient obstinément : le comportement du premier secrétaire n'était pas seulement immoral, il était souvent parfaitement inintelligent. Chataline confie : « Je me suis souvent étonné de sa capacité à faire des

17. R. Pikhoia in *NG*, 31/03/93
18. Cité in V. Stepankov, E. Lisov, *Kremlëvskii Zagovor*, Moscou, 1992.
19. A. Volski in *NG*, 13/10/92

erreurs sans aucune raison, des erreurs qui dégénéraient en problèmes souvent insolubles[20]. » Même son de cloche dans la revue perestroïkiste *Vek XX i Mir* : « Il s'agitait, se trompait, faisait des sottises, étalait son incompétence et trahissait[21] ». Ryjkov explique : « Il était si sûr de lui qu'il s'interdisait de reconnaître ses lacunes et ses limites. » Le meilleur portrait de Gorbatchev est dû à la plume du journaliste de la *Nezavisimaïa Gazeta*, Pavel Felgenhauer : « Des flambées d'activité nerveuse, presque hystérique, alternaient avec de longues phases d'apathie passive. Souvent étonnamment prompt à céder et à tomber d'accord, il lui arrivait de faire preuve soudain d'un entêtement inattendu, de se vexer sans crier gare — il était constamment imprévisible dans son comportement, ce qui ne cessait de rendre chacun perplexe. On se demandait ce que Gorbatchev voulait au juste. Aujourd'hui il est clair qu'il ne le savait pas lui-même... Gorbatchev, souriant, bavard et inconstant toujours, en bien comme en mal[22]... » On s'interroge encore en Russie sur les effets à long terme du gorbatchévisme : « L'influence corruptrice du style politique et de la personnalité de Gorbatchev sur nous s'est montrée durable... Nous avons tous été ses disciples. Sans nous en rendre compte nous nous sommes enfoncés dans des vétilles pseudo-importantes et dans des calculs mesquins[23]... » Quoi de plus éloquent rétrospectivement que ce commentaire d'Alexandre Yakovlev, pourtant vieux compagnon d'armes de Gorbatchev : « Gorbatchev ne reviendra pas au pouvoir, mais si cela se produisait, ce serait une catastrophe. Il n'a pas de politique. »

20. *NG*, 31/03/92. Sur les motivations de Gorbatchev, le jugement du président arménien Ter Petrossian est intéressant : « C'est un homme immoral. La perestroïka n'était qu'un calcul pour sauver le parti communiste et le système. » V. *NM*, 14/04/92.
21. *Vek XX i Mir*, 11/1991
22. *NG*, 27/12/91
23. You. Bourtine in *NG*, 21/04/92

2. LES PRINCIPES ÉTAPES

Il est difficile de retracer clairement le fil des événements signifiants qui ont mené à la chute ostensible du dernier bastion du PCUS à Moscou en août 1991, ou même parfois de repérer les « nœuds », comme dirait Soljénitsyne, — et cela pour plusieurs raisons. D'une part, la direction politique gorbatchévienne n'a pas de projet cohérent en 1985, ou plutôt il n'y a pas d'unanimité dans ses rangs sur l'étendue et la profondeur des réformes à mettre en œuvre : si tous sont d'accord que le changement est souhaitable, beaucoup considèrent qu'il doit être limité à une purge expulsant les gérontes brejnéviens des lieux de pouvoir ; d'autres songent déjà à une réforme économique radicale (les « académocrates » sont convaincus depuis la fin des années 70 que des injections massives d'économie de marché sont indispensables) ; quelques-uns nourrissent peut-être déjà des desseins plus ambitieux. La différenciation s'opère durant la première période du règne de Gorbatchev, la période 1986-87 où, selon G. Popov[24], Gorbatchev croit qu'on peut utiliser l'appareil existant, corrigé par quelques purges, pour réaliser des changements, eux-mêmes indéfinis. Mais cette différenciation est difficile à repérer, car elle se manifeste avant tout dans une politique appliquée à la périphérie (dans les pays satellites et dans les républiques), dont seul le caractère concerté, simultané, laisse deviner un maître d'œuvre unique au cœur de la machine du pouvoir. Dès 1987, certains responsables soviétiques semblent résolus à aller jusqu'à la liquidation du PCUS et de l'empire communiste en Europe, qui fait obstacle à la construction de la « maison commune européenne ». Ceux-ci sont évidemment minoritaires au sein de la direction politique à Moscou ; ils ne peuvent agir à visage découvert et sont obligés d'avoir recours à des méthodes de guérilla, à une stratégie

24. *NG*, 13/03/92

indirecte. Ils ont l'appui d'une partie de l'élite dirigeante dans les pays satellites et les républiques, notamment au sein de l'intelligentsia et des organes. Ce « deuxième échelon[25] » agira avec assez de liberté tant qu'il restera discret et que les conséquences de son travail ne seront pas trop apparentes ; mais la chute des régimes communistes en Europe centrale, la marche vers l'indépendance des républiques soviétiques auront un effet d'électrochoc et plongeront la nomenklatura du « premier échelon » dans la panique, l'incitant à des actes irréfléchis — sans doute suggérés ou encouragés par des provocateurs du « deuxième échelon » — comme la tentative de coups de force à Vilnius en janvier 1991 et le « putsch » d'août 91. C'est en appliquant cette grille de lecture des événements que nous tenterons de dégager les différentes étapes du tardif Thermidor soviétique.

Le prélude andropovien

A la mort de Brejnev toute la direction politique soviétique semble unanime dans le sentiment que les choses ne peuvent plus durer ainsi. Dans son livre déjà cité, Ryjkov décrit le climat régnant à cette époque : « L'atmosphère dans le pays était absolument étouffante : on avait l'impression qu'un peu plus et c'était la mort... On vivait comme si chaque jour était le dernier. Le travail était bâclé, on se saoulait jusqu'à l'abrutissement, on volait tant et plus, on donnait et on recevait des pots-de-vin, on mentait du haut des tribunes et on s'enivrait de mensonge... La situation était vraiment effrayante. »

C'est Andropov qui organise ce qu'on peut appeler « les incubateurs de la perestroïka ». Il crée une section économique au sein du Comité central, dont la direction est

25. L'expression est courante en URSS et l'est restée dans l'ex-URSS. « Notre ancien système de pouvoir est échelonné en profondeur. Lorsque le premier échelon est en déroute, l'échelon suivant prend sa place », estime Oleg Bogomolov in *Nouvelles de Moscou*, 17 février 1991.

confiée à Ryjkov, précédemment vice-président du Gosplan, parfaitement conscient, selon ses propres termes, du « bordel qu'était devenu le pays ». Andropov fait venir de province de jeunes cadres prometteurs. C'est le cas de Ligatchev et de Bakatine, futur ministre de l'Intérieur nommé puis limogé par Gorbatchev, futur réformateur (malheureux) du KGB eltsinien. En avril 1983, Ligatchev devient responsable du secteur des cadres du Comité central ; il sera chargé de la purge, non seulement des cadres du parti, mais de ceux de l'État et de l'économie. Andropov et Ligatchev décident de transformer l'inspectorat du Comité central[26] en pépinière de cadres nouveaux, en centre de formation de leaders. Bakatine, You. Petrov, le futur responsable de l'administration du président Eltsine, et V. Kouptsov, le futur leader des néo-communistes russes, seront parmi les trente dirigeants issus de cet « incubateur ». Des gens comme G. Chakhnazarov, F. Bourlatski, A. Bovine, A. Volski, O. Bogomolov, les futurs ténors de la « nouvelle pensée » font également partie de la mouvance Andropov[27].

C'est Andropov aussi qui amorce trois bombes à retardement qui secoueront quelques années plus tard le PCUS sur ses bases : la campagne anti-alcoolique et l'enquête sur les agissements de la mafia ouzbèke ont été lancés sous son court règne. Et surtout, c'est en juin 1983 qu'est adopté le décret intitulé « mesures complémentaires pour élargir les droits des entreprises en ce qui concerne la planification et

26. Organisme créé par Staline. Les inspecteurs du Comité central étaient chargés de contrôler les cadres locaux et sillonnaient les pays en semant la terreur. L'inspectorat devint ensuite un dépotoir pour les incapables. V. V. Bakatine in *Vek*, n° 7, fév. 1993.

27. Gorbatchev est avant tout le « poulain » de Ligatchev. Mikhaïl Morozov écrit dans *Den* (n° 24, 1992) : « Tout l'appareil du CC savait qu'Andropov n'avait aucune estime pour Gorbatchev et ne lui confiait aucune tâche sérieuse. Car Andropov savait que Gorbatchev était l'auteur des stupides programmes agricoles de Brejnev. Gorbatchev évitait l'appareil, n'aimait pas se montrer au CC et aujourd'hui encore, certains sont convaincus que si Andropov avait vécu six mois de plus, le fringant héros de Stavropol aurait disparu de l'Olympe du Parti. Gorbatchev ne l'a pas emporté grâce au soutien d'Andropov, mais à cause d'une sombre intrigue au Politburo opposant Grichine et Romanov au rusé et mystérieux Gromyko. »

l'activité économique et pour renforcer leur responsabilité pour les résultats de leur travail ». En vertu de ce décret, le nombre d'indicateurs imposés par le plan aux entreprises est réduit. Les entreprises peuvent disposer librement de leurs fonds de développement et encourager matériellement les ouvriers méritants. Pour Ryjkov, juin 1983 marque véritablement le début de la perestroïka. Cette modeste tentative de réforme fait ressortir « le caractère monstrueux du système politique » aux yeux mêmes de ceux qui sont au pouvoir. « Je puis vous dire que l'économie est une force extraordinaire. Ayant commencé à s'autoréformer en 83 puis en 85... elle imposa la réforme de tout ce qui était lié à elle. Or tout absolument était lié à elle, y compris la politique, son dictateur perpétuel... »

Tchernenko, quant à lui, lance la glasnost : dans son discours prononcé à l'occasion du 50e anniversaire du Ier Congrès de l'Union des Écrivains il préconise « la liberté artistique ». Dans le domaine économique il poursuit les expériences lancées par son prédécesseur.

L'intermède « andropovien » du règne de Gorbatchev (1985-1986) a joué un rôle important dans l'affaiblissement du parti : on dirait que celui-ci, essayant fiévreusement toutes les panacées du bolchevisme, s'est épuisé définitivement dans de vaines démonstrations de force, campagnes de discipline, campagnes anti-spéculation, et surtout le grotesque assaut lancé en mai 1985 contre l'alcoolisme qui fut mené selon les canons de l'art bureaucratique : descentes de commissions d'inspection moscovites dans les régions, « émulation socialiste » entre les autorités locales — c'était à qui arrêterait le plus grand nombre de babouchki bouilleuses de cru, saccagerait le plus de vignes, détruirait le plus d'usines à bouteilles (en 1992, les dégâts ne sont pas encore réparés). Un exemple typique de l'effet déstabilisateur de la campagne anti-alcoolique est le Nagorny Karabakh : 30 000 paysans se retrouvèrent sans ressources après la mise à sac de leurs vignes. Les autorités azeries ayant fait la sourde oreille à leurs plaintes, ils se retournèrent vers l'Arménie qui leur vint en aide. A partir de là l'engrenage s'enclenche, le Karabakh proclame son rattachement à l'Arménie et l'empire soviétique voit sa première fissure.

Le fiasco tout entier du bolchevisme fut revécu à un rythme accéléré, comme résumé aux yeux de tous les citoyens du monde communiste, irréfutable et aveuglant, pire encore : ridicule, dès lors que le régime ne faisait plus vraiment peur. Puis vint Tchernobyl, nouvelle manifestation du socialisme en acte, démonstration tragique de ce que beaucoup soupçonnaient depuis longtemps : le socialisme porte la mort et fait peser sur les peuples une menace immédiate. Un travail parallèle se faisait dans la population et les élites dirigeantes.

La création d'une opinion publique.

Un des griefs reprochés à Béria par ses collègues du Présidium lors du plénum de juillet 1953 qui consacra sa chute était d'avoir recherché la popularité, autrement dit, d'avoir voulu faire appel à l'opinion publique. Avec un sûr flair de classe, la vieille garde stalinienne avait pressenti à quel point l'appel à l'opinion dans la lutte pour le pouvoir était une chose périlleuse pour le régime. Pourtant aucun des successeurs de Staline ne put se dispenser de ce recours à l'opinion : Malenkov et Khrouchtchev cherchèrent autant que Béria à être populaires, et avec les mêmes procédés. Lorsque A. Yakovlev[28] est chargé du département de la propagande du Comité central en juillet 1985, quelques mois avant de se voir confier l'idéologie au Secrétariat du CC, c'est-à-dire le contrôle des media, il est fermement

28. A. Yakovlev a dirigé l'agitprop du Comité central de 1967 à 1972. Il tombe en disgrâce après avoir publié en novembre 1972 un article intitulé « De l'antihistorisme », dans lequel il mettait en garde contre le renouveau du nationalisme russe et se prononçait contre la publication de *l'Histoire de l'État russe* de Karamzine. Cet article avait suscité l'indignation de Cholokhov qui s'était plaint à Souslov. Yakovlev avait été expédié à l'ambassade de l'URSS au Canada. Pour une version « démonisée » du rôle de Yakovlev et de la glasnost, v. E. Ligatchev, *Zagadka Gorbaceva*, 1992. Yakovlev deviendra ensuite responsable du CC pour le pacte de Varsovie.

convaincu de deux choses : la lutte pour le pouvoir ne fait que commencer au sein de la direction politique soviétique ; l'appel à l'opinion est indispensable, mais pour avoir la certitude que l'opinion publique reste un instrument fiable dans les mains de ceux qui savent s'en servir, il faut être capable de la créer de toutes pièces et de mobiliser les élites. Après tout la démocratie n'a rien de redoutable pourvu que l'on conserve le contrôle des masses, c'est-à-dire que l'on reste maître des media. Tandis que Gorbatchev explore fiévreusement les impasses du « socialisme renouvelé », Yakovlev s'attelle méthodiquement à la tâche de modeler une opinion publique destinée à devenir une force politique entièrement à sa discrétion. Il a placé des hommes à lui à la direction des principaux organes de presse et à la direction de la télévision. La revue *Ogoniok* est confiée à V. Korotitch[29]. La glasnost sera introduite de main de maître. La presse commence par se faire les dents sur des thèmes écologiques inoffensifs en apparence : elle milite pour l'abandon du projet de détournement des rivières sibériennes, pour le sauvetage du Baïkal. Au moment où les dirigeants du Kremlin commenceront à s'en alarmer pour de bon, ils la craindront trop pour oser s'y attaquer de front. Pour défendre sa politique, Yakovlev reprendra l'argument léniniste du « miroir » : la tâche des media est de « refléter » les processus en cours dans la société — et tant pis si le tableau n'est pas flatteur... Tout le génie de Yakovlev est d'avoir déguisé en « opération vérité » ce qui n'était qu'une astucieuse entreprise de manipulation totale des consciences. Insensiblement, l'élite politique soviétique deviendra l'otage des media et le seul responsable à être épargné par le zèle iconoclaste des journalistes sera... Yakovlev lui-même. Ligatchev explique dans son ouvrage comment

29. Ligatchev se rappellera avec amertume avoir approuvé le choix de Korotitch, convaincu « qu'il se tenait sur des positions idéologiques fermes » après la lecture d'un virulent pamphlet anti-américain rédigé par Korotitch quelque temps plus tôt : « Parfois il m'avait semblé qu'il exagérait, qu'il était trop dur pour l'Amérique. Mais à mon avis cet excès de zèle n'était pas sans remède... »

Gorbatchev, ferme défenseur du PCUS à l'origine, sera subjugué par le « syndrome de Khrouchtchev » habilement implanté dans son esprit par l'équipe Yakovlev : la presse (sous la plume de F. Bourlatski notamment) multipliera les articles expliquant la chute de Khrouchtchev par sa brouille avec l'intelligentsia et Gorbatchev sera animé par un désir constant de garder les faveurs des « académocrates », même si cette attitude le condamne à un double jeu perpétuel. Un pouvoir politique est perdu dès qu'il craint de se voir coller l'étiquette de « conservateur » ou « réactionnaire ». Dans l'URSS perestroïkiste les choses étaient allées si loin que pour se hisser au sommet du KGB, Krioutchkov a été obligé de jouer au démocrate : « J'étais stupéfait des propos radicaux du n° 2 du KGB, — raconte A. Yakovlev qui se justifie d'avoir fait pencher la balance en faveur de Krioutchkov au printemps 1989 —. Il était beaucoup plus radical que je ne l'étais moi-même à cette époque. Il critiquait l'omnipotence du KGB, déblatérait contre Tchebrikov et son adjoint Bobkov, s'indignait de ce qu'ils surveillent l'intelligentsia et empêchent la liberté d'expression, réclamait une réforme en profondeur du KGB... Maintenant je comprends qu'il voulait simplement déboulonner Tchebrikov pour occuper son poste. Dès que ce fut fait il changea de ton... Il n'y avait pas de pire lèche-bottes de Gorbatchev — et de moi-même d'ailleurs[30]. » Paroles révélatrices qui en disent long sur le degré de décadence du système communiste : celui qui ambitionne la direction du KGB est obligé de se faire passer pour un libéral afin de parvenir à ses fins !

Les premiers frémissements

> « Quand le régime essaiera de ressusciter, c'est vers la police qu'il se tournera. »
>
> A.A. Lopukhin,
> *Nastojaščee i buduščee russkoi policii,*
> Moscou, 1907

30. *Trud*, 23/02/93. Tchebrikov est à la tête du KGB depuis 1982.

Pour reprendre le témoignage de Ryjkov : « Il est vrai que la perestroïka n'a vraiment commencé qu'en 87... » C'est le 16 décembre 1986 que Gorbatchev téléphone à Sakharov alors en exil à Gorki pour lui signifier la fin de son purgatoire. Début 1987, la plupart des prisonniers politiques détenus dans les Goulags sont libérés. « Politiquement cette mesure s'est avérée payante », commentera le chef du KGB Tchebrikov dans son adresse aux responsables du KGB en juillet 1987[31]. En février 1987, le KGB et le ministère de l'Intérieur reçoivent l'ordre d'assouplir les formalités d'émigration[32]. Ces gestes préfigurent un trait important de la politique perestroïkiste : la tentative des communistes « réformateurs » de s'appuyer sur l'autorité morale des dissidents. En janvier 1987, on parle pour la première fois de compléter les réformes économiques par des changements politiques. En juin, Gorbatchev fait entrer Alexandre Yakovlev au Politburo. Selon les témoignages concordants d'Egor Ligatchev[33] et de Ryjkov, les premiers tiraillements au sein de la direction politique soviétique se font sentir à partir de la mi-87, à propos du débat sur la loi de l'entreprise. A. Yakovlev préconisait déjà un abandon total du plan (il confiera plus tard qu'il avait cru le socialisme réformable durant les deux premières années de la perestroïka, mais s'était convaincu de son erreur[34]), et Gorbatchev inclinait dans ce sens. Chose significative, c'est le point de vue des directeurs qui exercera une influence déterminante sur le texte de la loi sur l'entreprise publiée en juillet 1987. Ils voulaient en effet la liberté en ce qui concerne la production, la disposition de leur marchandise, la répartition du profit, mais souhaitaient conserver le système centralisé d'approvisionnement en matières premières, en ressources, et de distribution des investissements. Le dispositif des

31. *Sbornik*, n° 118, 1987.
32. *Sbornik KGB SSSR*, n° 126, 1988.
33. E. Ligatchev, *Zagadka Gorbačeva*, Novossibirsk, 1992.
34. *PR*, 16/10/92.

« commandes d'État » prévu par la loi répondait exactement à ces exigences.

La loi sur l'entreprise de juillet est la bombe à retardement qui a fait exploser l'économie de l'URSS (déjà fragilisée par la campagne anti-alcoolique) et la fédération soviétique. Elle a enclenché l'engrenage inflationniste : les directeurs d'entreprises augmenteront généreusement les prix et les salaires, tout en réduisant le volume de la production et en croquant allègrement les crédits libéralement alloués par l'État.

A la fin de l'année, Yakovlev, soutenu par Gorbatchev, impose au Politburo le rejet du projet de plan économique proposé par Ryjkov, en réclamant la radicalisation de la réforme. Il est d'autant plus écouté que les directeurs d'entreprise se sont prononcés en faveur de l'allègement des « commandes d'État ». C'est donc fin 87 qu'est prise la décision de porter un coup vigoureux au système de confiscation et de répartition autoritaire sur lequel reposait l'économie soviétique. L'alliance Gorbatchev-Yakovlev se renforce, alliance nécessaire à Gorbatchev à cause du formidable pouvoir accumulé par Ligatchev au sein de l'appareil : selon le futur Premier ministre Valentin Pavlov « en 1986-1988 Ligatchev avait plus de pouvoir que Gorbatchev ou Yakovlev[35] ». En fait Ligatchev « à lui tout seul s'était substitué à tout l'appareil du parti[36] ». Or, la première purge effectuée, son maître d'œuvre, E. Ligatchev, cesse d'être indispensable.

Sur le plan politique également des frémissements sont perceptibles. En Russie, la milice s'abstient de tabasser les 50 manifestants venus réclamer le 11 juin 87 la liberté d'association au nom de la perestroïka[37]. Le club Perestroïka, créé sous le patronage de l'Institut d'Économie mathématique, devient actif en février 1987. Il bénéficie de

35. V. Pavlov, *Avgust iznutri*, Moscou, 1993.
36. V. Varennikov, *Sudba i Sovest*, Moscou, 1993.
37. La manifestation était organisée par le Groupe de confiance, le séminaire « Démocratie et humanisme » et le syndicat indépendant SMOT.

la bienveillante protection du raïkom local, de la discrète direction du KGB. Il sera l'un des organisateurs de la première conférence des groupes indépendants en août 1987. L'ambiguïté de cette première fronde perestroïkiste (qui conduira à l'éclatement des groupes) apparaît clairement dans les objectifs que se fixe le club : entre autres, on peut citer « l'élaboration de techniques sociales et politiques de résolution non violente des conflits sociaux ». On retrouve l'aspect « ingénierie sociale » qui est à la base du courant « académocrate ». En septembre, se dessine déjà la scission qui affectera toutes les organisations de « soutien à la perestroïka », entre radicaux décidés à déborder les cadres implicitement fixés par les autorités et « gouvernementaux » attachés à contenir et canaliser le groupe dans les voies permises[38]. L'expression « association informelle » entre dans l'usage à l'été 1987. En septembre, l'expression « État de droit socialiste » apparaît pour la première fois dans une revue à tirage restreint, *L'État et le droit soviétiques*[39]. Le 14 septembre, les *Nouvelles de Moscou* publient une nécrologie de l'écrivain émigré Victor Nekrassov qui suscite un vif mécontentement au Politburo. Lorsque quelques manifestants décident, le 6 mars 1988, de commémorer à Moscou les victimes de Staline, ils sentent que quelque chose a changé : bien sûr ils sont tabassés par la milice, mais la foule ne se contente pas de déambuler près de la scène avec indifférence. Elle prend parti pour les manifestants contre la milice.

On constate aussi des signes avant-coureurs du réveil des peuples allogènes de l'empire soviétique : en juillet, les Tatars de Crimée manifestent à Moscou et une délégation tatare est reçue par Gromyko. Le 23 août, les Baltes manifestent par milliers pour réclamer la publication du pacte

38. Témoignage de You. Mitiounov. La première scission aura lieu en février 1988 ; le motif immédiat en étant une querelle sur la manière de commémorer l'anniversaire de la mort de Staline : l'ancien dissident S. Grigoriantz crée le groupe « Perestroïka 88 ».

39. C'est l'organe de l'Institut de l'État et du droit rattaché à l'Académie des Sciences de l'URSS.

Ribbentrop-Molotov. En septembre, la création du Club culturologique ukrainien est annoncée. Le Club veut rétablir la vérité dans l'histoire ukrainienne, y compris sur la famine organisée de 1933. En octobre, des troubles éclatent au Karabakh où une pétition circule depuis le début de l'année pour réclamer le rattachement à l'Arménie. En novembre, 200 Biélorusses commémorent à Minsk les victimes de la terreur stalinienne.

A l'été 87, l'URSS opère donc un tournant décisif. L'année 1987 est aussi celle où s'enclenchent les mécanismes révolutionnaires dans les pays satellites.

En Bulgarie, Jivkov publie en juillet un programme ultra-perestroïkiste qui lui vaudra d'ailleurs les reproches de Gorbatchev, ce dernier jugeant que le camarade Jivkov met en danger le rôle dirigeant du parti et affiche une orientation trop pro-occidentale[40]. En Hongrie, le nouveau premier ministre Grosz évoque la nécessité de « dialoguer avec l'opposition ». En Pologne, un conseiller de Solidarité, Celinski, lance en novembre dans une interview à *Newsweek* l'idée d'une alliance entre Solidarité, la police et l'armée contre le parti et l'appareil du POUP[41]. Toujours en novembre, le SB (équivalent du KGB en Pologne) proposait à certains activistes de l'opposition un soutien logistique pour l'organisation de grèves (elles auront lieu en avril 88) à condition qu'ils renoncent à leur antisoviétisme. Les officiers du SB s'adressaient à leurs interlocuteurs au nom du général Kiszczak, ministre de l'Intérieur, annonçant les grèves du printemps 88 qui, à les en croire, « seront l'occasion d'introduire des changements en Pologne..., d'écarter du pouvoir les ennemis des réformes économiques et sociales... Les réformateurs auront besoin d'un soutien social, de la collaboration dans les usines... La police accepte le programme de Solidarité Combattante ; il suffit qu'elle abandonne la critique de l'Union Soviétique et les appels à la dislocation de l'empire ». Plus intéressant

40. *Komsomolskaïa Pravda*, 4/9/92.

41. Le premier dignitaire soviétique rencontré par Mazowiecki après son élection sera... Vladimir Krioutchkov.

encore : « Aux réunions (de Solidarité Combattante) participeront des officiers du SB qui présenteront des faits allant plus loin que la critique de Solidarité Combattante » ; le SB offre des sauf-conduits aux activistes de Solidarité Combattante qui souhaitent avoir accès aux usines en grève (encerclées par la police) ; il offre aussi d'imprimer et de diffuser la presse d'opposition[42]. Ceci est confirmé rétrospectivement dans un livre du professeur Adam Schaff[43]. Selon Schaff, c'est Moscou qui a donné l'ordre à Jaruzelski de céder le pouvoir à Solidarité. En Roumanie, les ouvriers de Brasov insurgés en novembre réclament le renversement de Ceaucescu et Silviu Brucan adresse une épître à l'ambassade soviétique pour demander des réformes ; en RDA, le 18 juin, le très « perestroïkiste » Markus Wolf[44] rencontre clandestinement le n° 2 du KGB Krioutchkov et Hans Modrow ; quelques mois plus tard (avril 1988), il donne une interview dans laquelle il critique le climat malsain en RDA.

Signalons aussi que durant toute la période 1987-1988, les autorités est-européennes ont manifesté une prédilection pour les opérations « coup de poing », comme la vague d'arrestations de dissidents en RDA (novembre 87 et janvier 88), en Tchécoslovaquie (novembre 87, mai 88), en Pologne (arrestation des leaders de Solidarité Combattante, répression des étudiants en mars), en Roumanie après les événements de Brasov, en Hongrie à la veille de la fête du 15 mars. On peut se demander s'il ne s'agit pas d'une préparation des futures Tables rondes, Forum civiques et Fronts populaires : les opposants irréductibles sont soit brisés soit forcés d'émigrer, afin que ne subsiste qu'une opposition encline à « dialoguer » avec les communistes réformateurs.

42. Témoignage d'Andrzej Zarach, militant de Solidarité Combattante, in *Solidarnosc Walczoca*, n° 300, fév. 1993. Ce document m'a été fourni par J. Darski. Qu'il en soit remercié.

43. Adam Schaff, *Pora na Spowiedz*, Varsovie, 1993. Schaff est un vétéran du POUP, ancien stalinien, devenu partisan du « jeune Marx » et du « socialisme à visage humain », très lié à Gomulka ; il a quitté le parti en 1984.

44. Chef des services secrets est-allemands de 1958 à 1987. Pour Markus Wolf, v. Pierre de Villemarest, *Le coup d'État de Markus Wolf*, Stock, 1991.

On a donc l'impression d'une action largement concertée. Le 17 décembre 1987, lors de son discours à l'occasion du 70e anniversaire des organes, le chef du KGB Tchebrikov déclare : « Étant donnée la situation politique, nous continuons de perfectionner notre action commune avec les organes de sécurité des pays frères socialistes. Nous agissons en contact étroit avec eux[45]. »

3. LE GRAND TOURNANT : L'ANNÉE 1988

G. Popov[46] situe la rupture autour de la XIXe Conférence du PCUS (juillet 88). « Gorbatchev décide d'introduire un mécanisme de pression sur l'appareil ». N. Ryjkov considère également que « tout a commencé lors de la XIXe Conférence du parti avec son slogan “Tout le pouvoir aux Soviets !”[47] » C'est à ce moment qu'est adoptée la décision de passer à un régime présidentiel et de revenir à la formule léniniste du Congrès, espèce de vaste assemblée populaire qui sert d'exutoire et ne décide de rien, le travail sérieux étant réservé à un Soviet Suprême et surtout au Présidium de celui-ci. Gorbatchev veut désormais forcer les responsables du parti à se faire élire à la tête des Soviets, autrement dit, utiliser la « démocratie » pour étendre la purge. Il expliquera son projet un an plus tard, lors du 1er Congrès des députés du peuple, alors que les dérapages de cette nouvelle ligne sont déjà visibles : « Il ne faut pas confondre le démontage du système de commandement administratif et la lutte contre l'appareil... Nous n'aboutirons à rien sans un appareil qualifié, compétent au centre et dans la périphérie... Nous dirons que nous avons besoin d'un nouvel appareil. Avec cela je suis d'accord... En tant

45. *Sbornik KGB SSSR*, n° 122, 1988.
46. *NG*, 13/03/92.
47. *NG*, 10/10/91.

que communiste je récuse catégoriquement les attaques contre le Parti ». En fait cette politique commençait déjà à être mise en œuvre lorsque Gorbatchev l'annonce officiellement — soit que son équipe lui eût forcé la main, soit que lui-même ait voulu placer les « conservateurs » devant le fait accompli. On commence dès les premiers mois de 1988[48] à assister à ce phénomène paradoxal d'une élite politique donnant l'impulsion à un assaut en règle contre l'establishment du régime. Car tout part d'en haut, et il faudra bien des sollicitations, en Russie surtout, pour que les masses échaudées par les campagnes communistes surmontent leur méfiance (ce qu'elles ne feront d'ailleurs jamais tout à fait) et daignent se joindre aux mouvements organisés par le « parti extérieur ».

Mais voyons par quels coups de boutoir la toute-puissante machine de l'appareil du PCUS est démolie pièce par pièce, entraînant dans sa chute l'empire soviétique, événement que les architectes de la perestroïka n'avaient pas prévu (Ryjkov : « Notre faute, à Gorbatchev, à moi-même et aux autres, c'est de n'avoir pas pensé, quand nous parlions de glasnost et de démocratie, que tout cela aurait des incidences sur le problème des nationalistes »).

Les fronts populaires

Nous disposons aujourd'hui d'un nombre suffisant de témoignages concordants pour pouvoir affirmer avec certitude que le KGB et le parti ont joué un rôle moteur dans l'organisation des comités d'initiative des différents Fronts populaires[49]. Comme l'écrira Bakatine[50], « Gorbatchev considérait le KGB moins comme une menace que comme un soutien à ses réformes ».

48. En février, un Plénum décide de réformer l'enseignement des « sciences sociales », c'est-à-dire des disciplines idéologiques.

49. Pour des témoignages sur les origines des Fronts populaires, v. Françoise Thom, *Le Moment Gorbatchev*, Paris, 1991, p. 217 et suiv.

50. V. Bakatine, *Izbavlenie ot KGB*, Moscou, 1992.

La chronologie des événements prouve tout autant qu'il s'agit d'un phénomène orchestré qui déborde d'ailleurs les frontières de l'URSS.

En mars 1988, A. Yakovlev réunit un petit groupe d'experts et de responsables du parti dans une datcha de la banlieue moscovite pour y mettre au point une politique nationale cohérente[51]. Le 6 mars, un proche de l'équipe Yakovlev, le juriste Boris Kourachvili, publie dans les *Nouvelles de Moscou* un article intitulé « Doit-on former des fronts populaires ? ».

En avril 1988, le Plénum de l'Union des écrivains estoniens formule pour la première fois ce qui constituera la plate-forme du futur Front populaire estonien. L'idée d'un « Front populaire » est lancée en Estonie le 13 avril par Edgar Savisaar, lors d'une émission télévisée. Cette idée a un succès immédiat, est acceptée par le PC estonien dès le 30 avril. Les 1er-2 juin, c'est au tour de la Lettonie : le plénum de l'Union des écrivains lance le mouvement national. Le lendemain (3 juin) les Moldaves créent le Mouvement démocratique de soutien à la perestroïka en Moldavie. Là aussi, « la révolution a commencé comme une révolution d'écrivains », a constaté le futur Premier ministre, Mircea Druk[52]. En juin, se forme également le mouvement national lituanien Sajudis. Les 11-12 juin, des représentants de six mouvements nationaux démocratiques non russes (Ukraine, Lituanie, Estonie, Lettonie, Arménie, Géorgie) se réunissent à Lvov et créent le Comité de coordination des Mouvements patriotiques des peuples de l'URSS. Le 7 juillet, le Front démocratique pour la perestroïka est créé à Lvov et l'Association Helsinki ukrainienne publie son programme, préconisant notamment le « rétablissement de l'État ukrainien, qui maintenant n'existe que sur le papier », la transformation de l'URSS en confédération. Du 8 au 12 août, a lieu le fameux voyage de Yakovlev dans les pays baltes (Riga et Vilnius), au cours duquel il donne le feu vert de Moscou

51. Témoignage d'un des experts présents, E. Bagramov, in *NG*, 24/01/92. Selon Bagramov le rapport issu de cette réunion fut mis sous le boisseau.
52. *LG*, 24 oct. 90.

aux Fronts populaires. Il déclare notamment à Riga : « La solution des problèmes du développement socio-économique du pays peut le mieux s'accomplir à travers les formes nationales. » En août aussi, un centre d'initiative chargé d'élaborer le programme du Front populaire se constitue en Azerbaïdjan. En octobre, on assiste à la création de l'Union des associations informelles biélorusses et du parti national démocratique géorgien, qui jouera un rôle crucial dans le retour au pouvoir de Chevarnadzé à Tbilissi. A la fin de l'année 1988, les Fronts populaires et les mouvements nationaux prendront conscience de leur force lorsqu'ils organiseront des campagnes de protestations contre le projet d'amendement de la constitution soviétique qui permettrait au Praesidium du Soviet Suprême fédéral d'instaurer l'état d'urgence dans les républiques : c'est à Tbilissi que la réaction est la plus vive, avec des manifestations monstres.

Durant cette même année 1988, des Fronts populaires se sont organisés un peu partout en RSFSR : fin novembre 1988 à Gorki ; à Moscou (60 % de ses membres sont au PCUS — d'ailleurs le mouvement ne semble pas réussir à démarrer) ; en Tatarie ; à Krasnoïarsk ; à Stavropol ; à Kouibychev, où le Front populaire réclame la liberté de la presse, au grand scandale des autorités locales[53] ; à Léningrad, à Tcheliabinsk, en Carélie, etc. Le Front populaire de Léningrad est formé le 15 mars 1989 lors du premier forum des démocrates léningradois. Le Congrès constituant a lieu le 17 juin 1989. Une association « Pour un Front populaire » existait dès septembre 1988.

Pour compléter le tableau, évoquons quelques « nœuds » dans l'évolution des démocraties populaires durant cette fameuse année 1988. En mars, Gorbatchev se prononce pour l'indépendance des partis frères, mettant officiellement fin à la doctrine Brejnev. En mai, le parti communiste hongrois tient un plénum lors duquel il lance l'opération

53. On peut lire notamment dans *Voljskaïa Kommuna*, l'organe du parti de la région : « La presse ne saurait être indépendante. Si elle exprime l'opinion des groupes informels, alors elle dépendra d'eux... » 22 janv. 1989.

perestroïka, écartant Kadar de la direction de PSOH. Le 20 juin, Poszgaï crée la Commission de réévaluation de l'histoire, véritable machine de guerre contre l'appareil. En Pologne, le très perestroïkiste Rakowski recommande dans un discours prononcé au VIe Congrès du POUP de donner un rôle plus grand aux organismes affiliés à ce parti : le Parti Démocratique, le Parti Paysan Unifié, Pax, car cette « coalition » sera « une méthode efficace permettant de limiter la base de nos adversaires ». En juillet, Gorbatchev déclare que le POUP ne peut gouverner sans l'appui de Solidarité ; en Hongrie on discute les projets de loi sur les associations. En août, après une visite d'A. Loukianov, alors responsable des organes administratifs du PCUS[54], le général Kiszczak annonce une table ronde après une vague de grèves aboutissant à la légalisation de Solidarité. En Tchécoslovaquie, Dubcek refait surface. Le 8 novembre, le Politburo hongrois accepte l'existence d'associations politiques. Signalons aussi le voyage à Moscou de Marcus Wolf et de Silviu Brucan durant cette année 1988, et un voyage de Yakovlev à Budapest, au cours duquel celui-ci déclare que le système multiparti peut exister en régime socialiste. En Bulgarie, selon le témoignage du cinéaste Géorgi Avramov[55], membre fondateur du Comité de la défense écologique de Ruse, « il est très curieux que le responsable de la Sécurité d'État, Cavdar Tepechanov, ait été dépêché à Ruse pour assurer au Comité le libre accès à la Maison du Cinéma — il n'y avait rien de plus simple que de fermer ce local et nous serions partis... Il y avait des gens qui voulaient renverser le régime et ils ont voulu profiter de toutes les possibilités... Je peux dire que les contacts entre S. Rusev et monsieur Lilov[56] se sont multipliés après la création du Comité... Plus de la moitié des membres du Club pour la glasnost et la perestroïka sont issus du Comité de Ruse... Ces systèmes ne pouvaient pas être détruits par

54. Le même Loukianov « scelle la mort politique » de Kadar et Honecker. V. Eric Laurent *L'Effondrement*, Olivier Orban, 1992.

55. *Sviat* n° 0, 1990, p. 2-4.

56. Le futur Premier secrétaire.

une simple décision mais cette opération a été préparée durant une longue période. D'après moi, le processus a été dirigé de quelque part à l'extérieur. »

Anticommunistes et partisans de l'ancien régime sont d'accord sur un point : les bouleversements ont été orchestrés en haut lieu. Tel est l'avis du colonel Alksnis, un des plus éloquents défenseurs de l'empire soviétique : « J'ai des documents prouvant que les processus qui se sont déroulés en Europe de l'Est étaient aussi téléguidés par notre pays. Nous avons influencé le cours des "révolutions de velours", nous les avons dirigées pour l'essentiel. Nous en étions les dirigeants ; dans certains pays, nous indiquions ce qu'il fallait faire aux leaders des nouvelles forces politiques, nous les soutenions de manière officieuse. C'est pourquoi je ne crois pas à ces mouvements "spontanés". J'ai la preuve que c'est le contraire qui est vrai. Un Bulgare qui occupait un poste fort élevé dans l'équipe dirigeante bulgare me confiait récemment que Jivkov avait pris sa retraite sur ordre de Moscou. On m'a rapporté que lors de sa dernière visite à Honecker, Gorbatchev enjoignit à ce dernier de commencer immédiatement une perestroïka. Selon les témoins de l'entretien, Honecker aurait dit : "Cher camarade Gorbatchev, l'URSS est un grand pays et c'est pourquoi la perestroïka mettra dix ans à la détruire ; la RDA est petite et il ne faudra que dix jours. C'est pourquoi je dis non." Même chose pour les Fronts populaires baltes, qui "ont été créés à l'initiative du CC du PCUS." Vous vous souvenez, en 1988 on se plaignait que la perestroïka venait d'en haut, que rien ne se produisait en bas, que les masses populaires demeuraient passives. C'est pourquoi il fut décidé de créer les Fronts populaires dans les pays baltes. » A en croire le colonel Alksnis, en Lettonie l'initiateur du Front populaire n'est nul autre que Boris Pougo, alors Premier secrétaire du parti letton. Même témoignage de la part d'un agent du KGB qui se confie au journal *Den*[57] : « Alors que je rappe-

57. nº 33, 1992.

lais à un ami sa participation à la création du Front populaire letton... il me sidéra en avouant qu'il n'exécutait pas seulement les ordres du KGB letton mais aussi ceux de B. Pougo et même de M. Gorbatchev — ce que je crois volontiers, car j'ai assisté à une réunion avec les membres du Politburo A. Yakovlev et V. Medvedev. » Le rôle du KGB est aussi apparent en Ukraine : à en croire le général Kalouguine (dont les affirmations sont certes sujettes à caution), trois dirigeants en vue du mouvement national ukrainien, D. Pavlytchko, V. Yavorivski et I. Youkhnovski sont des agents du KGB[58]. C'est précisément le sentiment qu'il y avait un acquiescement tacite des autorités qui pousse les initiateurs du Front populaire d'Azerbaïdjan à agir, selon le témoignage de l'un d'entre eux, Hikmet Hadjizadeh : « Nous avons compris qu'à elles seules les républiques baltes n'auraient jamais accompli cette percée : donc il y avait une autorisation d'en haut et cela nous décida. L'espoir de profiter de la brèche s'empara de nous. »

Il est surprenant de voir des noms comme ceux de Pougo et Krioutchkov, les futurs conjurés « conservateurs » d'août 91, cités en liaison avec la genèse des Fronts populaires. Au début, la direction politique soviétique semble avoir été unanime sur la nécessité d'une stratégie permettant de mobiliser la base. Peut-être cette unanimité était-elle due à la conviction communiste que toute organisation sociale était manipulable et contrôlable. De fait, les Fronts populaires se cristallisent d'abord autour d'objectifs vagues, comme le « soutien à la perestroïka » ; leur tâche initiale consiste à attirer l'attention des responsables du parti sur les abus les plus criants — par exemple les désastres écologiques, et dans les républiques, le statut de la langue nationale. L'appareil du parti espérait certainement confiner les Fronts populaires à des activités « sociales », leur abandonnant une fonction d'exutoire aux frustrations de la popula-

58. *Den*, n° 28, 1992.

tion que la glasnost commence à exacerber et leur réservant un rôle d'interlocuteur docile. Dans une grande analyse consacrée aux mouvements informels, l'*Étoile Rouge*, l'organe des forces armées soviétiques, distribue les blâmes et les bons points aux divers Fronts populaires, révélant les arrière-pensées et les inquiétudes des autorités en place devant ces mouvements téléguidés à l'origine dont elles escomptaient la « mobilisation des masses », indispensable du point de vue léniniste. Si le Front populaire de Yaroslavl a ses faveurs car il est devenu un auxiliaire précieux du PC de la ville, celui de Moscou s'attire force reproches, car « il manque de discernement dans le choix de ses membres, oscille d'un extrême à l'autre, tient des propos irresponsables » (...) si bien qu'« on ne peut pas ne pas déplorer son aveuglement »[59].

Mais malgré toutes les précautions prises, malgré l'encadrement guébiste, l'apparition des Fronts populaires entraînera une évolution que la plupart des apparatchiks n'avaient point souhaitée. Ici les voies de la Russie et du reste de l'empire divergent, et il faudra les examiner séparément.

Les républiques

Dans la société totalitaire « geléeiforme », les Fronts populaires introduisent un début de différenciation — peu importe s'il est largement fictif au début. Une brèche s'ouvre, des camps politiques se forment. Dans les républiques, le sentiment national longtemps réprimé s'est engouffré dans la brèche et il a conféré une réalité tangible pour tous à une différenciation autrement difficilement saisissable : la décolonisation était autrement concrète et autrement attirante que l'obscur et suspect « soutien à la perestroïka ». Dans les républiques, l'ennemi — Moscou —, même s'il n'était pas nommé, existait de manière évidente pour tous et sa présence menaçante accéléra la cristallisation

59. 21 janv. 1989.

des Fronts populaires et leur transformation en mouvement de masse, ce qui ne se produira jamais en Russie. Le « nationalisme », tant décrié depuis, rendit un service inestimable aux peuples allogènes : il les plongea dans la politique en un temps record. L'année 1988 est restée dans leurs souvenirs comme une période presque édénique, symbolisée par les grandes manifestations de célébration nationale (comme celles commémorant le pacte Ribbentrop-Molotov en août dans les pays baltes), où des foules venues par millions de tout le pays communient dans un sentiment difficile à décrire[60] : il ne s'agit pas seulement de l'identité nationale retrouvée, du bonheur de voir le drapeau national flotter sur les monuments historiques ; on avait l'impression que la méchanceté communiste s'était évanouie d'un seul coup, chacun allait vers son prochain dans un élan généreux, personne ne soupçonnait le mal chez l'autre (à cette époque, même le passé communiste de certains militants ne leur est pas imputé, on considérait qu'une fois de l'autre côté des barricades, un activiste avait définitivement rompu avec ses anciennes allégeances). Surtout, le silence de tant d'années fut rompu, les bouches s'ouvrirent : les parents, les grands-parents racontèrent à leurs enfants ce qu'ils avaient enduré sous le régime soviétique, des jeunes apprirent que leurs aïeux avaient été déportés en Sibérie, que leurs parents avaient eu maille à partir avec le KGB. Le lien entre les générations se reconstitua en un jour, le non-dit qui pesait sur les familles s'évanouit. Les premiers discours du futur président lituanien Landsbergis eurent un effet foudroyant « parce qu'il ne mentait pas... C'était comme s'il nous avait appris à dire “maman” »[61]. « Aujourd'hui nous avons remporté une grande victoire. Nous avons vaincu la peur », déclara le président Landsbergis le matin du 13 janvier 1991 après la nuit tragique de Vilnius. En fait, cette victoire remonte aux grandes manifestations de 1988, lorsque les peuples de l'URSS, pour la première fois depuis soixante-

60. De nombreux témoins m'en ont fait le récit.
61. Récit du député lituanien E. Zingeris.

dix ans (ou quarante ans pour les victimes du pacte germano-soviétique), manifestèrent spontanément et prirent conscience de leur force. La sortie du communisme a commencé dans ces immenses manifestations dont le folklore national pouvait sembler puéril à un Occidental : pour la première fois, le sentiment collectif n'était pas associé au mensonge et à l'abaissement de l'individu, mais il portait une promesse de liberté et de fraternité vraie.

Dès 1988, les Fronts populaires dans les républiques deviennent virtuellement des partis de l'indépendance. Le mot est dans les têtes, même si on continue de parler de « perestroïka », de retour à la langue et aux emblèmes nationaux, d'« autonomie économique ». Leur radicalisation n'est qu'une question de temps. Pour certains la terminologie social-démocrate est autant un camouflage que les références à l'« autonomie économique » : « Dès le début nous étions pour un régime libéral et non social-démocrate ; nous attendions simplement le moment opportun pour dévoiler notre programme », raconte Hikmet Hadjizadeh.

La Russie

En Russie le sentiment national, étroitement lié à l'instinct impérial, et donc à la conscience d'un État fort, ne pouvait jouer le rôle de facteur de différenciation politique première que nous venons de décrire. D'autres éléments s'y substitueront imparfaitement, soit en résultat d'une politique délibérée, soit par l'enchaînement des événements, l'un n'excluant pas l'autre.

— *Le pathos anti-nomenklaturiste et son antidote*

Les perestroïkistes décident de mobiliser les masses en faisant appel à un sentiment d'ailleurs maintes fois utilisé par les dictateurs communistes : la haine des cadres, des apparatchiks. Ce sentiment est du reste aussi fort au sein de l'establishment (où chacun croit sa carrière bloquée par la présence inamovible en haut d'un fonctionnaire du parti) que chez le Russe moyen. C'est là l'objectif de l'opération Gdlian/Ivanov lancée en 1988 qui suscita les passions les plus enflammées pendant deux ans. Les procureurs Gdlian et Ivanov devinrent des idoles de la foule en pourfendant la corruption de la nomenklatura ; tant que leur enquête se bornait aux satrapes communistes ouzbeks, les autorités encourageaient le battage publicitaire autour de leurs exploits. Lorsque, enivrés par leur succès, assoiffés d'une gloire plus grande, ils tournèrent leur attention vers les membres du Politburo, on s'avisa qu'ils avaient eu recours à des méthodes staliniennes pour extorquer des aveux. La bulle de savon Gdlian/Ivanov éclata au printemps 90 aussi vite qu'elle était apparue, éclipsée par l'ascension médiatique fulgurante du général « dissident » du KGB, O. Kalouguine.

Mais cette affaire met en lumière le risque constant couru par l'establishment soviétique lorsqu'il cherche à manipuler les passions anti-nomenklaturistes : comment circonscrire les dégâts ? Comment empêcher que la révolution culturelle ne devînt une révolution tout court ? La solution choisie était aussi puisée dans l'arsenal du léninisme. Il fallait faire de l'ennemi une effigie caricaturale et diriger la fureur et les craintes des masses contre cette effigie[62]. La nomenklatura haïe devait être représentée sous les traits détestables d'apparatchiks staliniens (espèce depuis longtemps disparue), sur le fond desquels les apparatchiks perestroïkistes faisaient figure de démocrates progressistes pétris d'humanisme. La première étape de cette opération (mars 88) fut la fameuse lettre de Nina Andreeva, prétendument publiée à l'insu de Gorbatchev, qui faisait un vibrant éloge du stalinisme et fut interprétée par tous, y compris les media occidentaux, toujours les plus prompts à tomber dans le panneau, comme un manifeste des « conservateurs » menaçant le très réformateur Gorby. En fait Gorbatchev était au courant et Nina Andreeva dira plus tard : « J'ai été stupé-

62. C'est en employant ce procédé que la propagande bolchevique parvint à détruire le gouvernement provisoire.

faite de la duplicité du secrétaire général. Il savait que ma lettre (du 13 mars 88) allait être publiée. »[63] La *Pravda* du 5 avril donne le coup d'envoi à une vaste campagne contre « les ennemis de la perestroïka », dénonçant « la résistance croissante aux changements ». Les phases suivantes prévoient l'intronisation médiatique d'une tête de Turc — ce sera le malheureux Ligatchev attaqué de toutes parts à l'automne 88, alors qu'il est déjà écarté du pouvoir[64], puis l'inoffensif Ivan Polozkov et le parti communiste russe ; et la mise en scène de mouvements de masse pro-communistes, les fameux Fronts unis de travailleurs, virulents surtout à Léningrad[65]. On peut se demander si le putsch d'août 91 ne relève pas de la même logique, consistant à prévenir une révolution réelle en donnant le spectacle d'une fausse révolution. De manière paradoxale, le « putsch » a stoppé le processus révolutionnaire en Russie tout en le menant à terme dans les républiques.

— *Memorial*

En septembre 1987, à l'occasion d'un discours aux dirigeants des « organes », le numéro deux du KGB Filip Bobkov s'interroge : « Il serait peut-être utile de réaliser une publication spéciale d'une partie des archives dont nous disposons. D'un côté, nous aiderions le parti à former une opinion publique saine. De l'autre, la société comprendrait mieux nos actions, les travailleurs se convaincraient qu'elles sont nécessaires[66]... »

63. *Vetcherny Komsomolec* nº 3, nov. 91.

64. A l'étiquette d'« ennemi de la perestroïka » s'ajoutera en mai 89 celle de « corrompu », lorsque les procureurs chargés de l'affaire feront sombrement allusion à des pots-de-vin prétendument reçus par Ligatchev.

65. Léningrad a joué un rôle important dans cette opération « stalinisation d'un pseudo-adversaire ». Le maire de Léningrad, l'utile Sobtchak, n'a pas peu contribué à la démonisation de Ligatchev et à la théâtralisation des « affrontements » entre « démocrates » et « staliniens ».

66. *Dejatelnost organov gosudarstvennoi bezopasnosti na sovremennom etape*, Moscou, 1988. Filip Bobkov a joué un rôle très important dans l'organisation de la tutelle tchékiste des « mouvements informels ». C'est le mentor discret et populaire de l'intelligentsia moscovite, le « cerveau » dans la direction des organes.

Nous avons mentionné la Commission de réévaluation de l'histoire lancée par Poszgaï en Hongrie. La création du groupe Memorial début 1988 en Russie répond aux mêmes objectifs et on peut douter qu'elle ait été spontanée. La revue confidentielle du KGB le confirme : « Il est important que nos camarades prennent une part active à toutes les activités politiques liées à la mémoire de ceux qui ont péri (dans les purges)[67] ». Il s'agit de désamorcer les bombes à retardement semées par le passé communiste et de canaliser dans le « pathos antinomenklaturiste« et « antistalinien » les passions que suscitera la redécouverte du passé. Comme le dira Gorbatchev devant le Plénum du 18 février 1988, « il est indispensable de distinguer l'avènement effectif du socialisme de ses déformations... (Il faut que le peuple) puisse se former, par l'instruction, une conscience historique correcte[68]... » On se souvient des polémiques acharnées qui firent rage lorsqu'on projeta d'ériger un monument aux victimes de la répression. Fallait-il inclure les victimes de Lénine ou devait-on se borner à celles des purges staliniennes ? Memorial avait également une fonction « intégratrice » : les malheurs traversés en commun durant la période stalinienne devaient rapprocher les peuples de l'URSS et le peuple russe.

Le coup d'envoi de cette politique est la réhabilitation de Boukharine le 4 février 1988, qui est précédée par une grande campagne de presse. Quelques mois plus tard, on réhabilite les victimes du troisième grand procès de Moscou. En septembre et octobre, la *Pravda* publie des articles montrant que les instruments du totalitarisme stalinien ont été mis en place sous Lénine. L'« échelonnement » de la direction politique soviétique se manifeste alors de manière visible : V. Medvedev, le responsable de l'idéologie, contre-attaque en confirmant l'interdiction du *Lénine à Zürich* de

67. *Sbornik KGB SSSR*, nº 1989

68. La manière dont Gorbatchev envisageait cette opération « limitation des dégâts » est particulièrement claire lors de son voyage en Pologne en juin, lorsqu'il s'abstient de mentionner Katyn, à la grande déception de ses interlocuteurs polonais.

Soljénitsyne et en affirmant qu'il est exclu de remettre en cause le personnage de Lénine[69].

— *La tentative de restaurer l'orthodoxie comme « religion d'État »*

C'est en 1988 qu'a lieu le grand tournant du régime soviétique à l'égard de la religion. Le 18 avril, le chef du KGB Tchebrikov déclare dans un discours aux enseignants des écoles du KGB : « La tâche des organes du KGB est de savoir distinguer la religion du cléricalisme militant, l'activité religieuse autorisée de la subversion illégale[70] ». Le 29 avril, Gorbatchev reçoit le patriarche Pimène en grande pompe à l'occasion de l'anniversaire du millénaire de la christianisation de la Russie. On restitue à l'Église des lieux du culte et des monastères. Gorbatchev laisse entendre qu'il a été baptisé. Bientôt les dirigeants soviétiques et post-soviétiques se presseront dans les églises, et rivaliseront de piété devant les caméras de la télévision.

L'auto-affranchissement de la nomenklatura

1988 est aussi l'année où les communistes se lancent dans le « business ». C'est l'année où, en dépit de la résistance de la Banque d'État jalouse de son monopole, se créent les « banques commerciales », les bourses et tout l'appareil extérieur du capitalisme, l'année où les entreprises mixtes prennent leur essor (réforme de la Banque d'État et création d'institutions de crédit : janvier 1988). C'est l'année où est prise la décision d'abolir le monopole sur le commerce extérieur (décembre)[71], où Ryjkov déclare que « les sociétés par actions peuvent être socialistes[72] ».

Les grands bénéficiaires de ce tournant sont le Komsomol

69. V. Jerzy Reinhardt, 1992.
70. *Dejatelnost organov gosudarstvennoi bezopasnosti na sovremennom etape*, Moscou, 1988.
71. Cette décision entrera en vigueur à partir d'avril 1989.
72. *Dubinuška*, n° 1, 1993.

et le KGB qui fournissent le gros des effectifs des « entrepreneurs » soviétiques. Dès janvier 1987, dans un discours aux responsables du Premier directorat principal (espionnage), le futur chef du KGB Krioutchkov appelle à développer « la création d'entreprises mixtes permettant d'avoir accès à la technologie de pointe. Nous devons créer aussi des petites entreprises. Notre gigantomanie passée nous a causé de grands torts ». Il ajoutait : « Notre service s'est acquis de bonnes positions dans le monde des affaires... mais il doit se montrer plus efficace dans l'approche des hommes d'affaires dont dépendent les contrats avantageux ou l'accès aux technologies de pointe[73]. » Au moment où elle se décide à risquer son pouvoir politique, la nomenklatura communiste commence à s'assurer des positions clés dans l'économie, à monnayer ce qui lui reste d'influence politique pour se construire une forteresse imprenable au sein de l'État. Les biens de l'État commencent à être transformés en base financière pour différents segments du la corporation régnante. Le tri commence à s'effectuer entre les nomenklaturistes qui savent prendre le tournant (essentiellement des jeunes loups aux dents longues, militants komsomols ou tchékistes ambitieux) et ceux qui resteront sur le bas-côté, faute d'intelligence ou de cynisme. Le renouveau radical de la corporation au pouvoir est entamé. Les élections à candidatures multiples annoncées par Gorbatchev lors de la XIXe Conférence du parti vont dans le même sens : une sélection des plus aptes à la survie. Et des rivalités se dessinent entre des clans rivaux dans l'obtention des dépouilles : rivalités qui auront un enjeu matériel et qui seront donc plus implacables, plus mortelles pour le système que les querelles idéologiques d'autrefois.

73. *Dejatelnost organov gosudarstvennoi bezopasnosti na sovremennom etape*, Moscou, 1988. La circulaire du KGB n° 0066 confie « la couverture tchékiste des entreprises mixtes » aux sections de contre-espionnage. Cf. *Sbornik KGB SSSR*, n° 128, 1989. La revue du KGB cite à ce propos cette phrase du premier chef de la Tchéka, Dzerjinski : « Nous ne devons pas seulement surveiller constamment les concessions étrangères... Nous devons les favoriser, faute de quoi notre surveillance risque de se transformer dans la pratique en lutte contre les concessions... » (1923).

La prolifération des entreprises mixtes montre que dans certains cercles du KGB et du Komsomol on a déjà une idée de ce qui va se passer : le système des entreprises mixtes permettra aux biens du PCUS d'échapper à la nationalisation et dans les républiques, il mettra une grande partie des unités de production hors de portée des gouvernements nationaux. Ce processus s'est déroulé de manière si organisée, si orchestrée qu'on peut s'interroger sur les projets réels de ceux qui l'ont mis en œuvre (A. Volski, le futur gouverneur du Karabakh, le fondateur de l'Union scientifique et industrielle en juin 90, le co-fondateur du Mouvement pour les réformes démocratiques en juillet 91, et en mai 92 de l'Union Civique, a joué un rôle clé dans toute cette affaire) : prévoyaient-ils déjà la liquidation du PCUS et l'indépendance des républiques ? Ligatchev avance l'hypothèse que la bruyante campagne contre les « corrompus » du Politburo lancée par Gdlian et Ivanov constituait en fait une manœuvre de diversion destinée à masquer l'émergence d'une nouvelle mafia, autrement active et ramifiée que l'ancien réseau féodal formé sous Brejnev. Cette hypothèse n'est pas dépourvue de fondement.

L'auto-affranchissement ne se limite pas aux étages supérieurs de la hiérarchie dirigeante : toute la bureaucratie soviétique devient incontrôlable, et elle cesse d'être l'exécutrice des directives venues d'en haut. La désagrégation de la verticale du pouvoir deviendra visible à partir de 1989.

Le rôle du KGB

Le KGB a-t-il été l'initiateur et l'organisateur de la perestroïka ou a-t-il été seulement l'instrument docile des instances dirigeantes du PCUS ? La lecture des publications et des polycopiés du KGB à usage interne confirme l'hypothèse de l'implication des « organes » dans la perestroïka, bien que son « rôle dirigeant » n'apparaisse pas dans cette presse confidentielle certes, mais accessible à la piétaille des organes[74]. Les faits et les documents parvenus à notre

74. Tous les documents provenant des archives du KGB cités dans cet ouvrage m'ont été fournis par la Commission Gajauskas chargée des archives du KGB en Lituanie. Que ceux qui m'ont aidée soient remerciés.

connaissance permettent de reconstituer le fil des événements comme suit. L'idée de la perestroïka a pris forme dans les milieux « académocrates » protégés par le KGB ; elle est graduellement parvenue au sommet des instances dirigeantes du PCUS ; elle a été mise en œuvre par un petit groupe de dirigeants au sein du Politburo avec l'appui de Gorbatchev ; son extension à l'empire a été confiée au KGB ; de même les mesures prophylactiques destinées à empêcher que le « processus » ne déborde les limites prévues : car, pour citer V. Tchebrikov, « la prophylaxie, plus que tout autre forme d'activité tchékiste, répond à l'esprit de la démocratisation en cours dans le pays[75] ». La meilleure formulation de la manière dont le KGB concevait son rôle sous le perestroïka se trouve dans un discours tenu le 25 septembre 1987 par le premier adjoint de Tchebrikov Filip Bobkov : « Notre but ultime est d'assurer par des moyens tchékistes le cours de la perestroïka, de défendre la révolution dans les conditions nouvelles, tout comme les tchékistes l'avaient fait après les glorieuses journées d'Octobre[76]. »

Comme pour le domaine économique, c'est en juin-juillet 1983 que s'amorce le virage au sein du KGB. Le 4 juillet 1983, la direction du KGB adopte un texte fixant les modalités de l'organisation et de l'exploitation des réseaux d'agents « afin de renforcer qualitativement l'appareil des agents ». Le préambule précise que « les organes du KGB utilisent tout l'arsenal des moyens dont ils disposent, mais ils ont toujours privilégié le travail avec les agents, le principal moyen de l'action tchékiste ». Le principe de la réforme se résume en une phrase : « L'appareil des agents des organes du KGB doit être excellent et peu nombreux. » L'idée est donc de débarrasser le KGB du bois mort accumulé au fil des années, et d'en faire un instrument de manœuvre souple et efficace[77].

75. *Sbornik KGB SSSR*, n° 125, 1988. V. à ce propos les analyses perspicaces de Viktor Yasmann in *Gorbachev and the KGB*, à paraître chez Pergamon.

76. *Dejatelnost organov gosudarstvennoi bezopasnosti na sovremennom etape*, Moscou, 1988.

77. D'après les sources dont nous disposons, la purge projetée à cette époque ne sera réalisée qu'après la fin de l'URSS.

En mai 1986, les dirigeants régionaux et les responsables des différents départements du KGB se réunissent pour formuler les grandes lignes du programme de la perestroïka des organes. Ce programme est précisé en février 1987 lors de la réunion du comité du parti de l'appareil central du KGB. Il s'articule autour des points suivants : strict respect de la « légalité socialiste » ; prise en compte de la « démocratisation » (Tchebrikov : « Les actions tchékistes doivent s'inscrire strictement dans le processus de développement et d'approfondissement de la démocratie socialiste[78]. ») ; « élargissement et amélioration de l'utilisation des media à des fins prophylactiques[79] » ; purge. Celle-ci touchera particulièrement le Troisième directorat principal (le contre-espionnage militaire), noyau « dur » du KGB. En décembre 1986, le Collège du KGB prend la décision de renforcer la coordination de l'action du KGB avec celle des « organes » des démocraties populaires.

Le 8 juillet 1987, la direction du KGB est réunie pour examiner les implications du Plénum de juin sur les activités des organes et « analyser les modes d'actions tchékistes dans les conditions d'élargissement de la démocratie et la glasnost » (Tchebrikov). Les consignes données au KGB sont les suivantes : « renforcement des liens avec le peuple » ; « contrôle de la situation opérationnelle » ; « application créatrice de l'expérience du passé » ; « capacité de distinguer infailliblement les antisoviétiques convaincus des gens qui se trompent ou qui font preuve d'immaturité politique[80] ». Le problème des « organisations informelles » est évoqué par Tchebrikov qui donne à ses hommes les consignes suivantes : « Face à ces groupes les tchékistes doivent avoir recours, à l'étape actuelle, à une méthode maintes fois éprouvée permettant de les pourrir de l'intérieur. Cette méthode consiste :

78. Rapport de V. Tchebrikov à la réunion du comité du parti de l'appareil central du KGB, in *Dejatelnost organov gosudarstvennoi bezopasnosti na sovremennom etape*, Moscou, 1988.

79. *ibid.*

80. *Dejatelnost organov gosudarstvennoi bezopasnosti na sovremennom etape*, Moscou, 1988.

— à introduire des dissensions idéologiques et organisationnelles dans la direction du groupe ;
— à compromettre les leaders extrémistes ;
— à créer une atmosphère de méfiance, d'hostilité, de suspicion mutuelle ;
— à placer à la tête de ces groupes des agents sûrs et expérimentés, capables d'exercer une influence réelle et de canaliser l'activité de ces groupes vers des objectifs qui nous sont avantageux... Chaque agent doit être utilisé correctement... Je n'ai nommé qu'un petit nombre des méthodes dont dispose notre arsenal... Il y a là un vaste champ d'application de la créativité véritable et de la virtuosité tchékiste[81]. » Quelques mois plus tard, la revue du KGB[82] fera un bilan de la mise en œuvre de ces directives : « De nombreux collaborateurs et agents se sont montrés incapables d'agir "comme au front". Nous avons manqué d'agents compétents dans la direction des mouvements nationalistes juifs, parmi les adhérents les plus agressifs du Groupe de Confiance[83], parmi les dirigeants de Pamiat[84]. » Le KGB de Léningrad fait part de son expérience : « Il était plus aisé d'installer nos agents dans les groupes en cours de formation où aucun leader n'avait eu le temps d'émerger... Dans les groupes dirigés par un chef populaire parmi les adhérents, il fut plus difficile d'implanter l'influence de nos agents. Nous dûmes recruter certains de ces chefs afin de réorienter leur activité dans un sens positif, non extrémiste[85]... »

Le 25 septembre 1987, dans un discours aux dirigeants de l'appareil central et des sections régionales du KGB, et le 10 décembre 1987 à l'occasion d'un colloque, Filip Bobkov précise les tâches tchékistes liées aux « organisations informelles ». Premièrement, il s'agit d'établir une distinction

81. *Sbornik*, nº 118, 1987.

82. *Sbornik KGB SSSR*, nº 121, 1987.

83. Association de jeunes militant pour un rapprochement avec les pays occidentaux.

84. Association patriotique russe. Certains de ses adhérents dériveront vers le fascisme.

85. *Sbornik KGB SSSR*, nº 126, 1988.

entre celles qui sont utiles et collaborent avec le parti, celles qui comportent un « noyau sain » mais peuvent dériver sous l'influence de « provocateurs », et celles qui sont carrément subversives. Pour cela il faut « connaître parfaitement ce milieu » ; les responsables régionaux doivent informer scrupuleusement le centre, sans craindre de communiquer des nouvelles déplaisantes ; il faut éviter dans la mesure du possible le recours à la force (« L'art du tchékiste consiste à ne pas se laisser provoquer à employer des méthodes répressives lorsqu'il est possible de s'en passer, mais à ne pas baisser les bras là où il faut faire preuve de décision »), repérer les individus actifs et agir sur eux au moyen des agents d'influence, « les forcer de dépenser leurs forces et leurs moyens sur un plan qui nous est avantageux » ; le cas échéant, autoriser leur émigration. Le KGB doit aussi documenter le financement des organisations antisoviétiques par l'étranger et se servir de ces données pour discréditer les chefs : « Nous n'avons pas encore compris qu'avec l'aide de la glasnost nous pouvons obtenir des résultats considérables... La glasnost est une grande force, et elle doit être utilisée à fond dans la pratique tchékiste[86]. » Soucieux de « réveiller la pensée tchékiste », Bobkov invite également le KGB à analyser les lacunes de la législation soviétique, à se « concentrer sur l'ennemi réel », à « spécialiser les agents » en se débarrassant du ballast[87]. Nous avons cité ces passages car ils expliquent en partie les traits de la vie politique post-communiste que nous évoquerons plus loin.

Les 10-12 décembre 1987, les instances dirigeantes du KGB se réunissent à nouveau, en présence d'Anatoli Loukianov, responsable des organes au sein du Secrétariat du Comité central. Ce grand conclave rappelant ceux en usage durant les premières années de la Tchéka doit dresser un bilan de l'action menée depuis mai 1986. 689 responsables

86. Cf. *Sbornik KGB SSSR*, n° 128, 1988 : « **Nous devons tous comprendre que la glasnost est une méthode fort efficace de l'activité tchékiste, un instrument d'action sur l'opinion publique...** »

87. *Dejatelnost organov gosudarstvennoi bezopasnosti na sovremennom etape*, Moscou, 1988.

appartenant à l'appareil central ou aux sections régionales prennent la parole. Dès ce moment, le KGB s'inquiète de voir apparaître quelque chose qui ressemble à une opposition. Tchebrikov appelle à « perfectionner le travail avec les réseaux d'agents » et « l'utilisation des media ». Le numéro deux du KGB, Filip Bobkov, présente un rapport intitulé : « La démocratisation de la société soviétique et la perestroïka des organes de sécurité[88]. » Cette conférence marque un tournant ; le 22 janvier 1988, Tchebrikov en fait le bilan en ces termes : « **Nous sommes entrés aujourd'hui dans l'étape décisive de la perestroïka, tous nos plans commencent à prendre une forme concrète...** Nous avons maintenant un programme d'action pour l'avenir... » Les tchékistes ne doivent pas baisser les bras devant la difficulté des tâches qui les attendent[89]. Sur le plan pratique, les nouvelles orientations se traduisent par une plus grande latitude accordée aux responsables locaux des organes (circulaire n° 066 du 2 février 1988 intitulée : « L'élargissement des droits des instances dirigeantes des organes de sécurité d'État de l'URSS »). Désormais « en cas de nécessité opérationnelle urgente, des groupes opérationnels peuvent être formés pour une durée allant jusqu'à deux ans, constitués d'officiers détachés d'autres départements » sans en référer aux instances centrales[90]. Cette mesure permet une plus grande souplesse dans la répartition des effectifs sur les secteurs nécessitant l'intervention rapide des organes. Le 18 avril 1988, s'adressant au personnel enseignant des écoles du KGB, Tchebrikov annonce que « des changements se produiront dans le fonctionnement de certains éléments du système politique de la société soviétique, leur rôle et leur place seront redéfinis » ; il conclut : « Désormais les tchékistes doivent apprendre à lutter efficacement contre la subversion exercée dans le domaine de la religion et dans celui des relations entre les nationalités... Les organes du

88. *Sbornik KGB SSSR*, n° 122, 1988. *Dejatelnost organov gosudarstvennoi bezopasnosti na sovremennom etape*, Moscou, 1988.
89. *Sbornik KGB SSSR*, n° 123, 1988.
90. *Sbornik KGB SSSR*, n° 126, 1988.

KGB doivent repérer à temps les processus négatifs, les groupes nationalistes politiquement nuisibles, et prévenir les actions criminelles, surtout les désordres de masse et les manifestations d'extrémisme[91]. » Le 17 juillet 1988, la direction du KGB publie une circulaire intitulée : « Les tâches des organes de sécurité d'État liées aux décisions de la XIXe Conférence du Parti[92]. » Le 14 octobre 1988, paraît une circulaire au titre plus explicite : « L'amélioration du travail avec les agents dans les conditions actuelles[93]. »

Le KGB commence à se heurter à des difficultés ignorées jusqu'alors : « On a signalé des cas où des intellectuels refusaient de collaborer. Certains agents utilisés pour contrôler les éléments nationalistes tombent sous leur influence[94]... » Face à ces « réalités de notre temps », les consignes sont claires : « Chaque officier doit maîtriser l'art de travailler dans les masses... Chaque officier doit savoir mener un dialogue dans l'atmosphère la plus politisée, sans tomber dans la confrontation et la phraséologie creuse[95]. » Ceci passe par l'abandon de la langue de bois communiste : « Il est indispensable d'exclure la terminologie stéréotypée (des "affirmations idéologiquement nocives", des "processus négatifs", etc.)... Les tchékistes doivent plus souvent se référer aux valeurs humaines communes, mettre l'accent sur la défense des droits de l'homme, sur la non-violence, sur la justice sociale[96]. » La revue *Sbornik KGB SSSR* fournit une foule de recommandations pratiques à ses lecteurs sur l'art de noyauter et de diriger les « mouvements informels », de remporter les élections, de noyauter les organisations ouvrières, etc.[97]. Bref toute la démocratie soviétique semble reposer sur les robustes épaules tchékistes.

91. *Dejatelnost organov gosudarstvennoi bezopasnosti na sovremennom etape*, Moscou, 1988.
92. *Sbornik KGB SSSR*, n° 126, 1988.
93. *Sbornik KGB SSSR*, n° 130, 1989.
94. *Sbornik KGB SSSR*, n° 128, 1988.
95. *Sbornik KGB SSSR*, n° 142, 1990.
96. *Sbornik KGB SSSR*, n° 55, 1990.
97. Les titres des articles sont souvent éloquents : « Comment contrer les actions des éléments antisociaux dans le milieu des "informels" » in *Sbornik KGB SSSR*, n° 128, 1989.

Les premiers coups portés au PCUS

Le plénum de septembre 1988 prend la décision de réorganiser le sommet de l'appareil du parti. Le secrétariat est divisé en 10 commissions ; or, comme le notera Ligatchev, la cible principale de cette mesure, « la création de commissions enterrait automatiquement le Secrétariat... Le parti fut privé de son état-major opérationnel ». Cette décision fut à l'origine de la destruction de la hiérarchie verticale qui formait la charpente de l'État soviétique : les secrétaires d'obkom et de kraïkom se trouvèrent livrés à eux-mêmes, et, pour reprendre la formule de Ligatchev, « le centre devint un vide et les segments de l'administration se mirent à flotter dans l'air ». Gromyko, le président du Praesidium du Soviet Suprême, est mis à la retraite et Gorbatchev prend son poste en octobre (le cumul n'a d'ailleurs rien de nouveau). Ligatchev est chargé de l'agriculture. La moitié des départements du Comité central — notamment ceux chargés de gouverner les différents secteurs de l'économie — sont supprimés ou fusionnés ; les mêmes changements ont lieu au niveau des républiques. Ces mesures ont pour conséquence de mettre fin à la « direction collégiale » et elles renforcent l'effet d'une décision adoptée lors de la XIVe Conférence : faire élire les premiers secrétaires par la base, ce qui revient à les faire coopter par leurs pairs et à dépouiller le Comité central d'un instrument fondamental de son pouvoir, la « politique des cadres » ; en même temps, elles privent Moscou de son contrôle réel sur les provinces et les républiques. A partir de 1989, Moscou cessera de parachuter des cadres dirigeants dans la périphérie. La destruction de l'État soviétique (qui est un État-Parti) est inscrite dans cette décision. La ruine de l'économie l'est tout autant : les responsables industriels et les directeurs de kolkhozes, qui ont été choisis pour leurs talents d'exécutants, ne l'oublions pas, ne savent plus à quel saint se vouer maintenant que les premiers secrétaires ne sont plus là pour leur donner des ordres, et que les sections économiques du parti ne s'occupent plus de résoudre le problème de trouver des fournisseurs et des clients, ni d'indiquer ce qu'il faut produire et en quelles quantités. Comme l'écrit Ligatchev, à partir de 1988, la politique des dirigeants soviétiques ressemblera à un chat qui court après sa queue.

Au même moment a également lieu un épisode significatif qui révèle qu'au fond la perestroïka fut surtout un coup d'État au ralenti au sein de la direction politique soviétique, coup d'État longtemps larvé, dont les affleurements se multiplieront en 90-91, pour culminer avec le putsch d'août 91. Ligatchev raconte un des premiers affleurements. En septembre 88, le KGB fait circuler parmi les membres du Politurbo un rapport alarmiste sur la situation en Lituanie. Yakovlev revient de Vilnius. Ligatchev lui demande son opinion sur les événements. Yakovlev répond : « Il n'y a rien de particulier. Les processus perestroïkistes habituels, rien de plus. » Ligatchev téléphone à Tchebrikov pour le prier de ne pas dramatiser les choses. Tchebrikov ne démord pas de son point de vue : le PC lituanien est en train de faire sécession. Mais Yakovlev persuade le Politburo de ne pas s'inquiéter et de jouer la carte Brazauskas[98].

4. LES ÉLECTIONS ET LE CONGRÈS DES DÉPUTÉS DU PEUPLE

La différenciation introduite par l'utilisation du sentiment anti-nomenklaturiste se cristallise lors de la campagne électorale qui démarre en décembre 1988 (les élections sont prévues pour le 26 mars 1989). Celle-ci a donné naissance à une floraison de comités indépendants dans un grand nombre de villes de l'URSS, qui ont tenté de faire obstacle aux manipulations électorales de tout genre orchestrées par

98. Selon Ligatchev, Yakovlev patronnait les mouvements nationaux à partir du printemps 88. Brazauskas est le chef du PC de Lituanie. Il prendra l'initiative de la rupture avec le PCUS.

l'appareil, et de soutenir des candidats extérieurs à la nomenklatura locale. Elle a conduit les groupes, les Fronts populaires et les différentes « organisations informelles » à coordonner leurs efforts devant l'ennemi commun, l'appareil du parti. Ces réseaux subsisteront après les élections et formeront les embryons des nouveaux partis.

Quel est le profil type de ces « outsiders » chargés de débouter les nomenklaturistes sclérosés incapables de défendre leur poste et de réaliser une révolution culturelle sous une forme démocratique à l'occidentale ? Comment sont-ils apparus ? La majorité des « démocrates » qui ont accédé à la direction politique avec le triomphe de Eltsine ont été propulsés dans l'arène au moment de ces élections de 1989. Les traits de cette nouvelle élite marqueront la physionomie du post-communisme.

La presse russe « conservatrice » les a appelés « institutchiki ». En effet, la plupart d'entre eux, en Russie comme dans les républiques, sont issus d'instituts et d'universités, ce sont des représentants typiques de « l'intelligentsia soviétique », de ce milieu universitaire « conformiste, servile et faible », pour reprendre les mots d'Anatoli Sobtchak[99]. Ils sont jeunes (ou relativement jeunes par rapport à leurs prédécesseurs), se sont souvent fait remarquer par leur activisme au komsomol, ont souvent occupé le poste de secrétaire de cellule dans leur institut ou leur faculté, et, lorsqu'ils étaient spécialisés dans les « sciences sociales », ont rédigé des thèses ultra-orthodoxes, que leurs adversaires communistes de la vieille garde se sont fait un plaisir de déterrer. Ainsi, Sobtchak, le futur maire de Saint-Pétersbourg, a appuyé sa thèse, consacrée à « la direction des services publics par les Soviets locaux en Ouzbékistan », sur les « œuvres des fondateurs du marxisme-léninisme, les décisions des Congrès et des plénums du CC du PCUS, les articles et les discours des dirigeants du PCUS et de l'État soviétique ». La thèse a pour ambition « d'apporter une nouvelle définition des services publics, tenant compte de

99. V. Anatoli Sobtchak, *Khoždenie vo Vlast*, Léningrad, 1991.

leur développement qualitatif et quantitatif et comprenant les caractéristiques concrètes des fonctions des services publics ». Elle culmine dans la recommandation suivante : « Étant donné les tâches grandissantes des services publics, il serait opportun que les Soviets locaux soumettent à un contrôle plus fréquent les décisions et les décrets prévoyant leur amélioration... » En 1974, Sobtchak démontre que l'économie capitaliste est une économie du gaspillage, que seul le communisme « permet l'économie des ressources ». En 1987, il adhère au Parti. Le futur maire de Moscou et chantre de l'économie libérale, G. Popov, a jadis constaté qu'« en rivalisant pour dépasser les objectifs du plan, chaque travailleur vote pour le socialisme ». Car « grâce à la propriété collective, le socialisme a transformé tous les travailleurs en parties d'un collectif uni ». L'académicien Chataline, qui fera partie du Conseil présidentiel de Gorbatchev, a vanté dans sa thèse la planification centralisée, « seule capable d'assurer le développement harmonieux de l'activité économique des unités de production ». Le jeune Stankevitch, qui sera membre du Conseil d'État du président russe en 1991 après avoir été maire adjoint de Moscou, a consacré la sienne à l'analyse des conflits dans l'administration américaine « à partir de l'explication marxiste, historique et matérialiste » ; « les publications du parti communiste américain et les documents des Congrès du PCUS » forment le corpus étudié[100]. Le grand adversaire du système kolkhozien, Youri Tchernichenko, a autrefois encensé le satrape communiste Medounov. On reprochera beaucoup à G. Bourboulis, conseiller d'État du président russe, son passé d'enseignant de marxisme-léninisme à l'Institut polytechnique de Sverdlovsk. Parmi les « institutchiki », les scientifiques sont mieux lotis, n'ayant pas d'écrits compromettants à leur actif ; les « démocrates » comptent un nombre élevé de physiciens, dont certains furent appelés à faire carrière dans le maintien de l'ordre,

100. Ces citations sont extraites de l'article de V.L. Bobrov, « Le communisme permet l'économie des ressources » in *Naš Sovremennik*, n° 1, 1991, p. 125 et suiv.

comme le chef de la police de Moscou en 1992, A. Mourachev, ou le chef du KGB de Moscou, Sevastianov. Les « pères » de la perestroïka ont des squelettes encore plus impressionnants dans leur placard. Yakovlev n'a cessé d'invectiver le capitalisme à l'époque où il dirigeait le secteur de la propagande du CC, appelant à « une lutte sans merci contre l'idéologie bourgeoise. Pas de compromis... », mettant en garde contre « une approche abstraite, étrangère à l'esprit de classe, des questions concernant le socialisme, la démocratie, l'humanisme, la liberté », car celle-ci « ne fait que refléter les intérêts de la bourgeoisie[101] ». V. Korotitch, un des artisans de la glasnost, a encensé les *Mémoires* de Brejnev, « livre honnête qui a eu un retentissement mondial[102] »... Chevarnadzé célèbre l'intervention en Afghanistan le 7 juin 1980 : « Tous nous étions inquiets du sort du peuple afghan, de nos frontières méridionales. Chaque Soviétique attendait la décision courageuse, la seule bonne décision possible, celle que nous avons prise concernant l'Afghanistan. Le peuple soviétique soutient avec ardeur les mesures adoptées par le Parti et le gouvernement afin de conserver et de développer les acquis de la révolution afghane, d'assurer la sécurité de nos frontières méridionales[103]... »

Comment cette pléiade académique s'est-elle trouvée projetée dans la politique ? Les Fronts populaires ont constitué la rampe de lancement. Le témoignage du leader du Front populaire de Moscou, V. Skourlatov, est révélateur à plusieurs titres : « Nous avons soutenu tous ceux qui sont devenus membres du Groupe interrégional. **J'ai même demandé conseil à des académiciens pour les candidatures. J'ai téléphoné à Rauchenbach en lui demandant qui il fallait proposer**. Il m'a répondu : "Je vous recommande de faire élire Chafarévitch et Youri Afanassiev." Nous l'avons fait[104] ». On peut donc penser que le

101. Cité in Ligatchev, 1992, p. 132.
102. E. Tchazov, 1992.
103. Cité in E. Ligatchev, 1992, p. 237.
104. Témoignage recueilli en mars 1991. Le mathématicien Chafarévitch a refusé de se lancer dans la mêlée à ce moment. Par la suite il est devenu l'un des « théoriciens » du mouvement patriote slavophile.

choix des candidatures de députés alternatifs était moins spontané qu'il n'y paraît, et que les organes ont certainement eu leur mot à dire à ce propos. Dans les nouveaux États où des tentatives sérieuses de « dékagébisation » ont eu lieu, comme la Lituanie, on s'aperçoit — souvent avec effroi — à quel point cette élite « académocrate » était truffée d'agents, le cas de madame Prunskiene, ancienne conseillère économique d'Andropov, étant le plus notable. En Russie les efforts de dékagébisation du député S. Belozertsev se sont heurtés à un mur, lorsqu'on s'est aperçu que la fraction démocrate du parlement russe avait le plus à pâtir de cette entreprise, le KGB ne recrutant que rarement parmi les apparatchiks patentés[105]. Il y avait donc sans doute moins de spontanéité qu'il n'y paraît dans l'ascension fulgurante des « démocrates » (membres du PCUS pour la plupart, ne l'oublions pas), dans leur succès à surmonter les embûches placées sous leurs pieds par la vieille garde, notamment les redoutables commissions électorales contrôlées par l'appareil, chargées de filtrer les candidatures. Par ailleurs chaque candidat a dû recevoir l'investiture d'un « collectif de travail », c'est-à-dire d'une cellule du parti. Les programmes des futurs démocrates se ressemblent tous : ils jouent sur la corde « anti-appareil », font campagne sur l'écologie, contre la corruption des nomenklaturistes en place. D'ailleurs, ces programmes importent peu : il suffit que le candidat démocrate se pose en adversaire du satrape local du parti pour que son élection soit acquise. Les fonctionnaires du parti en poste ne savent trop comment réagir à l'irruption des nouveaux venus : pour la première fois ils ne reçoivent pas de directives du Comité central, on leur conseille simplement « de ne pas intervenir »[106]. « Leur

105. En Pologne le gouvernement Olszewski est tombé dès qu'il a fait mine de vouloir dékagébiser l'establishment politique polonais post-communiste. A Moscou la question a été posée à propos du parlement russe dans la foulée du putsch manqué d'août 1991, provoquant cette réponse du vice-ministre de la Sécurité d'État, S.V. Stepachine : « Si ma langue fourchait, si je disais qu'un tiers des députés et des membres du Soviet Suprême sont des agents du KGB, pourrions-nous travailler ensemble après cela ?... Que penserions-nous de nos amis ? Abandonnons cette idée... » Cf. *Rapport de la Commission d'enquête sur la tentative de coup d'État des 19-21 août 1991*, février 1992.

106. E. Ligatchev, 1992.

désarroi était évident », écrit Sobtchak[107]. Il est également notable que la plupart des ténors perestroïkistes (A. Sakharov, E. Yakovlev, G. Popov, etc.) ont été élus sur la liste des députés réservée aux « organisations sociales » et à l'Académie des Sciences. Paradoxalement, la décision apparemment non démocratique de réserver 750 sièges à ces dernières a permis d'introduire au Congrès le contingent d'« institutchiki » qui servira de vivier à la nouvelle élite politique[108].

Quoique faussé à la base, puisque dans la plupart des cas un communiste était opposé à un autre communiste, le scrutin eut un impact psychologique considérable. Pour la première fois, la population avait été autorisée à se débarrasser d'apparatchiks détestés ou méprisés. L'opinion, créée ou amplifiée par les media, prit alors conscience de sa force. Le KGB reçut l'ordre de « développer la glasnost[109] ». Une première charretée d'apparatchiks (130) démissionna collectivement lors du Plénum de mai 1989. Gorbatchev jubile : les élections ont prouvé le prestige du parti aux yeux du peuple, 87 % des députés ont leur carte du PCUS. Ryjkov n'augure rien de bon : pour lui le parti a perdu les élections. Mais « la direction du parti était imperméable aux vérités simples. L'euphorie post-électorale ne fit pas long feu : on vit bientôt la majorité de ces 87 % rendre précipitamment leur carte du PC... Même quand cette "émigration vers les sans-parti" devint un dangereux phénomène de masse, la direction du PCUS persista à se bercer de l'idée que les rats quittaient le navire... »

Le nouveau Congrès (été 89)

La campagne électorale et les élections du 26 mars 1989 avaient déclenché le processus qui devait aboutir au dénouement d'août 91 : la division réelle du pays entre le PCUS et

107. V. Anatoli Sobtchak, *Khozdenie vo Vlast*, Léningrad, 1991.
108. V. Anatoli Sobtchak, Léningrad, 1991.
109. Résolution du 4 avril 1989. L'axe prioritaire devient « le travail avec les députés », car les nouveaux Soviets « ne sont pas politiquement homogènes ». V. *Sbornik KGB SSSR*, nº 155, 1991.

le reste de la population (qui dans les républiques se greffe sur la division entre adversaires et partisans de l'indépendance), division que l'élite lucide et active du parti s'efforce de camoufler et de contrôler au moyen de l'opposition appareil (« ennemis de la perestroïka »)/ communistes réformateurs. A première vue, le 1er Congrès des députés du peuple, tout comme les élections, semble une preuve vivante du succès de cette tactique. Le pays tout entier suit avec passion ces débats télédiffusés mettant aux prises des communistes à d'autres communistes (il n'y a au Congrès que 292 sans parti sur 2 500 députés). Chacun se choisit des favoris, un peu comme s'il s'agissait de matches sportifs. Cependant, le Congrès laissera à tous un arrière-goût amer, et malgré la nullité de ses résultats pratiques, il portera sans doute un nouveau coup au système. Les partisans de l'ancien régime le comprendront rétrospectivement. Ainsi, le premier ministre de l'époque, Nicolas Ryjkov [110], confiera plus tard dans une interview : « Si vous voulez mon avis, nous avons commis une erreur avec ce Congrès. Gorbatchev pensait de même après le Congrès, à ce qu'il me semble, mais il ne le reconnaissait pas honnêtement et ouvertement... En quoi diable avions-nous besoin de ce Congrès ? Bien sûr, nous avions posé la question. Gorbatchev répondait que c'était nécessaire pour que nous nous conformions aux normes démocratiques... Je pense qu'aucun des membres du Politburo n'imaginait ce qui allait se produire. »

Pourquoi ce jugement désabusé, alors qu'en apparence le Congrès, habilement mené par l'artificieux Loukianov [111], a

110. *NG*, 10/10/91.

111. Loukianov est l'un des personnages les plus ambigus de la perestroïka. En 1956 il est « conseiller juridique » des communistes hongrois, en 1968 il est expédié à Prague dans le sillage des chars pour aider de son expertise le « parti frère » tchèque. Membre suppléant du Politburo, longtemps responsable de la Section des organes administratifs du PCUS (c'est-à-dire de la police intérieure du parti), poète à ses heures perdues, mécène et collectionneur, ami d'Imre Nagy et de Mlynarz selon la rumeur, il cultive l'ambiguïté. En février 93, il harangue les militants communo-patriotes du Front de Salut national, appelant de ses vœux « le retour du socialisme » et dénonçant « l'implantation par la force du capitalisme ». V. *Argumenty i Fakty*, n° 7, févr. 1993.

comblé tous les désirs des apparatchiks ligués par leur solidarité léniniste ? Le Soviet suprême formé par le Congrès n'est-il pas « stalino-brejnévien » à souhait, pour reprendre la formule du député You. Afanassiev ? Les apparatchiks n'ont-ils pas obtenu l'autorisation de cumuler leur poste au parti avec leur mandat de député ? N'a-t-on pas fermé la bouche à Sakharov ? N'a-t-on pas évité l'épineux débat sur l'article 6 de la Constitution ? Pourquoi alors un député peut-il dire, dès ce mois de juin 1989, « la situation au parti est très sérieuse » (E.L. Golovlev) ?

Les apparatchiks ont le sentiment d'avoir remporté des victoires à la Pyrrhus et ils ont raison, même si nul ne sait au juste en quoi ils viennent de subir une défaite décisive. Le Congrès a dénudé les plaies affligeant le pays, à travers les litanies de chaque député, il a dressé un bilan accablant de soixante-dix ans de pouvoir communiste, il a fait voler en éclats la conception des « défauts isolés » derrière laquelle le régime abritait ses insuffisances : il n'y a plus de « défauts isolés » dûs à la négligence de tel ou tel fonctionnaire du parti désigné à la vindicte, il n'y a plus qu'une immense tare généralisée qui s'appelle communisme. Avec son explosion de glasnost et sa totale absence d'un projet de réforme conséquent, ce Congrès renforce le sentiment que la « perestroïka » n'est pas une réponse adéquate à tous les maux accumulés. Dans les républiques il grossit le camp des indépendantistes. Mais il y a plus grave. Le Congrès était davantage une conférence du parti élargie que la session d'un parlement. Or la cuisine interne du parti a toujours été soustraite au regard du public. Lors de ce Congrès, les Soviétiques virent tout à la télévision : les manipulations, les mensonges impudents et une exécution — celle de Sakharov. Il ne faut pas sous-estimer l'impact psychologique profond de ce dernier épisode, lorsque Sakharov, pris à partie par un komsomol mutilé d'Afghanistan, fut l'objet d'une séance de haine orwellienne tout à fait dans le style des années 36-37. Au spectacle de ce fragile vieillard digne hué par une foule bestiale, le pays revécut un passé toujours ouvert, le choc de ce qu'on venait d'apprendre sur l'état des lieux se doubla de cette démonstration vivante de la nature maléfique du régime. Même Staline avait compris l'erreur qu'il avait commise en théâtralisant les premiers grands procès. Les procès suivants furent expédiés de manière beaucoup plus discrète. Qu'on imagine l'effet produit sur une population déjà réveillée après deux ans de glasnost par ce moment de régression honteuse, qui, d'une façon typiquement communiste, semble devoir lier à jamais les députés par la conscience d'avoir laissé se commettre une injustice sans avoir osé élever la voix pour la combattre. Souillure si tenace que, des années plus tard, Sobtchak dans ses *Mémoires* se sentira obligé d'expliquer pourquoi il s'était tenu coi comme les autres démocrates pendant la curée.

Le déroulement du 1er Congrès laisse aussi présager aux apparatchiks ce que la suite des événements ne fera que confirmer. Seule l'habileté manœuvrière de Gorbatchev parvient à les tirer d'affaire. Mais Gorbatchev lui-même laisse des plumes chaque fois qu'il doit intervenir pour défendre les intérêts du parti. La nomenklatura est obligée de lui céder des pouvoirs supplémentaires pour compenser la perte de prestige dans l'opinion et le dédommager. Elle peut donc craindre qu'un jour elle n'ait plus rien à donner, qu'un jour Gorbatchev ne préfère le soutien populaire à l'appui de l'appareil. Et par ailleurs, plus Gorbatchev paraît solidaire du parti, moins il est efficace pour défendre ses intérêts. Au contraire, plus le pouvoir se personnalisera, plus Gorbatchev sera à même de protéger efficacement l'appareil. Mais ceci livre la nomenklatura pieds et poings liés au premier secrétaire, situation désagréable s'il en fut. Dilemme parfaitement résumé par le futur président turkmène, le très orthodoxe Niazov : « Si nous voyons qu'on ne peut faire renaître le prestige du Parti qu'en réunissant le pouvoir du Parti et celui de l'État dans les mains du leader de la perestroïka, alors nous disons : c'est la tactique qu'il nous faut aujourd'hui ». Les plus lucides des fonctionnaires communistes sont moins optimistes et devinent les dangers représentés par l'opposition qui se dessine entre le parti et les

Soviets. Déjà la nomenklatura économique (directeurs d'entreprise, directeurs de kolkhozes) éprouve des velléités de fronde en voyant Gorbatchev s'appuyer ostensiblement sur les « académocrates » : elle intrigue dans les coulisses pour persuader Ryjkov de présenter sa candidature à la présidence contre Gorbatchev [112].

On comprend donc pourquoi les apparatchiks ont senti que le Congrès avait un goût de désastre. Mais le moral des démocrates n'est guère meilleur lorsque la fête est finie. Après l'exaltation des premiers jours (quel enivrement pour un ex-petit fonctionnaire de Komsomol de parler devant le pays tout entier, de se trouver tout d'un coup populaire !), ils ont le sentiment de ne pas avoir été à la hauteur de la tâche. Ils n'ont même pas su dissiper l'ambiguïté pesant sur la conception du rôle du Congrès. Que sera ce dernier, une assemblée d'électeurs, laissant au Soviet suprême le pouvoir législatif ? ou doit-il prendre lui-même l'initiative législative, ce qui paraît d'autant plus souhaitable que seuls 36 % des députés siégeront au Soviet suprême, même compte tenu de la rotation [113] ? Puis il y a le problème de la délimitation des compétences entre Congrès et Soviet suprême. Là encore les démocrates ont été incapables de formuler des propositions. Sur d'autres points, comme le mode d'élection des députés du Soviet suprême, la question du cumul [114], ils ont lamentablement cédé. Dans le déroulement du Congrès, on peut déjà lire les traits de la vie politique post-communiste : énormité des problèmes évoqués, inconsistance de ceux qui sont censés les résoudre et surtout, conscience de cette inconsistance. Tant qu'existe le PCUS, les démocrates se réfugient dans la rhétorique de l'opposition ; la crise du camp démocrate deviendra visible après août 91.

112. V. Pavlov, *Avgust iznutri*, Moscou, 1993.

113. Dans ses *Mémoires*, le chef du parti cadet, Milioukov, notait qu'un système électoral à plusieurs étages (comme celui choisi par le tsar pour l'élection de la Douma) transformait les députés en solliciteurs, « accessibles à la corruption et à l'influence ».

114. Un vif débat s'est engagé sur la question de savoir si les députés du Soviet suprême devraient abandonner toutes leurs autres fonctions (c'est-à-dire leurs postes au Parti). Gorbatchev fait voter une formule de compromis : « en règle générale » les députés abandonnent leurs autres fonctions.

Rien ne révèle mieux la faiblesse de cette « opposition de Sa Majesté » que les circonstances qui ont entouré la création du Groupe interrégional début juillet 1989. Ce Groupe réunit les députés démocrates (300 à 400). Mais avec quelle insistance ses leaders[115] ne soulignent-ils pas qu'il n'est pas question de se constituer en fraction, ni de lutter pour le pouvoir ! Le Groupe interrégional se forme justement parce que l'appareil du PCUS semble inexpugnable après ses performances au Congrès : « Nous pensions que nous ne participerions pas au pouvoir... que nous devrions remplir le rôle d'opposition durant de nombreuses années », racontera un des cofondateurs du Groupe, G. Popov. Les démocrates se conçoivent comme une force d'appoint, dont le rôle est de soutenir les éléments progressistes au sein de la direction politique. Ils considèrent que leur tâche est de faire pression sur le pouvoir pour les réformes — ils ne rêvent même pas de devenir un interlocuteur de ce pouvoir. Au fond ils ambitionnent une position fort confortable : critiques et conseillers du Prince, idoles de la foule, mais dénués de toute responsabilité. Les événements se chargeront très vite de faire capoter ce beau projet, tout comme ils déjoueront les calculs des apparatchiks.

5. LE DÉBUT DE LA FIN

Vers la liquidation de l'article 6

Le Congrès accéléra de manière prodigieuse la politisation des peuples de l'URSS. Dans les républiques, il renforça les positions de ceux qui affirmaient qu'il n'y avait rien à attendre de Moscou. On ne se contente plus de penser à l'indépendance, on en parle, et de plus en plus fort. En

115. Le Groupe interrégional se donne cinq co-présidents, B. Eltsine, You. Afanassiev, A. Sakharov, G. Popov et l'Estonien V. Palm.

Russie, on assiste à « une puissante poussée populaire pour des transformations profondes », pour reprendre les termes de G. Popov. En mai 89, on adressait des revendications économiques au gouvernement Ryjkov, en décembre, il est déjà question de l'abandon de l'article 6 sur « le rôle dirigeant du parti ». Les revendications politiques s'expriment ouvertement dans les grèves ouvrières qui éclatent en été[116]. La statistique est éloquente : en 1988, il y avait 194 meetings par mois ; en 1989, il y en a plus de 400[117]. En décembre 1989, au moment du IIe Congrès[118], tout le monde avait pris peur en Russie : le KGB qui reçoit la consigne de « renforcer ses liens avec les députés de l'URSS »[119], l'ordre de mobiliser toutes ses ressources dans les républiques pour lutter contre le nationalisme (1er décembre 1989) et l'ordre de mettre en lieu sûr les listes d'agents[120], les apparatchiks étonnés de voir se lever contre eux une formidable vague d'animosité populaire, les démocrates, eux aussi terrifiés par le peuple, en bons intellectuels russes. Le réflexe de ces derniers fut de chercher refuge auprès des premiers. Lorsque Sakharov lança un appel à une grève symbolique pour forcer la direction politique à abandonner l'article 6, il fut lâché par tous. Le IIe Congrès se déroula dans une atmosphère lugubre, l'urgence d'une réforme économique radicale devenant évidente pour tous, mais les apparatchiks restant décidés à ne rien céder, et les députés prenant conscience du rôle peu enviable qui leur avait été dévolu, celui de boucs émissaires sans aucun

116. Malgré les efforts du KGB. Dans les comités de grève des mineurs ukrainiens, le KGB a réussi à infiltrer « 4 officiers de réserve, 9 agents actifs et 3 ex-agents, 12 personnes de confiance. Certains ont réussi à devenir des dirigeants, ce qui nous a permis de contrôler la situation... » Cf *Sbornik KGB SSSR*, nº 137, 1989.

117. Chiffres fournis par V. Bakatine au IIe Congrès.

118. Au cours duquel, selon Ligatchev, « se révéla le premier symptôme de la grave maladie qui avait atteint la perestroïka » : le Congrès se perdit dans les scandales du moment, « affaire Gdlian », « pacte Ribbentrop-Molotov », « affaire de Tbilissi », etc.

119. Le 23 octobre 1989. Cf *Sbornik KGB SSSR*, nº 138, 1989.

120. Circulaire nº 0773 du 8 décembre 1989. V. *Sbornik KGB SSSR*, nº 142, 1990.

pouvoir réel : « La crise s'aggrave et nous restons pétrifiés, comme hypnotisés par la profondeur du gouffre qui s'ouvre devant nous... Nos dirigeants se montrent chiches en information envers les députés, notamment concernant le plénum du CC du PCUS, l'organe qui dirige réellement le pays. Pendant un temps nous avons pu nous résigner à l'aspect décoratif de notre parlement, mais les électeurs placent le fardeau des responsabilités sur les députés, et cela d'une manière qui n'est ni symbolique ni décorative », déclare You. A. Ryjov, le futur ambassadeur de Russie à Paris. Certains prennent peur aussi devant l'ardeur entrepreneuriale des apparatchiks reconvertis : fin décembre 89, éclate le scandale de l'ANT, cette coopérative patronnée par le KGB qui s'était chargée de commercialiser à l'étranger les stocks de ferraille inutilisés (y compris des chars) rouillant dans les entreprises soviétiques, et d'acheter en échange des ordinateurs et de la lingerie féminine. L'affaire est avidement exploitée par les « patriotes » et les « démocrates », ravis d'éclabousser le gouvernement Ryjkov.

Deux mois plus tard, en février 1990, les dirigeants du PCUS acceptent sans se faire prier ce qu'ils n'avaient même pas voulu évoquer en décembre : la renonciation au rôle dirigeant du parti. Les motifs de cette évolution si rapide, surtout dans le contexte soviétique, ne doivent pas être cherchés très loin. La nomenklatura tire les conclusions des événements d'Europe de l'Est. L'exécution des Ceausescu fait réfléchir[121]. Dans les républiques, on peut prévoir que les élections au Soviet suprême vont donner de confortables majorités aux Fronts populaires. Déjà les signes inquiétants se multiplient : en novembre, la Géorgie et la Moldavie ont proclamé leur souveraineté, la Géorgie ayant aussi réaffirmé son droit à la sécession. En décembre, les élections en Estonie ont été un immense succès pour le Front populaire et le parlement lituanien abolit le « rôle dirigeant » du PC.

121. On dit notamment qu'à partir de cette date, Raïssa Gorbatchev se montre beaucoup moins souvent à la télévision.

En janvier, le parlement letton lui emboîte le pas. Plus graves encore, les fissures « nationales » au sein du PCUS se creusent : le 25 novembre, le Komsomol estonien proclame son indépendance face au Komsomol de l'URSS. En décembre, un groupe de communistes lettons favorables à la scission du PCUS crée un comité d'organisation. Le PC lituanien fait carrément sécession du PCUS. Enfin, au sein du PCUS lui-même, se profile ce que les bolcheviks abhorrent plus que tout : la scission. En effet, le XXVIIIe Congrès du PCUS est prévu pour l'été ; dès janvier, on assiste à une floraison de clubs au sein du parti à Moscou et à Léningrad, où sont discutées les thèses à présenter à cette occasion. Les communistes réformateurs formulent la plate-forme démocratique, alternative du programme officiel pour le XXVIIIe Congrès du PCUS. Les « dissidents » du parti (qui se trouvent à un échelon assez élevé de la nomenklatura : le recteur de l'École supérieure du parti, V. Lyssenko, est de leur nombre) réclament un abandon du léninisme et la transformation du PCUS en parti social-démocrate. En janvier 1990, un fonctionnaire du Comité central, Alexandre Tsipko, s'attaque ouvertement à Lénine dans un article publié par la revue *Nauka i Jizn*.

Il ne faut pas négliger non plus un facteur plus immédiat et non moins persuasif : le 4 février, une gigantesque manifestation se déroule à Moscou, jusque sous les fenêtres de l'hôtel Moskva où sont logés les délégués des provinces. Loukianov a fait preuve de beaucoup de bienveillance à l'égard des manifestants, c'est lui qui a autorisé les organisateurs à diriger les foules brandissant des banderoles anticommunistes à défiler place du Manège. Rien d'étonnant donc à ce que le Comité central se soit montré accommodant à l'extrême lorsque s'ouvre le Plénum le 5 février.

L'abolition de l'article 6 est décidée en même temps que l'adoption du régime présidentiel (IIIe Congrès en mars 1990), longtemps préconisée par E. Primakov et Loukianov, défendue dans la presse par A. Sobtchak depuis janvier. Gorbatchev sent l'effritement du pouvoir du parti, et se résout à accepter la présidence qu'il avait repoussée quelques mois plus tôt quand les députés du Groupe interrégional s'étaient faits les champions de cette innovation. Gorbatchev transfère dans son Conseil présidentiel nouvellement créé tous ses partisans du Politburo. L'appareil présidentiel permet de recaser un grand nombre de fonctionnaires de l'appareil du PCUS. Le cas le plus typique est celui de Valeri Boldine, éminence grise de Gorbatchev, futur putschiste. Après avoir été responsable du Département général de l'appareil du parti (c'est-à-dire de la police interne du PCUS), il entre au Conseil présidentiel et devient chef des services de la présidence. A tous les niveaux, les structures du parti sont transvasées dans celles de l'État (les Soviets). Le KGB sera le dernier organisme à prendre acte du changement : c'est seulement le 17 août 1990 qu'est publiée la directive intitulée : « L'amélioration de l'information des Soviets suprêmes des républiques fédérées et autonomes » qui enjoint aux organes territoriaux du KGB de rendre compte aux parlements locaux. Le Soviet suprême, avec ses commissions, ses comités, ses départements, ses secteurs et ses sections, devient une copie conforme du Comité central du PCUS. Il emploie les mêmes méthodes d'administration que le PC, en plus incompétent, à en croire Ryjkov. Loukianov, « l'habile timonier » (toujours selon Ryjkov), devient président du Soviet suprême de l'URSS. On pouvait penser que cette opération allait assurer la continuité du régime, permettant à la nomenklatura de rester au pouvoir tout en la débarrassant de l'étiquette communiste devenue trop compromettante, en la libérant de l'hypothèque du passé. C'était certainement le projet des apparatchiks perestroïkistes : transformer l'élite dirigeante du PCUS en une caste de gestionnaires ; rendre la société à son apolitisme pré-perestroïkiste, en distillant l'idéologie des « valeurs humaines communes », des « droits de l'homme », qui bloquent la différenciation politique et donc la cristallisation d'une opposition[122]. Le slogan « Il n'y a pas d'alter-

122. Les socialistes occidentaux espèrent survivre au naufrage de leur idéologie exactement de la même manière.

native », antidémocratique s'il en fut, devient le mot de ralliement des démocrates, et Gorbatchev répète à l'envi que « nous sommes tous du même côté des barricades », « dans la même barque », prêchant la « consolidation ». Pourquoi ce projet échoua-t-il, au moins dans l'immédiat ? Pourquoi la suppression de l'article 6 entraîna-t-elle le démantèlement de l'État soviétique ? Pourquoi le processus révolutionnaire continua-t-il à se radicaliser ?

Deux explications se présentent. D'une part, avec l'abolition du rôle dirigeant du PCUS se parachève la liquidation de la hiérarchie verticale stricte sur laquelle reposait l'ordre soviétique : la crise du pouvoir commence, dont aucun régime post-communiste ne semble encore véritablement sorti. La disparition de la légitimité léniniste pousse les fonctionnaires de tous niveaux à se chercher une légitimité démocratique, c'est-à-dire à épouser, ne serait-ce qu'en paroles, les intérêts de leurs ressortissants. L'acuité de la crise économique transforme cette évolution en un formidable facteur d'éclatement, de dislocation des structures anciennes. Chaque fonctionnaire local adopte des mesures protectionnistes, cesse de verser les impôts au budget fédéral — ce qui accélère la décomposition de l'État obligé de faire toujours plus d'inflation. Les déclarations de souveraineté et d'indépendance des républiques qui se succéderont en 1989-90 ne sont qu'un cas particulier de ce phénomène beaucoup plus global : dès que l'encadrement du Parti est retiré, cette société amorphe, qui n'est organisée par aucune institution, s'émiette en unités de plus en plus réduites — républiques, régions, villes, quartiers dans les villes, villages, entreprises (en 1992 les régions, voire les entreprises, se mettront à battre monnaie), etc. L'unité de base est l'entreprise ou le kolkoze, et celle-là semble la plus solide, tous les législateurs post-communistes s'y casseront les dents.

La liquidation de l'article 6 ouvre aussi la succession du PCUS : la querelle entre les différents détachements de la bureaucratie pour s'approprier les biens du parti a porté le coup de grâce au régime. A tous les niveaux, les fonctionnaires du parti et de l'État, formés pour exécuter des ordres le plus souvent absurdes ou futiles, et faire semblant d'agir, en renvoyant les responsabilités vers le haut, se sont retrouvés du jour au lendemain sans directives, sans chef et sans idéologie. Il ne leur est resté que la passion fondamentale qui les avait poussés à choisir le cursus honorum communiste : le carriérisme, l'esprit de rapine et la soif de privilèges. Toute leur activité s'est tournée vers l'enrichissement personnel immédiat. Le communisme n'a pas seulement tué le sens du bien public, il a privé la corporation dirigeante de l'instinct de conservation le plus élémentaire.

Les flottements de Gorbatchev et les hésitations de l'opposition

Il était par conséquent inévitable que la liquidation du rôle dirigeant du PCUS, l'abandon de la légitimité léniniste, loin de stopper la crise du pouvoir en URSS, ne fassent que lui conférer une intensité nouvelle. Mais les maladresses de Gorbatchev, ses louvoiements, ses manœuvres à courte vue, ses palinodies ne contribuèrent pas peu à la déroute finale. Ce que font les apparatchiks locaux, souvent avec succès, — à savoir renier haut et fort leur marche-pied d'autrefois vers le pouvoir, le parti communiste, pour se chercher une base sociale parmi leurs administrés — cela, Gorbatchev, conscient de son impopularité, conscient de l'ombre que lui porte Eltsine, n'ose le faire. Il ne se risque pas à affronter les urnes[123] et se fait élire président par un Congrès qu'il manipule à sa guise. Cette décision scellera son sort. Face à un Eltsine qui a le vent en poupe, Gorbatchev ne fera plus le poids. Ceci le poussera à s'appuyer toujours davantage sur son ancienne base de pouvoir, le parti communiste. Au

123. L'élection du président au suffrage universel est repoussée en 1995 ! Après son retour de Foros, Gorbatchev comprendra son erreur. Le souci de conserver l'Union l'incitera à accepter le principe d'une élection du président de l'URSS au suffrage universel.

moment même où Gorbatchev semble accepter le pluripartisme, il amorce le tournant qui le rapprochera des « conservateurs », selon l'expression favorite des media occidentaux.

Cette période est véritablement celle des occasions manquées pour Gorbatchev. En février 1990, les « nouveaux démocrates » se laissent intimider par les menaces du pouvoir et appellent à renoncer aux manifestations commémorant la révolution de février, étalant au grand jour leur faiblesse. « Nos démocrates ont eu peur », constate le très radical *Svobodnoe Slovo* ironiquement[124]. Le vote sur les pouvoirs présidentiels sonne en quelque sorte le glas du Groupe interrégional. En mars 1990, après l'abandon de l'article 6, l'opposition perestroïkiste considère qu'elle a atteint son but et que la « consolidation » est souhaitable devant la poussée inquiétante des masses en Russie et surtout des peuples allogènes. Elle fait comprendre à Gorbatchev qu'elle est prête à composer. Ainsi les adhérents de la plate-forme démocratique[125] remettent-ils à plus tard leur intention de « former un nouveau parti politique ». L'esprit inquiet de nos perestroïkistes tourne autour d'une question lancinante : faut-il rendre sa carte ou est-ce prématuré ? Le témoignage déjà cité de Skourlatov dépeint ces affres cruelles : « Afanassiev raconta qu'il venait d'avoir été convoqué au gorkom ; les fonctionnaires du parti lui avaient demandé s'il était de leur côté ou du côté de leurs adversaires, s'il allait rendre sa carte ou la garder. Il se défila en prétextant qu'il lui fallait prendre conseil auprès de ses électeurs. Eltsine tint son discours habituel, indécis, ni viande ni poisson. Il dit que l'élection du président du parlement de la RSFSR approchait, et que le parlement était truffé de communistes : en conséquence, mieux valait rester prudent. Donc lui préférait s'abstenir. C'est un gars simple.

124. N° 12, 24 avr. 1990.

125. Parmi les leaders de cette plate-forme, citons Eltsine, Popov, Tikhonov, Tchernichenko. You. Afanassiev est pour la création de ce parti avant le XXVIIIe Congrès. Eltsine fait pencher la balance en recommandant d'attendre les résultats du Congrès.

Le problème c'est qu'il n'est pas indépendant. Mais là ce fut le cri du cœur. » On sent que le dénouement est proche et déjà on se dispute la peau de l'ours, chaque faction rivalisant pour obtenir les faveurs — et le contrôle — du mouvement ouvrier : « Les intrigues commencèrent... Toujours la concurrence : tout le monde comprend que ce régime n'en a plus pour longtemps. La question est de savoir qui va lui succéder. Nous devons donc partager... 99 % de nos pensées sont consacrées aux autres démocrates ; 1 % seulement à Gorbatchev et sa bande. Nous nous surveillons mutuellement. C'est naturel : les structures actuelles, Gorbatchev, n'arriveront pas à conserver le pouvoir. Il est clair pour tout le monde que l'enjeu est un sixième des terres émergées, un pays immense. Et c'est pourquoi la lutte des uns contre les autres passe au premier plan. C'est une loi de la nature. » Et de fait les media évoquent avec une insistance croissante la nationalisation des biens du PCUS. Les démocrates, divisés avant la victoire, penchent vers le compromis. Dans son interview déjà citée, G. Popov en explique les termes : après les élections dans les républiques, « nous prîmes la décision de former une coalition... Le sens de la coalition était le suivant : Vous gardez la direction et l'appareil, nous nous chargeons du programme. Vous exécuterez ce que nous formulons. Ce programme était prêt, c'était le programme des Cinq-cents jours. Le compromis échoua car Gorbatchev défit la coalition... »

Dès mars, Gorbatchev multiplie les signaux contradictoires. Le principe du « centralisme démocratique » est réaffirmé dans le projet du nouveau statut du PCUS. En avril, certains communistes « réformateurs » sont expulsés du Parti. La *Pravda* enfonce le clou en publiant une déclaration du Comité central : pas question de tolérer les scissions ni les fractions au sein du PCUS. Les accusations portées par Gdlian et Ivanov contre certains membres du Politburo sont officiellement enterrées. Le 1er mai, Gorbatchev est hué par les manifestants. Peut-être désinformé par le KGB, il soupçonne de plus belle les démocrates de vouloir s'emparer du pouvoir par l'insurrection. Les rumeurs de coups d'État, qui deviendront le fond constant de la vie politique soviétique et post-soviétique, vont bon train. Cependant la plupart des « perestroïkistes » de la première heure, comme A. Yakovlev, l'académicien Chataline, font encore partie du Conseil présidentiel. La volonté de Gorbatchev de jouer sur tous les tableaux aboutit à une véritable guerre entre certains membres du Conseil présidentiel et le gouvernement. Ainsi, la lutte entre Chataline et Ryjkov « a été un des principaux facteurs de la fin de l'URSS », dira modestement Chataline [126].

Cette affirmation est certes exagérée, mais elle repose sur quelque chose de réel. Outre des antipathies personnelles, Chataline et Ryjkov divergent sur un point fondamental : la prise en compte du facteur national, et notamment de l'émergence de la Russie.

Les dilemmes de la politique impériale

Le mouvement centrifuge dans la périphérie de l'empire commence à inquiéter sérieusement Moscou à partir du printemps 1989. Dans un discours adressé aux responsables du parti de l'appareil central du KGB le 15 avril 1989, Krioutchkov pose le problème de la subordination des organisations du KGB dans les républiques, de leurs liens avec les gouvernements et les comités de parti locaux. Théoriquement, les responsables du KGB dans les républiques dépendent du comité du parti de la république ; ils sont souvent membres du gouvernement. Comment concilier cette subordination avec la hiérarchie verticale du KGB [127] ? La question posée par Krioutchkov montre que Moscou commence à se méfier des organisations du parti dans les républiques et s'inquiète de voir la dérive sécessionniste contaminer les organes.

Dès le plénum de septembre 1989, les « académocrates »

126. *NG* 31/03/92.
127. *Sbornik KGB SSSR*, n° 133, 1989.

avaient formulé leur projet de réforme de l'État soviétique[128]. Il s'agit d'une Union à la carte — allant de la fédération à la confédération ou à l'association (les différentes républiques se voyant octroyer un statut conforme à leurs revendications d'autonomie) — autour d'un centre fort quoique démocratisé. Ce projet avait été mis dans un tiroir à l'époque. Mais la suppression de l'article 6, c'est-à-dire de la charpente du Parti soutenant l'État soviétique, incite les dirigeants du Kremlin à chercher de nouvelles formules de préservation de l'empire. On se rend bien compte que Ligatchev a raison lorsqu'il affirme que le multipartisme est incompatible avec le caractère multinational de l'URSS[129]. En février 1990, Gorbatchev reprend l'idée d'un nouveau traité fédéral qui avait été lancée par le leader du Front populaire estonien, E. Saavisar, et repoussée avec mépris par Moscou à l'époque. Au moment où Gorbatchev la ressuscite, il est déjà trop tard : elle se transformera en puissant instrument de désintégration, car la question du traité fédéral deviendra un enjeu de politique intérieure dans les républiques, et aucun dirigeant élu n'osera affronter son opinion publique en ratifiant ce qui est perçu comme une abdication volontaire de l'indépendance nationale nouvellement conquise. En mars-avril 90, voulant couper l'herbe sous le pied d'Eltsine, Gorbatchev entame un jeu dangereux : il crée le Conseil de la Fédération réunissant les dirigeants des républiques fédérées, qui sera doté de pouvoirs exécutifs en novembre 1990 ; il accorde aux républiques autonomes de Russie le statut de « sujet de la Fédération soviétique » réservé jusque-là aux républiques fédérées. Parallèlement à ce qu'il prend pour une carotte, Gorbatchev brandit le bâton : le 22 mars, il présente au Soviet suprême une loi sur la sécession qui est vite baptisée dans les républiques « loi sur la non-sécession », car elle fait du processus de sécession une véritable course d'obstacles.

128. L'Institut d'ethnologie de Moscou a rédigé un rapport qui en fournit les grandes lignes. Ces idées ont été précédemment mûries au sein du groupe Perestroïka.

129. V. Jerzy Reinhardt, 1992, p. 220.

Au même moment, il lance le blocus économique de la Lituanie.

L'irruption de la Russie

L'émergence du pôle de pouvoir russe fera capoter (momentanément du moins) le projet académocrate comme le plan gorbatchévien de traité fédéral. L'ambiguïté autour de la notion de « centre », qui recouvre la lutte pour le pouvoir entre Eltsine et Gorbatchev, neutralisera toutes les tentatives des différents échelons de la direction soviétique (et des différents courants du KGB, car la politique nationale est traditionnellement en URSS du ressort du KGB) pour sauver l'État fédéral.

Le 29 mai 1990, Eltsine a été élu président du Soviet suprême de RSFSR, malgré une campagne acharnée des gorbatchéviens au sein du parlement russe. Gorbatchev se sent si sûr du succès de ses manœuvres qu'il part pour le Canada, abandonnant l'intérim à Yakovlev. Il semble que l'élection de Eltsine — de justesse — ait été due à un discret coup de pouce de Yakovlev qui trahit les consignes de son patron — le même Yakovlev qui considérait Eltsine comme un « paranoïaque »[130]. La menace d'une grève générale a aussi joué son rôle. Revenons au récit de Skourlatov : « Eltsine est nommé, élu[131] président du Soviet suprême. Et soudain il bat en retraite au sujet de la grève, en arguant que la grève était inopportune. Les mineurs furent pris au dépourvu. Ils tinrent une conférence à Donetsk et n'adoptèrent pas de résolution sur la grève générale. Et nous, à cause de la position d'Eltsine — nous ne pouvions pas nous opposer à lui bien sûr — nous avons aussi été obligés de faire machine arrière. Elena Bonner a critiqué Eltsine pour cette attitude. La grève était en quelque sorte le testament de Sakharov. » En juin, a lieu le premier Congrès des députés

130. E. Ligatchev, 1992, p. 195.
131. Lapsus révélateur.

du peuple de RSFSR. Il adoptera la déclaration de souveraineté russe « qui a fait voler en éclat le socle du pouvoir économique du gouvernement fédéral[132] ». Un Comité constitutionnel chargé de rédiger la nouvelle constitution russe est créé. C'est « le manifeste politique du nouveau chef de l'État russe », pour reprendre les termes de G. Popov. Les démocrates perestroïkistes du « groupe de Moscou », originellement gorbatchéviens, amorcent un rapprochement avec Eltsine. Certains transfuges de l'équipe gorbatchévienne (Arbatov, Petrakov) viennent renforcer les rangs des eltsiniens. La Russie commence à être perçue comme un marchepied vers le pouvoir fédéral. Eltsine met en chantier sa politique nationale, qui consiste en une reconstruction de la fédération par le bas, au moyen de traités bilatéraux signés entre la Russie et les républiques (on a parlé très justement de « néo-bolchevisme » à ce propos : c'est effectivement grâce à des réseaux de traités bilatéraux entre la RSFSR et les républiques que Lénine et Staline avaient édifié ce qui est devenu l'URSS). Parallèlement, le gouvernement russe mène sa lutte contre les instances fédérales en jouant la carte régionale, en se faisant l'avocat des provinces au sein même des administrations centrales, politique qui s'est avérée payante. Jusqu'à la dernière minute (octobre 1991), Eltsine hésitera sur le sort à faire au « centre » fédéral. Il préférerait le conserver et devenir le président d'une nouvelle Union, mais l'obstination de Gorbatchev à s'accrocher à ce « centre » et à en faire sa base de pouvoir convaincra Eltsine qu'il faut détruire le « centre » et miser sur le seul poids de la Russie pour rétablir l'hégémonie moscovite.

Gorbatchev et son premier ministre Ryjkov ne veulent rien savoir de cette évolution, ils essaient d'appliquer les recettes anciennes à une situation nouvelle. Comme la plupart des apparatchiks grandis dans le sérail, ils ne comprennent rien aux problèmes nationaux. La réaction de l'establishment nomenklaturiste à l'émergence de la RSFSR

132. V. Pavlov, *Avgust iznutri*, Moscou, 1993.

comme centre de pouvoir concurrent est la création du parti communiste russe, caricaturalement orthodoxe, selon la bonne vieille méthode « Nina Andreeva » évoquée plus haut. Il s'agit d'effrayer les démocrates tentés de se rallier à Eltsine en brandissant le spectre d'une « revanche nomenklaturiste » menaçante si Gorbatchev cesse de jouer son rôle de « dompteur du PCUS ».

Un enjeu symbolique : le plan Chataline

Cependant la mouvance « académocrate » du Conseil présidentiel se rend bien compte que cette réponse est piteusement inadéquate. Dès février, tandis que Ryjkov élabore son propre programme de « passage au marché » fondé sur une réforme des prix, les « académocrates » commencent à travailler à ce qui deviendra le plan Chataline (le fameux plan des Cinq-cents jours), projet de sauvetage de l'Union, « programme **fédéral** unitaire de passage à l'économie de marché », dira Chataline, qui insistera sur ce point : « C'est ainsi que naquit l'idée d'une Union économique, c'est ainsi que naquit l'idée de construire l'URSS de bas en haut. Je pense jusqu'à aujourd'hui que c'était la seule chance de conserver une Union renouvelée ». La rupture entre le « parti intérieur » et le « parti extérieur », entre « premier échelon » et « deuxième échelon », se dessine pendant la longue période où a lieu la bataille pour le plan Chataline (du printemps au mois d'octobre 1990). Les péripéties sont nombreuses — nous nous en tiendrons à l'essentiel.

Premier acte : un programme de passage au marché en quatre cents jours est rédigé en février au sein de la Commission à la réforme économique du Conseil des ministres (le « bunker de Ryjkov », comme on l'appelle) par deux jeunes économistes, Zadornov et Mikhaïlov. Il est rejeté par le gouvernement, après avoir été vertement critiqué par l'économiste « de cour » Abalkine, proche de Ryjkov. Un partisan de Eltsine qui ambitionne le poste de

Premier ministre de Russie, M. Botcharov, récupère le programme, le modifie et concocte finalement le projet de passage au marché en cinq cents jours, destiné à la seule Russie, alors que la mouture initiale concernait toute l'URSS. L'équipe Eltsine en prend connaissance et l'adopte : Eltsine y voit « une sorte de filet permettant de maintenir l'Union [133] ». La querelle du plan Chataline sert de prétexte à des attaques redoublées contre le gouvernement. En avril, tous les ministres chargés de portefeuilles économiques songent à démissionner [134]. En mai, Ryjkov a déjà l'impression d'être « une cartouche vide » aux yeux de Gorbatchev qui le livre en pâture aux démocrates du Soviet suprême. Le Soviet suprême ne repousse pas le programme Ryjkov, mais il remet la décision à septembre. Pendant ce temps, les media font un battage incessant autour du programme des Cinq-cents jours. En juillet, deux des auteurs du programme initial, les économistes Yavlinski et Petrakov, tous deux gorbatchéviens à l'origine et ralliés à Eltsine faute d'avoir pu amener Gorbatchev à leurs vues, obtiennent une fragile alliance Ryjkov/Gorbatchev/Eltsine/Silaev [135]. On confie à un groupe mixte (partisans du programme Ryjkov et partisans des Cinq-cents jours) la tâche d'élaborer un programme modifié qui conserve les lignes directrices de la première mouture. Chataline et le think tank de l'IMEMO (Institut des Relations internationales) représentent le camp des « Cinq-cents jours », Abalkine et Yasine le camp du Conseil des ministres. Petrakov a convaincu Gorbatchev que le gouvernement Ryjkov est « conservateur et anti-perestroïkiste ». Gorbatchev penche donc pour le programme des Cinq-cents jours. Mais, raconte Chataline, « Ryjkov menait un double jeu, il faisait tout pour saboter le projet... Tous se comportaient en mufles ; Ryjkov, Masliou-

133. Le futur Premier ministre lituanien Gediminas Vagnorius fait la même analyse : « Il [le plan Chataline] ne vise pas en priorité l'amélioration de la situation économique et la création du marché ; il a pour but d'utiliser le prétexte du marché pour faire passer le nouveau traité fédéral. »

134. V. Pavlov, *Avgust iznutri*, Moscou, 1993.

135. Silaev est le chef du gouvernement russe.

kov, Yazov, Moisseiev, Krioutchkov qui me demandait quotidiennement de ne pas réduire le budget du KGB ». La version de Ryjkov est évidemment différente : selon lui Petrakov s'est arrangé pour faire capoter tout compromis. L'élaboration du plan dure vingt-sept jours. Les deux camps se détestent, Ryjkov reproche aux chataliniens « d'avoir oublié un petit détail, l'État ». Il considère qu'il ne faut pas liquider les vieux liens économiques avant que ne se mettent en place les nouveaux. Début septembre, Gorbatchev semble se rallier au programme des Cinq-cents jours et proclame bien haut sa conversion à l'économie de marché. Le 11 septembre, le parlement russe adopte le programme. Le 18 septembre, Ryjkov déclare dans une conférence de presse : « Ce programme détruira l'Union car il supprime les impôts fédéraux ». Le 21 septembre, Ryjkov parvient à se faire entendre de Gorbatchev qui parle alors de combiner le plan Chataline avec « des éléments du plan Ryjkov ». Aganbegian fait le rafistolage. On conserve les slogans de passage à l'économie de marché, mais on maintient les piliers du système, les ministères fédéraux, les organismes centraux de planification et de distribution, les commandes d'État. Le 17 octobre, Yavlinski démissionne. Le 19 octobre, Gorbatchev prononce son verdict : il proclame son attachement au pouvoir central, refuse le programme, après avoir obtenu des « pouvoirs extraordinaires » pour l'appliquer. Ryjkov l'a emporté et Eltsine n'a rien fait pour l'obliger à céder.

Un non-événement : le XXVIIIe Congrès

Dans le pays, la bataille du plan Chataline avait été éclipsée par la perspective du XXVIIIe Congrès du PCUS prévu pour juillet 1990, autour duquel la presse faisait un battage considérable (Gorbatchev a eu le don de faire vivre ses concitoyens et la communauté internationale suspendus à d'imminents événements, cérémoniaux du parti ou de l'État soviétique : ce fut la XIXe Conférence, ce fut le

Congrès des députés, ce fut aussi le XXVIIIe Congrès). Les « académocrates » de la mouvance Yakovlev avaient décidé d'y livrer la bagarre décisive pour provoquer une scission « social-démocrate » au sein du PCUS. Yakovlev prend même la précaution de ne pas inviter les délégations communistes de l'étranger, de peur que celles-ci ne viennent renforcer le camp de la vieille garde. La question du cumul des postes — premier secrétaire et président de l'URSS — est toujours ouverte. Démocrates et « conservateurs » tombent d'accord pour critiquer le cumul. Ligatchev considère que Gorbatchev doit rester secrétaire général, mais qu'il faut élire un président au suffrage universel. Gorbatchev ne veut rien entendre d'une séparation des plus hautes fonctions de l'État.

Plus encore que les fois précédentes, la montagne accoucha d'une souris. Chataline : « Le rapport de Gorbatchev fut un échec, encore plus que le programme. De nouveau il ménageait la chèvre et le chou. La colère ne faisait que monter au Congrès... Le troisième jour, la tension fut à son comble et le soir, Gorbatchev rencontra les premiers secrétaires de kraïkom, d'obkom et de gorkom... C'était une foule enragée qui avait perdu toute allure humaine et n'émettait que des rugissements bestiaux. Gorbatchev demandait : A votre avis même notre stratégie est erronée ? et des sifflements de serpents en colère lui répondaient : Oui ! Gorbatchev perdit contenance et s'assit. » Chataline vole à son secours. Mais Gorbatchev lui inflige un choc en proposant pour le poste de vice-président Yanaev (un « bavard, un démagogue, un coureur de jupons et un ivrogne ») ou Ivachko, un « conservateur » notoire[136]. A part ce psychodrame, le dernier Congrès du PCUS se conforme à la routine de tous les précédents. On élargit le Politburo en y incluant les premiers secrétaires des PC « républicains », dans une vaine et tardive tentative pour stopper leur dérive centrifuge. On augmente les effectifs du Comité central. Le « conservateur » Ligatchev est mis à la

136. *NG*, 02/04/92.

retraite : sa dernière victoire est d'avoir réussi à empêcher que la propriété privée ne soit mentionnée dans les thèses du XXVIIIe Congrès. C'est l'échec définitif de l'option social-démocrate pour le PCUS. Eltsine[137], Popov et Sobtchak rendent leur carte du parti. Chostakovski, un des leaders de la Plate-forme démocratique, exprimera l'opinion des démocrates perestroïkistes : « Si, au début du Congrès, nous avions encore l'espoir d'une réforme dans le parti, à la fin il est devenu clair que c'était impossible[138]. » L'establishment communiste, malgré cette victoire apparente, sent le vent du boulet. L'espoir de Gorbatchev en mars 1990, sa conviction que le parti se maintiendrait au pouvoir après l'abolition de l'article 6, se sont avérés illusoires, et tous le comprennent en juillet : de là l'extrême animosité à l'égard du premier secrétaire. L'appareil fond de moitié dans les mois qui suivent, et l'on assiste à un sauve-qui-peut des apparatchiks dans le business. Ceux qui persistent serrent les rangs : après le XXVIIIe Congrès, le Secrétariat se remettra à siéger à intervalles réguliers, sans que les commissions du CC cessent leur activité.

Dans les républiques, les partis communistes « nationaux » qui ont pris soin de se distancier à temps du PCUS réussiront souvent leur mue social-démocrate, et après une courte traversée du désert, la crise économique aidant, leur démagogie sur « la protection sociale » suscitera un écho favorable dans la population.

Le naufrage de Gorbatchev

A partir de mai 1990, le gouvernement Ryjkov est en sursis. Il devient la cible de toutes les attaques. Gorbatchev hésite : son goût de l'adulation le pousse à livrer son premier ministre aux loups et à jouer les réformateurs radicaux,

137. Ryjkov note perfidement à ce propos : « Je peux croire à la rigueur que Eltsine "était sincère quand il est entré au parti", comme il l'affirme, mais croire qu'il était sincère lorsqu'il a rendu sa carte, là je ne marche pas. »
138. *LG*, 24 oct. 90.

son instinct bolchevik du pouvoir, quoique émoussé par le désir de plaire, l'incite à choisir la ligne dure et à s'aligner sur les apparatchiks de la vieille garde. Lors du 1er Congrès des députés de la RSFSR, en mai, Gorbatchev prononce un discours remarqué dans lequel il reproche à Eltsine de vouloir « séparer la Russie du socialisme[139] »

Cependant le tournant décisif a lieu en octobre, lorsque Gorbatchev rejette le plan Chataline. Lors du Plénum d'octobre, Gorbatchev aggrave encore son cas en s'attaquant aux media, qu'il accuse de « vouloir imposer des vues subjectives unilatérales, en les présentant comme l'opinion du peuple ». Chataline, impitoyable, dira de Gorbatchev : « Ce fut son Waterloo, après cela il n'alla plus que de défaite en défaite. »

La corporation politique est en proie à une effervescence intense, les intrigues et les tractations souterraines vont bon train : un « bloc centriste » est en train de se constituer, on songe à un gouvernement de coalition, à une discrète mise à l'écart de Gorbatchev. Le récit de Skourlatov donne une idée du climat régnant à Moscou, des dilemmes affrontés par l'establishment politique soviétique placé devant la peu réjouissante alternative « Gorbatchev ou Eltsine », de l'atmosphère fantasmagorique qui donnera naissance au « putsch » d'août 91 : « Nous organisâmes des rencontres avec des personnalités politiques : Sobtchak, Tchernitchenko, Silaev, le général Moisseiev, Loukianov, l'ami de Gorbatchev. Et tout semblait aller comme sur des roulettes. On tombait d'accord avec nous pour dire que Gorbatchev n'était pas à la hauteur... On demandait qui entrerait dans le nouveau gouvernement. Bien sûr, les n° 1 des républiques, les personnalités politiques influentes, mais qui serait Premier ministre ?... Nous avons pensé à Sobtchak. Nous l'avons sondé et sa réaction a été favorable... Loukianov

139. Le 22 juin, il signe une note dans laquelle il recommande de faire assumer le financement des « partis frères » par le PCUS directement, les caisses de l'État soviétique étant vides. Cf. *Rapport de la Commission d'enquête sur la tentative de coup d'État des 19-21 août 1991*, octobre 1991.

m'a dit que Sobtchak était le personnage idéal, qu'il le connaissait bien. Nous avons aussi rencontré Krioutchkov, les généraux. Tous comprenaient qu'il y avait une crise du pouvoir, que les choses ne sauraient durer de la sorte. Tous étaient parfaitement conscients que la politique de Gorbatchev était un fiasco total. Donc les conditions étaient réunies. Il ne restait qu'à constituer la masse critique. Nous décidâmes donc de créer un Comité de salut national... L'armée, la hiérarchie militaire, est contre Eltsine, elle se méfie de lui. Il est prévu que Eltsine entre néanmoins dans la nouvelle direction. Nous avons donc pensé à un Comité de salut national où il n'y aurait pas de n° 1. Chataline a proposé ensuite un Comité de salut public ; Eltsine, un Comité plénipotentiaire... Je préférais la variante qui inclut Gorbatchev et Eltsine dans le Comité. La plupart se sont rangés à mon avis. Sobtchak était d'accord, et c'est le plus important... Je suis partisan de la continuité, et donc je suis favorable à ce que Gorbatchev et Eltsine jouent un rôle actif dans le Comité. Les militaires ne comprennent pas grand-chose à la politique... Gorbatchev a été un fiasco en politique intérieure, mais lui et Raïssa Maximovna présentent bien à l'étranger. Il pourra jouer un rôle de monarque constitutionnel : rencontrer des chefs d'État, voyager, etc. Eltsine a aussi ses bons côtés quand il est bien entouré (quand il est seul il est incontrôlable) ; le tout est qu'il y consente. Il est ambitieux et son équipe voudrait qu'il soit le seul. Nous ne voulons pas de cela... Gorbatchev n'est pas dangereux en lui-même. Eltsine commet des incartades de temps en temps, il est impulsif. Mais s'il est en de bonnes mains tout ira bien. »

Le 11 novembre, Gorbatchev réunit dans son bureau Ryjkov, Eltsine, Silaev et Khazboulatov. C'est à ce moment que Ryjkov comprend que les dirigeants russes veulent avoir la peau de leurs rivaux de l'Union. Ryjkov prévient Gorbatchev : « Aujourd'hui ils vont vous forcer à sacrifier le gouvernement. Mais ce ne sera que la première victime... Un jour, votre tour viendra... » Toujours selon Ryjkov, la « crise du pouvoir » devient patente le 14 novembre. Le

Soviet suprême s'insurge : son président Loukianov commence à lâcher Gorbatchev. Gorbatchev calme les esprits en annonçant, le 16 novembre, un nouveau chambardement institutionnel, prévoyant le renforcement du Conseil de la Fédération, la création d'un poste de vice-président, d'un Conseil de Sécurité, la liquidation du Conseil présidentiel et du Conseil des ministres remplacé par un Cabinet des ministres dépendant directement du président. Gorbatchev espère pouvoir supprimer de la sorte la paralysante concurrence entre les deux exécutifs, exécutif présidentiel et exécutif gouvernemental. Eltsine occupant le créneau « démocrate », le « modéré » Ryjkov condamné à terme, Gorbatchev choisira de se rapprocher des dinosaures du parti hostiles à tout chambardement (Pougo, Krioutchkov, Yazov...) et de se débarrasser des « réformateurs » haïs par la vieille garde, comme le ministre de l'Intérieur Bakatine limogé le 2 décembre après avoir fait circuler au parlement un mémorandum réclamant le droit d'inculper les fonctionnaires au sommet de l'État (il est remplacé par le futur putschiste Boris Pougo). Fin décembre, après des séances orageuses au IVe Congrès des députés de l'URSS, le mélancolique Ryjkov est frappé d'une crise cardiaque et l'inventif Pavlov lui succède[140]. Les « académocrates », qui se méfient de Eltsine trop incontrôlable, font des efforts désespérés pour tenter de reconquérir le président : nous avons vu comment ils avaient failli réussir à le rallier au plan des Cinq-cents jours. Mais à mesure que ces tentatives échouent, se heurtant constamment à la sournoise obstination de Gorbatchev, ils perdent patience. Le 1er décembre, Gorbatchev commet la maladresse de réaffirmer « le rôle dirigeant du parti », après avoir, quelques jours plus tôt, évoqué « la nécessité d'une dictature ». En décembre toujours, le chef du KGB Krioutchkov élabore en secret un plan global d'instauration de l'état d'urgence. Certainement pas à l'insu de Gorbatchev, si l'on en croit les précédents (le

140. Gorbatchev avait consulté Ryjkov sur le choix de son successeur et celui-ci l'avait mis en garde contre les propensions éthyliques de Pavlov : « Il ne tiendra pas le coup, il va craquer... » V. Ryjkov, 1992, p. 16.

9 septembre 1990, par exemple), et notamment le témoignage du général Podkolzine, chef des parachutistes : « C'est sur ordre de Gorbatchev quc nous avons introduit les troupes à Moscou pendant le voyage de Gorbatchev en Finlande ; mais le ministre n'a pas dit au Soviet suprême qu'il agissait sur ordre du président... Comme en août 1991, Gorbatchev a essayé d'instaurer l'état d'urgence en s'absentant et en s'abritant derrière le dos d'autrui. C'est lui qui nous a ordonné d'envoyer les troupes à Bakou en janvier 1990, mais comme toujours il l'a nié... Il était pénible de le voir parler à la télévision, toute l'armée comprenait que son commandant en chef mentait de façon éhontée[141]... »

Cette fois la coupe est pleine. On décide néanmoins de donner au président une dernière chance. En décembre, des députés du Groupe interrégional, Popov, Afanassiev, Mourachov, Andreev, essaient de convaincre Loukianov (l'éminence grise de Gorbatchev) de faire passer un projet de réforme du Soviet suprême qui aurait transformé ce dernier en « instrument de démontage du centre ». Cette variante aurait assuré « le contrôle sur les structures de pouvoir, sur la politique étrangère et surtout sur les finances. Il aurait été possible de lancer le programme des Cinq-cents jours sous une forme adaptée. Et aujourd'hui nous aurions un parlement interrépublicain respecté pour la tâche accomplie ». Mais Loukianov n'a rien voulu entendre[142]. Au IVe Congrès des députés du peuple, le 17 décembre, Gorbatchev annonce le référendum sur l'avenir de la fédération soviétique. On peut penser que cette fois la rupture est consommée. La

141. *Argumenty i Fakty*, nº 12, mars 1993. Sur la duplicité de Gorbatchev, cf. le général Atchalov : « C'est à moi que Gorbatchev a donné oralement l'ordre de faire intervenir la troupe à Tbilissi par l'intermédiaire de Yazov — j'en suis témoin. Mais la ruse de cet intrigant consistait à ne donner des ordres qu'oralement et ensuite de faire appel à la décence de chacun en demandant aux gens de protéger la réputation du secrétaire général... » V. *Den* nº 20, 1993. Confirmation de Yazov : « En janvier 1990, Gorbatchev nous convoque Bakatine et moi : "Allez à Bakou remettre de l'ordre." Il se contenta d'un ordre oral... On accusa l'armée, et Gorbatchev prit la tangente. » V. *Sovietskaïa Rossia*, 23/02/93

142. *NG*, 19/03/92

décision finale de liquider le PCUS est sans doute prise à ce moment par les perestroïkistes de la première heure. Le témoignage du colonel Alksnis, recueilli quelques jours après l'événement, est intéressant : « Nazarbaev (le président du Kazakhstan) a habilement sauté du navire de Gorbatchev à la barque de Eltsine durant le premier jour du Congrès. Nazarbaev voulait être vice-président, il s'était vivement attaqué à Eltsine et au programme Chataline. Ce qui ne l'a pas empêché d'en chanter les louanges durant le Congrès. Trois semaines avant le Congrès, on nous a demandé (à nous, au groupe Soiouz) de soutenir la candidature de Nazarbaev au poste de vice-président. Ensuite Nazarbaev a analysé la situation et a compris qu'il était dangereux de lier son destin à Gorbatchev. Il a donc renoncé à ce poste et s'est rallié à Eltsine. Chevarnadzé a fait pareil. Les rats fuient le navire. » Le 20 décembre, Chevarnadzé démissionne vertueusement en mettant en garde contre la « dictature ». Fiévreusement, le parti accélère le transfert de ses avoirs dans les banques occidentales[143]. Le PCUS vend ses biens — les datchas notamment — aux apparatchiks (résolution adoptée par le Politburo en octobre 1990[144]). Le

143. Au printemps 1990, la première étape de cette opération a lieu : les Soviétiques vivant à l'étranger reçoivent le droit de faire sortir des roubles à volonté. On vit alors une série de mariages blancs avec des Polonaises et des Hongroises. Les roubles étaient changés en forints ou en zlotys, puis en dollars. Les dollars servaient à acheter des ordinateurs importés en URSS. Les roubles ainsi gagnés étaient exportés à nouveau par la même filière. A l'automne 1990, les banques polonaises et hongroises mirent fin à ces échanges. En août 1990, le n° 2 du PCUS, Vladimir Ivachko, prend la décision de multiplier les entreprises mixtes pour dissimuler les biens du parti. Selon ses propres termes, il s'agit de « créer les structures d'une économie du parti invisible », d'accumuler les « écrans » permettant de camoufler les liens de ces structures avec le Comité central (cf. V. Stepankov, E. Lisov, *Kremlëvskii Zagovor*, Moscou, 1992). Pavlov effectue un voyage en Suisse fin 90 pour organiser le transfert. V. Eric Laurent, 1992, p. 112 et *Stolitsa*, n° 44, 1991. Les transferts se multiplient au printemps 91. L'opération résume toute les ambiguïtés de cette période : Pavlov se doutait-il du hara-kiri imminent du PCUS ou préparait-il l'instauration de l'état d'urgence, et un moyen de contourner les sanctions économiques occidentales qui n'auraient pas manqué de le suivre ? Ou ce dernier prétexte a-t-il été employé par ceux qui préparaient la première variante pour inciter leurs futures victimes à agir conformément à des plans qui les dépassaient ?

144. *Rapport de la Commission d'enquête sur la tentative de coup d'État des 19-21 août 1991*, février 1992.

KGB commence à préparer les archives, détruisant les dossiers trop compromettants ou les plaçant en lieu sûr[145].

De plus en plus, Gorbatchev et ses alliés donnent l'impression d'agir sur les conseils d'un mauvais génie acharné à leur perte. En deux mois, avec une persévérance qui a quelque chose de mystérieux, ils feront tout pour se compromettre aux yeux de l'opinion soviétique et à ceux de la communauté internationale, pourtant en proie à une « gorbophilie » quasi indestructible. Gorbatchev se laisse compromettre dans les ténébreuses provocations ourdies par le KGB et le GRU dans les Républiques baltes, qui culminent dans la nuit tragique du 12 au 13 janvier 1991 à Vilnius, lorsque les chars écrasent des malheureux venus défendre la tour de la télévision prise d'assaut par les troupes soviétiques. Tandis que Eltsine se solidarise hautement avec les Baltes, Gorbatchev s'entortille dans des explications confuses. Le 16 janvier, il ne trouve rien de mieux que de proposer de suspendre la loi sur la presse afin de rétablir « l'objectivité » dans les media. Le 22 janvier, le nouveau Premier ministre Pavlov (il a été nommé le 14 janvier) retire de la circulation les billets de 50 et 100 roubles, provoquant une véritable panique. Son intention est de procéder à une réforme monétaire calquée sur le modèle stalinien de 1947[146] « afin de faire sortir de l'ombre les capitaux illégaux ». Le 25 janvier, Gorbatchev ordonne aux militaires et aux forces de l'Intérieur de former des patrouilles conjointes soi-disant chargées de lutter contre la criminalité dans les villes. Le 26 janvier, un oukaze enjoint au KGB et au ministère de l'Intérieur de partir en guerre contre « le sabotage économique ». Le 12 février, le journal

145. La circulaire nº 00150 du 24 novembre 1990 enjoint aux responsables des principaux départements et des organisations régionales de trier les archives, de sélectionner celles qui peuvent être rendues publiques et celles qui doivent être gardées secrètes. Cette tâche doit être achevée le 1er juillet 1991. Les KGB des républiques transfèrent en Russie les dossiers les plus importants. Au KGB de Vilnius, des équipes spéciales sont invitées à partir de janvier 1991, qui découpent au rasoir le nom des mouchards dans tous les dossiers, y compris ceux remontant à 1940 : travail titanesque, comme il y a des milliers de dossiers.

146. Interview de V. Pavlov in *Sovietskaïa Rossia*, 02/02/93.

Trud publie le fameux article du Premier ministre Pavlov, dans lequel celui-ci accuse les banquiers occidentaux d'avoir monté un complot consistant à déstabiliser Gorbatchev en inondant l'URSS de roubles. Krioutchkov reprendra ces accusations le 22 juin, alléguant devant le Soviet suprême que les pays occidentaux projetaient d'« occuper » l'Union soviétique sous couleur de placer le potentiel nucléaire sous contrôle international. Fin mars, éclate le scandale des missiles Sam 16 livrés en grande quantité aux rebelles salvadoriens par l'Union soviétique. Bush en « fut ébranlé » et sa gorbophilie subit une première brèche[147]. En mars, à Minsk, Gorbatchev appelle à l'unité du PCUS et proclame une fois de plus son attachement au « choix socialiste ». Le 23 avril, Pavlov fait voter un « programme anticrise » qui prévoit notamment une interdiction des grèves et des manifestations durant les heures ouvrables. Déjà, il préconise l'instauration de l'état d'urgence dans certains secteurs de l'économie et dans certaines régions du pays.

L'ascension de Eltsine

Pendant ce temps, Eltsine multiplie les déclarations tonitruantes, sa popularité monte en flèche et l'opposition s'organise. Depuis octobre 1990, Eltsine a son parti, l'organisation Demrossia, qui est issue de l'Union des électeurs moscovites (MOI). L'idée était de créer une organisation politique de masse qui chapeaute les autorités locales démocratiques (c'est-à-dire pro-Eltsine) et les soutienne. Demrossia est une formation nébuleuse, d'idéologie incertaine, dont la passion agissante est le sentiment antinomenklaturiste. Conscients du fiasco de la politique nationale gorbatchévienne, les démocrates se manifestent aussi sur le front « impérial » est commencent à essayer de tisser un nouveau filet de sauvetage de l'Union après l'échec du plan des « Cinq-cents jours ». Les 26-27 janvier 1991, les leaders des

147. V. Éric Laurent, 1992.

mouvements nationaux de la plupart des républiques de l'URSS se réunissent et le Congrès démocratique voit le jour, dont l'objectif nº 1 est « le démontage des structures impériales ». On assiste pour la première fois à un affrontement entre la délégation russe qui préconise la formation d'une Union de républiques souveraines, et les autres délégations, qui ne veulent d'aucune Union, quelle qu'elle soit. You. Afanassiev propose de former un groupe parlementaire interrépublicain pour entamer d'en bas la formation d'une Union de républiques souveraines. Sa proposition est rejetée. Le Congrès démocratique reprend cependant le vieux projet d'une « communauté » à la carte, où chaque république choisirait la forme de ses relations à l'Union : forme fédérative, confédérative ou partenariat. Les députés partisans de cette conception adhèrent à la Conférence interparlementaire. Toutes ces idées se retrouveront dans le projet de la CEI mis en œuvre par Eltsine à partir de décembre 1991.

En février 1991, dans la foulée des événements de Vilnius, Eltsine, fort de son soutien populaire, réclame déjà la démission de Gorbatchev. Tandis que Gorbatchev s'acharne avec une obstination suicidaire à faire passer son funeste Traité fédéral, des responsables russes, biélorusses, ukrainiens et kazakhs discutent dès le 4 février la possibilité d'un traité quadrilatéral, fondement d'une Union alternative sans Gorbatchev. Ce traité était conçu comme un ultimatum au président soviétique et au Congrès de l'URSS. Le projet tourne court à cause des réticences initiales du Kazakhstan ; puis la Biélorussie et l'Ukraine « flanchent » à leur tour[148].

Eltsine parvient à gâcher les résultats du référendum du 17 mars pour Gorbatchev : si la majorité des citoyens soviétiques (76 %) se sont prononcés pour l'Union dans les régions où le référendum s'est tenu[149], Eltsine a réussi à

148. L'expression est d'Alexandre Routskoï qui évoque cette tentative dans une interview à *Rossiiskaïa Gazeta* (23/06/93). Du côté russe, le négociateur était G. Bourboulis.

149. Les États baltes, l'Arménie, la Géorgie et la Moldavie ont refusé d'organiser le référendum.

faire passer le principe de l'élection au suffrage universel du président russe. Depuis le début du mois de mars, un vaste mouvement de grève traverse le pays, qui permettra sans doute, en même temps que les manifestations monstres qui se déroulent dans la capitale en mars, de déjouer les manœuvres gorbatchéviennes pour mettre Eltsine en minorité au parlement russe. En effet, le 27 mars, à la veille du Congrès des députés russes, Gorbatchev a envoyé les troupes à Moscou : Krioutchkov et Pougo l'ont persuadé que les démocrates allaient prendre d'assaut le Kremlin le premier jour du Congrès[150].

L'ultime sursaut

Cet impressionnant déploiement incitera Gorbatchev à un nouveau renversement de ses alliances, à prendre ses distances par rapport à la vieille garde et à se réconcilier avec les « nouveaux démocrates » (Chevarnadzé, A. Yakovlev, G. Popov) en s'appuyant sur les dirigeants des républiques. Ce tournant est à l'origine des négociations de Novo-Ogarevo à partir du 23 avril[151]. Gorbatchev commence à prendre ombrage de l'attitude de plus en plus autoritaire de son nouveau Premier ministre Pavlov, bien différent du timide Ryjkov. Entre Gorbatchev et Pavlov le fossé ne cesse de se creuser à partir d'avril. Pavlov ambitionne d'obtenir pour le Conseil des ministres le droit à l'initiative législative. Gorbatchev sait que les vœux du parti et ceux des citoyens

150. V. Stepankov, E. Lisov, *Kremlëvskii Zagovor*, Moscou, 1992.

151. L'attitude à prendre face à ces avances gorbatchéviennes entraînera un début de scission du mouvement démocratique entre « radicaux extrêmes » et « pragmatiques modérés », pour reprendre l'expression du eltsinien L. Ponomarev. Les démocrates hésiteront entre l'opposition de principe et la collaboration avec le pouvoir lorsque celui-ci semble aller dans le sens des réformes. Rétrospectivement, les démocrates jugeront que Gorbatchev manœuvrait dans son rapprochement avec les leaders républicains comme auparavant dans son alliance avec la « vieille garde » : « Il cherchait à tromper tout le monde : il se lança dans cette opération Novo-Ogarevo pour berner les leaders des républiques », déclare You. Afanassiev dans une interview en 1993 (*Stolitsa*, nº 18, mai 199).

soviétiques se rejoignent sur un point : tous souhaitent se débarrasser de lui. La chose a failli arriver lors du Plénum d'avril 1991. Pour la vieille garde du parti, Pavlov ou Loukianov sont en train de devenir un recours ; quant à l'administration américaine, elle s'est considérablement refroidie à l'égard du président soviétique après son flirt avec le plan Chataline qu'elle considère comme un produit aberrant des universités américaines[152] ; il faut donc que Gorbatchev se cherche d'autres appuis. En prévision de l'affrontement inévitable, il commence à constituer un dossier compromettant sur Pavlov. Puis, se rapprochant de Eltsine lui aussi très hostile à Pavlov, et des leaders des républiques entraînés par Eltsine dans la croisade anti-Pavlov, il s'attelle au projet de traité fédéral avec une ardeur redoublée, jouant son rôle favori d'arbitre et de « centriste », abandonnant à Loukianov le soin de défendre des positions fédéralistes « dures »[153]. Au fil des négociations, les projets du traité se succèdent et chaque version nouvelle témoigne de l'érosion galopante du pouvoir fédéral. Les appétits des leaders républicains s'accroissent à vue d'œil. L'Azerbaïdjan et la Kirghizie ne veulent plus entendre parler de « fédération ». La Russie réclame la propriété de toutes les entreprises situées sur son sol et elle s'oppose au droit des instances fédérales de prélever des impôts — d'ailleurs, durant toute cette période, les instances dirigeantes de Russie procèdent à une nationalisation « sauvage » des avoirs de l'URSS. La mouture finale du traité fédéral (18 juin[154]) est si radicale que, le 12 juillet, le Soviet suprême décide d'y apporter des amendements fondamentaux. Mais aux yeux de Gorbatchev, l'intérêt du traité fédéral est qu'il permettra de liquider 60-70 ministères, et dans la foulée, de remplacer Pavlov par le président d'une des républiques, Nazarbaev par exemple. Il y a là une nouvelle manifestation de l'extrême dégénérescence du système soviétique : il n'est plus possible de

152. Cf un rapport du KGB cité in V. Stepankov, E. Lisov, *Kremlëvskii Zagovor*, Moscou, 1992.
153. A. Lukianov, *Perevorot mnimyi i nastojaščii*, Moscou, 1993.
154. Elle ne sera publiée que le 16 août.

faire une purge sans supprimer le poste occupé par l'apparatchik à éliminer. Nous avons vu comment Gorbatchev avait supprimé le Secrétariat du CC pour se débarrasser de Ligatchev ; comment il avait supprimé le conseil des ministres pour limoger Ryjkov ; comment il envisageait de liquider le gouvernement fédéral pour écarter Pavlov. La même logique poussera Eltsine à abolir l'Union Soviétique pour venir à bout de son rival. La fin du communisme est au fond imputable à un dérèglement du mécanisme des purges.

Le revirement de Gorbatchev s'amorce trop tard. Le 12 juin 1991, Eltsine, s'étant réconcilié la hiérarchie militaire et une partie de la nomenklatura fédérale en choisissant Routskoï comme colistier, est élu président de la RSFSR au suffrage universel. La ratification du nouveau traité fédéral[155] semble compromise à la suite de la décision du parlement ukrainien (27 juin) d'ajourner à septembre l'examen du traité. En juillet, échec de Gorbatchev au sommet de Londres : son discours filandreux sur le passage de l'URSS à « l'économie mixte » laisse transparaître une ignorance béante. Abandonné par son brain-trust académocrate, Gorbatchev ne passe plus la rampe, même auprès des hommes d'État occidentaux. A son retour de Londres, Gorbatchev commet une nouvelle erreur : il rejette le décret interdisant les cellules du parti dans les entreprises et les administrations adopté par Eltsine le 14 juillet. Mais il rencontre en secret ce dernier et Nazarbaev le 29 ; au cours de la discussion un renversement d'alliances est envisagé, Gorbatchev acceptant de limoger la vieille garde (Loukianov, Pougo, Pavlov, Krioutchkov, Yanaev) et de contourner le Soviet suprême et le Congrès en faisant ratifier le traité fédéral par les représentants des républiques le 20 août au lieu d'attendre septembre et octobre comme initialement

155. Les leaders des républiques souhaitent une autonomie maximale mais ils ne veulent pas d'un démantèlement de l'URSS ; en juillet 1991, une session élargie du cabinet ministériel est consacrée à l'analyse des conséquences éventuelles d'une dissolution de l'URSS : les leaders des républiques se déclarent opposés à cette option. V. Interview de V. Pavlov in *Sovietskaïa Rossia*, 02/02/93.

prévu. En échange du soutien des républiques, Gorbatchev s'engageait à satisfaire les exigences de la Russie (v. *supra*). Le KGB est immédiatement au courant.

Les préparatifs du « parti extérieur » s'accélèrent. Le Mouvement pour les réformes démocratiques créé début juillet 1991 par Chevarnadzé et Yakovlev se veut un canot de sauvetage en prévision du naufrage imminent du parti. C'est en quelque sorte un organe de recyclage de la nomenklatura récupérable. Son objectif proclamé est la création « d'un espace démocratique uni » en URSS. Le Plénum de juillet est marqué par un pressentiment de catastrophe imminente, de choix urgents à faire : « Nous sommes arrivés à un tournant, où chacun d'entre nous, chaque communiste, doit définir sa position... », déclare Loukianov.

On a l'impression d'une situation politique bloquée, les deux camps, « apparatchiks » et « démocrates » se neutralisant, s'affrontant, se réconciliant tour à tour. Les deux s'affaiblissent parallèlement : depuis avril, la popularité des « démocrates » est en déclin, après la brève flambée de l'hiver[156]. La crise a touché non seulement le premier échelon du parti communiste, mais, chose plus inquiétante, elle gagne maintenant le deuxième échelon de la nomenklatura, les « nouveaux démocrates » (comme Sobtchak, Popov, Eltsine). Le parti est maintenant contesté sous ses deux hypostases : les jeunes loups progressistes rivalisent d'impopularité avec les vieux apparatchiks, même si la presse, presque totalement contrôlée par les deux courants, se fait peu l'écho de cet état d'esprit. Les deux camps sentent la précarité de leur position : après sa victoire inattendue au Congrès russe d'avril, Eltsine lance l'idée (sans lendemain) d'une table ronde.

L'intégrité territoriale de la fédération russe est menacée par les velléités d'indépendance toujours plus affirmées des formations autonomes[157] généralement dirigées par des

156. Ainsi on peut lire dans les *Nouvelles de Moscou* du 14 avril 1991 : « Le prestige des démocrates commence à baisser. » Ligatchev situe le revirement de l'opinion publique au printemps 90 : le dégonflage de la baudruche Gdlian/Ivanov aurait selon lui suscité la méfiance des Russes à l'égard des media.

157. La fédération russe compte 21 républiques autonomes.

communistes de la vieille école, que Gorbatchev cherche à utiliser contre Eltsine. La Russie, par ailleurs, semble distanciée sur la voie de la démocratisation par un grand nombre de républiques. Le pays est traversé de grandes peurs, de craintes d'apocalypse, d'imaginations de complots. On redoute et souhaite la « main forte » dont le mythe a surgi en été 1989. On cherche des traîtres. On se fait peur périodiquement avec des rumeurs de coup d'État : à l'automne 1990, par exemple, le ministre de la Défense Yazov explique placidement que les soldats en tenue de combat qu'on ne cesse d'apercevoir un peu partout près de la capitale sont là pour aider à la récolte de pommes de terre. La population, habituée à vivre dans la forteresse capitonnée du totalitarisme, voit la sécurité de son univers familier s'effriter : le rouble commence à vaciller, la famine et le chômage guettent, les pannes de chauffage menacent en hiver, la guerre civile est dans toutes les bouches. Le monde soviétique semble soudain ouvert à tous les vents, et les gens n'arrivent à se protéger du choc de la réalité qu'au moyen d'un épais matelas de fantasmes, effrayants certes, mais moins angoissants que ce sentiment soudain d'être orphelin et sans abri. On s'engoue pour les soucoupes volantes, les guérisseurs, l'astrologie : tout ce qui peut rassurer du chaos en faisant miroiter au loin l'existence d'un ordre certain encore qu'inconnu.

Le 19 août, ces attentes inassouvies se réalisent enfin : le théâtre d'ombres prend corps, les chars s'approchent de Moscou, des visages lugubres annoncent à la télévision que l'état d'urgence vient d'être instauré. La plus grande partie de la population pousse un soupir de soulagement. Mais l'espoir de voir revenir l'ordre est de courte durée : le pseudo-putsch sera aussi fantasmagorique que les rêveries qui l'ont préparé. La caricature de coup d'État, loin de mettre fin à l'anarchie montante, relancera les forces du chaos avec une intensité redoublée.

6. L'EXÉCUTION

> « Une révolution truquée aboutit à l'épuisement total : la combinaison artificielle de ses forces comprend des éléments qui s'excluent les uns les autres. »
>
> Hermann Rauschning,
> *La révolution du nihilisme*

Les bolcheviks ont une longue expérience de la technique du coup d'État. On retrouve cette inspiration traditionnelle dans un mémorandum rédigé par le KGB à l'intention du vice-président Yanaev, qui constitue une sorte d'ABC du putschiste[158] : « 1. Ne pas perdre l'initiative et ne pas entrer en négociations d'aucune sorte. Il est inutile d'essayer de préserver une façade démocratique, car les gens en conçoivent l'idée qu'il est possible de contester les autorités, ce qui constitue le premier pas vers la lutte. 2. Étouffer les manifestations de désobéissance dans l'œuf — meetings, grèves de la faim, pétitions, etc. Faute de quoi elles deviendront des formes tolérées d'opposition, et d'autres formes plus actives suivront. 3. Ne pas hésiter à faire appel à un populisme clairement exprimé. C'est ainsi qu'on gagne l'appui des masses. Introduire immédiatement des mesures économiques perceptibles pour tous, baisse des prix, celui de l'alcool en particulier, mise en vente de denrées déficitaires. Dans cette situation il est inutile de se soucier du taux de l'inflation ou de l'efficacité économique. 4. Informer les gens sans tarder sur les crimes de vos adversaires politiques... »

Pourquoi les conjurés d'août 1991 ont-ils ignoré en tous points ces sages conseils ?

158. *Rapport de la Commission d'enquête sur la tentative de coup d'État des 19-21 août 1991*, février 1992. V. aussi pour ce chapitre l'ouvrage des procureurs de Russie, V. Stepankov et E. Lisov, *Kremlëvskii Zagovor*, Moscou, 1992.

Trois hypothèses existent à propos de ce que le maréchal Chapochnikov[159] appellera « un des épisodes les plus obscurs de ce siècle... », ce « putsch » avorté « à l'origine douteuse » selon l'ancien Premier ministre Ryjkov :

— Une tentative de putsch a véritablement eu lieu et elle a échoué à cause de la résistance des forces démocratiques ;

— Gorbatchev a organisé un putsch plus ou moins bidon pour regonfler sa popularité ou pour rétablir son autorité sans en encourir les conséquences dans l'opinion publique ;

— le putsch a été monté par les démocrates eux-mêmes, afin d'accélérer leur accès au pouvoir.

Ces hypothèses ont été débattues dans la presse avec passion, et les journaux, avides de sensationnel, n'ont cessé d'apporter des pièces nouvelles au puzzle. Il vaut la peine de reprendre les faits ainsi exposés : non dans l'espoir de parvenir à la vérité dans une affaire aussi trouble, mais parce qu'il est important de cerner les ambiguïtés qui entourent la fin de l'ancien régime et la naissance du nouveau.

La trame des événements a pu être reconstituée dans les grandes lignes, notamment par les soins de la commission d'enquête parlementaire créée après le « putsch » pour établir les responsabilités. On peut néanmoins supposer que cette commission, dominée par les eltsiniens, n'a pas toujours été absolument objective et n'a pas fait la lumière sur tous les aspects de cette ténébreuse affaire.

Le 5 août, Gorbatchev quitte Moscou pour la Crimée. Le même jour, les futurs conjurés se réunissent dans une datcha du KGB et décident d'empêcher la ratification du nouveau traité fédéral prévue pour le 20 août, qui équivaut à leurs yeux à un démantèlement de l'URSS. Yazov confie à Gratchev, chef des parachutistes, la préparation militaire du « coup d'État ». Des experts du KGB sont chargés de rédiger un rapport sur l'impact de la proclamation de l'état d'urgence sur l'opinion publique. Ils recommandent le strict

159. *Nezavisimaïa Gazeta*, 12 sept. 1991.

respect de la légalité. C'est le 9 août que Yazov annonce au collège du ministère de la Défense la constitution d'un Comité à l'état d'urgence (GKTchP) et qu'il ordonne aux forces armées de se trouver en état d'alerte[160]. Le 14, Krioutchkov demande aux experts du KGB précédemment consultés et à Gratchev de proposer un train de mesures politiques, légales et économiques à adopter après l'instauration de l'état d'urgence. La décision finale est prise le 17. On résout d'isoler le président et de lui donner le choix entre légaliser l'état d'urgence ou être remplacé par le vice-président Yanaev. La tentative de « coup d'Etat » a lieu dans la nuit du 18 au 19. Au bout de vingt-quatre heures l'échec ne fait plus guère de doute.

La première question qui se pose est celle de la complicité de Gorbatchev. Le 20 juin, le président soviétique avait été averti par les Américains alertés par un transfuge du KGB que quelque chose se tramait. Il aurait dit avec insouciance : « Je sais ce qu'ils manigancent mais ils ne sont pas à la hauteur. J'en fais mon affaire[161]. » Même désinvolture lorsque A. Yakovlev vient à son tour le mettre en garde contre les futurs conjurés : « Ils n'en auront pas le courage[162]. » Comment expliquer alors l'incroyable légèreté de son départ en Crimée le 5 août ? Si Gorbatchev n'était pas au courant, comment expliquer que les conjurés aient été persuadés que le président soviétique reviendrait lorsque tout serait fait, conviction qui transparaît maintes fois dans leurs propos ? « Les membres du GKTchP ne cessaient pas de me répéter qu'ils instaureraient l'état d'urgence, et qu'ensuite Mikhaïl Sergueievitch reviendrait et profiterait en quelque sorte des fruits de l'ordre rétabli », raconte A. Loukianov. Le 19 août, Yanaev déclare aux leaders des républiques autonomes : « Gorbatchev est au courant. Il se joindra à nous plus tard[163]. » Gorbatchev aurait dit : « J'ai

160. Cf *Rapport de la Commission d'enquête sur la tentative de coup d'État des 19-21 août 1991*, février 1992.
161. Eric Laurent, 1992, p. 165.
162. *RFE/ RL*, Daily Report, 22/08/91.
163. *Nezavisimaïa Gazeta*, 7 sept. 1991.

un numéro deux, Yanaev, il n'a qu'à remettre de l'ordre[164]. » Cette certitude émane peut-être de la rencontre du 13 août entre Gorbatchev et les futurs putschistes — Gorbatchev a nié cette escapade de vingt-quatre heures à Moscou, prétendant n'avoir jamais quitté Foros depuis le 6 août. Selon certaines sources, le décret instaurant l'état d'urgence aurait été signé à ce moment par le président soviétique[165]. L'ex-Premier ministre Pavlov n'hésite pas à accabler Gorbatchev à la veille de l'ouverture du procès des conjurés en avril 1993 : « Nous n'attendions pas son soutien, tout simplement parce que nous avions proclamé l'état d'urgence sur sa recommandation et pour soutenir sa politique. Gorbatchev est avant tout un acteur. Il ment très bien. Dix minutes à peine après la fin du Conseil des ministres du 17 août, Gorbatchev, qui se trouvait à des milliers de kilomètres, appelait déjà mon adjoint dans sa voiture pour lui passer un savon à propos d'une chose que ce dernier venait de dire au Conseil. Nous étions tous sur écoutes. Organiser dans ces conditions un complot aurait été chimérique... Nous étions absolument certains qu'il serait là à nos côtés. Il nous a trahis[166]... »

Le moment décisif du « putsch » est sans doute la visite à Foros d'une délégation constituée des futurs conjurés à l'exception de Krioutchkov et de Yazov. Ceux-ci arrivent le 18 août vers 15 heures et Gorbatchev les force de faire antichambre pendant une heure avant de les recevoir. Au même moment son téléphone est coupé. Voici la version des faits qu'il présentera à l'instruction du procès des conjurés : « Ils étaient mal à l'aise. Je décidai que c'étaient des traîtres. Je leur tins un discours ferme, emporté. Ils tentèrent de me persuader de prendre du repos, de songer à ma santé... Baklanov me dit à peu près : "Mikhaïl Sergueievitch, nous ne vous demandons rien. Restez ici. Nous ferons pour vous tout le sale boulot." Je répétai que je ne me lancerais dans aucune aventure et ne signerais aucun oukaze... A la fin, je

164. *Kommersant* nº 34, 19-26 août 1991.
165. V. Eric Laurent, 1992, p. 180.
166. *Figaro Magazine*, 30/04/93.

leur dis : “Rentrez à Moscou et faites part de mon point de vue. Dites de ma part que si une situation de ce genre se présente, il faut immédiatement réunir le Soviet suprême ou le Congrès.” Ils comprirent que je n'entrais pas dans leur plan et prirent congé... Je pensais qu'après cette douche froide ils feraient leur rapport et pèseraient leurs actions... » Krioutchkov semble corroborer la version de Gorbatchev dans sa déposition du 22 août, qui ne coïncide pas entièrement avec les autres témoignages : « Nous lui avons proposé d'instaurer l'état d'urgence et de transmettre provisoirement le pouvoir à Yanaev pour revenir plus tard. Sa réaction a été très violente. Après, il s'est calmé mais n'a pas changé d'avis : il a refusé de donner son accord. Il n'était pas question de le priver de son pouvoir, j'y insiste : il n'en a jamais été question... Tout le monde comprenait que Yanaev ne pouvait exercer des responsabilités que très peu de temps... » Voici la version de Yazov[167] : « La délégation [Chenine, Boldine, Varennikov, Plekhanov et Baklanov] revint, l'air peu glorieux. Gorbatchev les avait pratiquement mis à la porte. Il leur a dit : “Faites ce que vous voulez” ». Le général Varennikov narre la scène en termes truculents : « Lorsque les envoyés du GKTchP se présentèrent devant Gorbatchev, l'époux de Raïssa Maximovna eut la frousse : “Vous venez m'arrêter ? C'est Eltsine qui vous envoie ?” Nous le rassurons : non, nous sommes venus en amis. Nous ne nous attendions pas à cette réaction... Lorsqu'il se fut convaincu qu'il n'avait rien à craindre, il devint insolent. Il mit à la porte l'un d'entre nous. Puis il s'adonna à son incontinence verbale, commença à discuter. Il tint une foule de propos creux, mais l'allusion était transparente : “Allez-y ! allez-y, mais sans moi[168]” » L'ancien secrétaire du CC, Oleg Chenine, éclaire le raisonnement et les motivations des conjurés : « Nous pensions que cet homme (Gorbatchev) aurait encore à diriger le pays, et c'est pourquoi nous avons cru possible d'agir un certain

167. Interrogatoire du 26 août.
168. V. Varennikov, *Sudba i Sovest*, Moscou, 1993.

temps de notre propre initiative, pour éviter d'éclabousser son nom : car il s'agissait de prendre des mesures impopulaires. Gorbatchev décida de jouer à l'auto-isolation. Il ne se mêla de rien à dessein, n'entreprit rien et attendit de voir d'où allait souffler le vent. Nous le connaissions, mais nous ne le pensions pas aussi immoral[169] ». Même interprétation chez Pavlov : « Le récit de nos camarades à leur retour de Foros ne voulait dire qu'une seule chose : Gorbatchev adoptait son attitude habituelle — faites, je me tiendrai à l'écart ; si ça marche, je serai avec vous ; sinon, je ne sais rien et je suis contre vous. »

Gorbatchev refuse donc de s'associer ouvertement au projet de ses proches, mais connaissant son caractère, ceux-ci considèrent que son inaction même est une bénédiction implicite et qu'il suffit de forcer la main à Mikhaïl Sergueievitch : « Après avoir refusé d'instaurer l'état d'urgence, le président ne leva pas le petit doigt pour empêcher d'agir les partisans de cette mesure... Son absence de réaction était une invitation à prendre l'initiative », écrit Loukianov[170]. « Alors nous comprîmes que Yanaev devait signer les documents et que nous devions déclarer que Gorbatchev était malade, alors qu'il n'en était rien. Il était évident dès ce moment que notre plan initial avait échoué », conclut Yazov. C'est à ce moment que le GKTchP est créé. Loukianov était présent, mais il refuse d'entrer dans le Comité. Même chose pour le ministre des Affaires étrangères, Bessmertnykh, qui déclare : « Si vous me faites figurer là-dedans, c'est la fin de notre politique étrangère[171]. » Yazov y insiste beaucoup, « il n'y a pas eu de complot et de plan... Samedi soir, Krioutchkov nous a tout simplement appelés en disant : "Il faut qu'on discute." Je suis venu, puis Chenine et Baklanov. Et c'est alors que nous nous sommes dit : pourquoi ne pas aller voir Gorbatchev et parler avec lui ? » Yazov reviendra plusieurs fois dans son interrogatoire sur l'aspect d'improvisation qui caractérise toute

169. *Novy Vzgliad*, nº 8, 1993.
170. A. Lukianov, *Perevorot mnimyi i nastojaščii*, Moscou, 1993.
171. Interrogatoire de Yazov du 22 août.

l'affaire : « Nous ne pensions à rien, nous n'avions aucun objectif, ni à court terme, ni à long terme ». Krioutchkov confirme cet étonnant aveu : « Nous n'étions pas prêts. Le 19 au matin, nous n'avons donné aucun ordre. Tout était remis à plus tard... » Pavlov dira de son côté : « Il n'y a eu aucun complot. Du moins à ma connaissance... Personne ne songeait à priver le président de son pouvoir. C'était tout autre chose. Nous voulions le convaincre qu'il fallait prendre des mesures énergiques. Personne n'aurait pu imaginer Yanaev revêtu des pouvoirs du président. »

Le journal *Kommersant* (n° 34) s'est fait un malin plaisir de relever toutes les contradictions dans la version des événements fournie par le président soviétique. Gorbatchev prétend avoir été fait prisonnier dans sa datcha de Crimée. Or les putschistes n'ont pas pris le soin de le priver de sa garde personnelle ; bien mieux, lorsque Routskoï entreprend de le délivrer, ses hommes ne rencontrent personne de l'aéroport à la datcha, sinon un malheureux gendarme qui leur indique le chemin. La population locale confirme que, durant les jours du putsch, personne n'a remarqué de mouvement de troupes quelconque. Ceci est corroboré par les responsables des garde-frontières : eux non plus n'ont rien vu. Gorbatchev prétend que les communications ont été rétablies le 21 au soir. Or Routskoï s'est entretenu par téléphone avec lui durant l'après-midi. Dès le 20, la garde de la datcha a réussi à établir un contact avec le commandement des vaisseaux patrouillant le long de la côte [172]. Et que dire de cet appel téléphonique à Volski, le soir du 18, au cours duquel Gorbatchev recommande à ce dernier de « ne pas faire de bêtises », et le rassure en disant : « Tout ira bien. Conforme ton comportement au mien [173] » ? Gorbatchev ironise sur les « mains tremblantes » de Yanaev pendant la conférence de presse du GKTchP le 19 août : comment les a-t-il vues, si vraiment ses gardiens ont été obligés de lui rafistoler une vieille radio, comme il l'a raconté ?

172. *Pensée Russe*, 11 oct. 1991.
173. *Den*, n° 34, 1992.

Bref, « il n'y a pas eu de blocus de Foros[174] ». Oleg Chenine ne manque pas non plus de jeter sa pierre à l'ex-président soviétique : « Quand on prétend que Gorbatchev était isolé, je ne peux m'empêcher de sourire... A l'embarcadère il y avait un canot à moteur, par lequel on pouvait rejoindre sans peine les bâtiments militaires : de là on pouvait établir une liaison radio avec n'importe qui. L'arrestation du président est un mythe[175]. »

Le putsch tourne court lorsque Loukianov s'arrange pour différer la session du Soviet suprême sur laquelle comptaient les conjurés pour légaliser leur entreprise. Dans une interview retransmise par la télévision russe, Pavlov déclare qu'il avait accepté d'entrer au GKTchP car Gorbatchev s'était engagé à faire voter l'instauration de l'état d'urgence par le Soviet suprême dans les jours qui suivaient[176]. « Lorsque nous avons créé le Comité, nous avons pensé que deux ou trois jours au maximum seraient nécessaires pour réunir le Soviet suprême. Tout aurait alors eu une base légitime[177]. » Témoignage confirmé par Chenine : « Les conjurés se sont montrés passifs car ils attendaient l'ouverture de la session du Soviet suprême ». Aux leaders des républiques et des régions téléphonant sans arrêt le 19 pour demander des consignes, Loukianov offre des réponses évasives[178]. Même attitude à l'égard de L. Kravtchenko venu lui demander une interview télévisée : « De manière tout à fait inattendue il me répondit qu'il ne voulait pas se mêler de cette affaire. » Le 20 au matin, V. Bakatine et E. Primakov rédigent une déclaration condamnant le putsch et la suspension du Conseil de Sécurité, déclaration diffusée par l'agence Interfax grâce aux bons soins de Volski[179]. De son

174. *Koza*, 4 sept. 1991.
175. *Glachataï*, n° 3, 1993.
176. *Nezavisimaïa Gazeta*, 27 août 1991.
177. Déposition du 22 août.
178. *Nezavisimaïa Gazeta*, 29 août 1991. Dans la même interview, Loukianov déclare à propos de Gorbatchev : « Je n'ai jamais rien fait contre sa volonté. »
179. V. Bakatine, *Izbavlenie ot KGB*, Moscou, 1992.

côté, V. Ivachko, le numéro 2 du PCUS, refuse de réunir un plénum du CC pour exprimer le soutien du parti au GKTchP. C'est alors que les putschistes s'aperçoivent qu'ils n'ont pas d'arrières solides. Et comme, pour reprendre l'expression de V. Chtcherbakov, vice-Premier ministre dans le gouvernement Pavlov, ce ne sont que des « exécutants »[180], ils se laissent aller au désarroi. Même la diffusion du *Lac des cygnes* à la télévision officielle leur porte sur les nerfs, ils y voient une allusion au « chant du cygne »[181]. Ils se réfugient dans l'alcool. Il est vrai que, comme le souligne Oleg Chenine, aucun homme normal n'est saoul après un verre ou deux : « Il y a une différence entre être rond comme un porc et boire un petit coup pour se remettre du cœur au ventre »[182].

Quel a été le jeu de Gorbatchev ? Si l'on se réfère à sa politique antérieure, on peut penser que le président soviétique a comme d'ordinaire voulu avoir plusieurs fers au feu. N'oublions pas que depuis des mois, il est soumis à la désinformation systématique du 5ᵉ Directorat du KGB (rebaptisé directorat Z), autrefois chargé de la lutte contre la dissidence, avant de se voir confier la « défense de la constitution ». Celui-ci bombarde le président soviétique de memorandums alarmistes dont la conclusion ne varie pas : seule l'instauration de l'état d'urgence permettra de maintenir l'ordre dans le pays et de tenir en échec les « forces destructrices[183] ». Peut-être Gorbatchev a-t-il voulu tester le rapport de forces réel au sein de la direction politique, encourageant les uns et les autres, avec l'idée de se rallier à qui l'emporterait. Peut-être a-t-il voulu se débarrasser d'une vieille garde qui l'encombrait maintenant que sa ligne politique avait changé. On peut rappeler ce jugement de Loukianov sur le rôle joué par le président soviétique : « Il me semble que Gorbatchev, tout habile qu'il fût, a été pris dans

180. *Argumenty i Fakty*, nº 33, août 1991.
181. L. Kravtchenko in *Komsomolskaïa Pravda*, 20 sept. 1991.
182. *Novy Vzgliad*, nº 8, 1993.
183. *Rapport de la Commission d'enquête sur la tentative de coup d'État des 19-21 août 1991*, février 1992.

un piège. Il a été utilisé dans des intérêts qui n'étaient pas les siens[184]... »

Et de fait, on a l'impression que le rôle de Gorbatchev n'est pas le seul point obscur de l'affaire. Tout autant que Gorbatchev et les siens démonstrativement occupés à organiser la défense héroïque de la datcha, l'entourage de Eltsine s'est arrangé pour théâtraliser au maximum les événements et porter la tension à son comble, en se livrant à une désinformation systématique, notamment sur l'assaut imminent qui devait prétendument être lancé contre la Maison Blanche. La presse a relevé le rôle joué par les media (notamment les radios étrangères) dans la création de l'événement. « Le drame avait un décor et ce décor c'était les chars... Les uns étaient « pour Eltsine », selon les radios, et les autres contre lui : or ils se comportaient de manière identique... justement parce que leur fonction était purement décorative. L'armée était politiquement neutre. Le GKTchP incarnait la méchante « bande des huit », planquée derrière les blindés. Le courageux Eltsine mettait en déroute une division après l'autre par la seule force de son esprit. Bien sûr, on est en droit de s'interroger. D'où venaient les nouvelles alarmistes diffusées par la radio ? La source en était la radio intérieure de la Maison Blanche... La nuit de l'assaut présumé, toute l'information venait de Routskoï. Et on peut se demander : les informateurs savaient-ils que leurs informations ne correspondaient pas tout à fait à la réalité, c'est le moins que l'on puisse dire ? La réponse est simple. **Ils ne pouvaient pas ne pas savoir**, car la Maison Blanche était en pourparlers incessants avec les autorités militaires de différents niveaux. Le général Kobetz, selon ses propres paroles, « était suspendu au téléphone durant des heures », recueillant l'information et même **dirigeant** le mouvement des blindés, conjointement avec le commandement militaire. La Maison Blanche savait à quel point elle avait peu à craindre de l'armée... Cependant on narrait « la lutte pour

184. Celui qui se disait « l'homme de Gorbatchev », Léonid Kravtchenko, déclarera à propos de toute l'affaire : « Il est regrettable que je sois devenu un pion dans ce grandiose jeu d'échecs... »

l'armée » en termes épiques. La tension était portée à son comble. Les gens affluaient vers la Maison Blanche, désireux de protéger les « gentils » chars contre les « méchants », sans deviner qu'il n'y avait ni « gentils » ni « méchants » chars... Et pourtant les responsables de ces émissions se donnaient pour des professionnels... C'est ainsi que Radio Liberty et la BBC ont vaincu le PCUS et le KGB. « Eltsine a accompli un contre-putsch à l'aide des radios[185]... » Le député russe Tikhomirov décrit le général Kobetz durant la nuit fatidique : « Le téléphone sonnait sans cesse... Il recevait des informations sur le mouvement des troupes en provenance de l'état-major et du GRU... Et il prenait les décisions opérationnelles... On nous dit aujourd'hui qu'il y avait un scénario caché, et je peux admettre que quelque chose se soit tramé au sommet. Mais ce qui s'est passé ici était authentique... et le héros principal était le général russe Kobetz[186]... » Témoignage concordant, mais conclusion différente de l'ancien conjuré Chenine : « Routskoï avait tracé de sa propre main le plan de répartition des chars autour de la Maison Blanche. Et pendant ce temps les hérauts démocrates ameutaient tout Moscou en annonçant l'assaut imminent sur la place forte de la démocratie. Pourquoi appeler le peuple à la rescousse, lorsqu'on dispose de l'appui du général Gratchev, chef des parachutistes ? »

Le récit de témoins concernant le fameux épisode du « discours du char » confirme cette impression de trompe-l'œil : « A certaines nuances presque imperceptibles du comportement de tous les acteurs (Eltsine, Kobetz qui prit la parole après lui, un lieutenant-colonel d'allure inoffensive venu annoncer au camarade président de la RSFSR que les chars s'approchaient pour le protéger, mais qu'ils s'étaient arrêtés car la population les empêchait d'avancer), on sentait

185. Léonid Ionine in *Nezavisimaïa Gazeta*, 12 sept. 1991. En effet les témoignages montrent le général Kobetz donnant des ordres au général Kalinine, commandant militaire de Moscou et soi-disant putschiste. V. Gosset & Fedorovski, 1991, p. 129.

186. *Maïak*, 22 août 1991.

nettement qu'on avait affaire à une mise en scène, que tous les événements et leur séquence étaient prévus[187]... »

L'hypothèse d'une totale inefficacité et ineptie des organes répressifs soviétiques tient difficilement la route, surtout lorsqu'on se souvient que l'opération de Bakou ne date alors que d'un an. Le KGB et l'armée disposent de nombreuses forces d'élite qui n'ont tout simplement pas été mises en jeu. Durant les journées du putsch, les officiers de la Loubianka boivent du thé en s'interrogeant sur les événements[188] ; en province aussi ils n'ont reçu aucune consigne.

Quant aux fameuses « défections » de la troupe, un examen attentif des faits montre que la désinformation tient une grande place dans ces rumeurs. Les dix chars du commandant Evdokimov prétendument passés à Eltsine avaient tout bonnement reçu l'ordre de protéger le siège du parlement russe, ce qui ressort à l'évidence d'une interview télévisée de Routskoï le 26 août. Selon les aveux de Karpoukhine, responsable de la célèbre formation d'élite du KGB Alpha, l'assaut contre le parlement russe n'a pas eu lieu parce que... l'ordre n'en a pas été donné. Karpoukhine a été limogé après ces confidences[189] et remplacé par M. Golovatov, qui s'est empressé de diffuser la version d'une « insoumission » des troupes du KGB. Ce n'était pas la version définitive : quelque temps plus tard, l'inaction d'Alpha fut expliquée par... le refus de Krioutchkov de verser le sang. Ces scrupules semblent curieux chez un homme qui avait organisé lui-même l'assassinat d'Amin à Kaboul, le 27 décembre 1979[190].

D'ailleurs, « dès le début, les militaires ont compris que quelque chose ne tournait pas rond[191]. « Je ne crois pas que l'état-major ait participé activement au complot[192]. » « Je

187. Grigori Tochkine, in : *Pensée Russe*, 6 sept. 1991.
188. *Kommersant*, n° 34, 19-26 août 1991.
189. *Komsomolskaïa Pravda*, 24 août. Pour un récit journalistique du « putsch », reprenant la vulgate « démocrate » des événements, v. Ulysse Gosset & Vladimir Fedorovski, *Histoire secrète d'un coup d'État*, Lattès, 1991.
190. *Komsomolskaïa Pravda*, 21 sept. 1991.
191. Général Lobov in *Nezavisimaïa Gazeta*, 3 septembre 1991.
192. *Ibid.*

dispose de données prouvant que l'état-major n'a pas organisé ces opérations[193] ». Yazov lui-même n'est entré dans le GKTchP qu'à contrecœur, si l'on en croit les confidences faites le 21 août au futur maréchal Chapochnikov : « Pavlov et Yanaev sont des vauriens et des ivrognes, ils m'ont entraîné dans ce pétrin, sans qu'on puisse comprendre où ils allaient... » Dans son interrogatoire du 22 août, il renchérit : « Je ne connaissais pas Yanaev, j'ai apporté mon soutien à tout cela sans entrer dans les détails... Je n'étais guère convaincu qu'il faille entreprendre quelque chose. J'avais des doutes[194]. » D'après le témoignage du général Gromov, vice-ministre de l'Intérieur, Pougo n'était guère plus enthousiaste : « Je vins trouver Pougo le matin du 20 et je lui dis que le comité d'État qu'on venait de créer ne mènerait à rien de bon. Il me dit qu'il comprenait que tout cela était illégal[195]... » Plus loin, Gromov a cette formule étrange : « Ma tâche était de bloquer les décisions de Pougo » en empêchant la division Dzerjinski d'entrer à Moscou. Plus étonnant encore, la même prudence caractérise les directives envoyées par le Secrétariat du Comité central aux comités du parti régionaux : « En rapport avec la déclaration de l'état d'urgence, les communistes doivent coopérer avec le GKTchP. Pour l'activité pratique, la Constitution de l'URSS reste en vigueur. Un plénum et d'autres mesures sont prévues dont vous serez informés en temps voulu. » Un peu plus tard, le même jour, le Secrétariat chargera les responsables communistes locaux de tenir les autorités centrales au courant des réactions de la population[196].

Les principaux artisans du putsch l'ont répété à l'envi : personne n'a jamais eu l'idée de s'en prendre au parlement russe ni à Eltsine. Pourtant le matin du 20, le KGB a élaboré un plan d'assaut de la Maison Blanche, ensuite soumis au

193. Général Kobetz in *Argumenty i Fakty*, n° 33, août 1991.
194. *Izvestia*, 10 oct. 1991.
195. Interview du 8 sept. 1991.
196. *Rapport de la Commission d'enquête sur la tentative de coup d'État des 19-21 août 1991*, octobre 1991.

ministère de la Défense et au ministère de l'Intérieur. Gromov prévient le parlement russe de ces préparatifs au milieu de la journée. Mais le soir l'idée est abandonnée, oubliée aussi vite qu'elle avait surgi. Routskoï expédie Bakatine chez Yazov pour le « convaincre de ne pas lancer l'assaut contre la Maison Blanche ». Bakatine va trouver Yazov qui est éberlué : « Vadim Viktorovitch, nous nous connaissons depuis longtemps. Croyez-vous vraiment que je vais lancer les parachutistes contre la Maison Blanche ?... Je vous garantis qu'il n'y aura pas d'assaut. » Bakatine se retire convaincu de la « sincérité » de Yazov et il avise immédiatement Routskoï des résultats de sa démarche[197]. Le même Yazov s'étonnera plus tard : « J'ai du mal à croire que quelqu'un ait pensé qu'on lancerait l'assaut. » Krioutchkov : « Notre GKTchP n'a strictement rien entrepris contre les autorités de Russie. Nous savions que nous n'en avions pas les moyens... On nous téléphonait sans arrêt, on ne parlait que de l'assaut imminent. Je répondais sans relâche : vous pouvez dormir sur vos deux oreilles et renvoyer les gens chez eux... » A en croire le général Podkolzine, commandant des parachutistes, Yazov donne l'exemple : « Lorsque le temps d'agir arriva, Gratchev et moi téléphonâmes à Yazov et à Atchalov pour recevoir une confirmation des ordres, mais on nous dit qu'ils dormaient et qu'ils avaient interdit de les réveiller. Gratchev prit la décision de ne pas donner l'assaut à la Maison Blanche[198]... » Après six heures du soir, Khazboulatov téléphone à Loukianov pour lui demander si un assaut de la Maison Blanche était imminent : « Je lui répondis que les militaires m'avaient garanti qu'il n'en était pas question et je le priai de le répéter à Eltsine et Silaev[199]. » Aucune

197. Il est intéressant de noter que le rapport de la commission d'enquête du parlement russe sur les événements du 19-21 août donne une version totalement différente de cette séquence : à l'en croire, Yazov était encore résolu à lancer l'assaut à 23 heures. Cette variante « disculpe » quelque peu les eltsiniens, mais elle ne « colle » guère aux autres témoignages, et notamment à celui de Bakatine, qui, lui, n'avait aucune raison de mentir sur ce point.

198. *Argumenty i Fakty*, nº 12, mars 1993.

199. A. Loukianov, *Perevorot mnimyi i nastojaščii*, Moscou, 1993.

arrestation n'était prévue dans le gouvernement russe. Pavlov : « Je n'ai rien entendu sur l'envoi de la troupe, sur un assaut de la Maison Blanche... » Ce sont des transfuges dans le camp eltsinien, le général Lebed et le général Gratchev, qui sont à l'origine de la rumeur d'un assaut sur la Maison Blanche dans la nuit du 20 au 21.

Bien mieux, il semble que les chars aient déambulé à Moscou... sur ordre d'Eltsine. Pavlov : « Le 19 août, tout de suite après la première déclaration à la radio sur la proclamation de l'état d'urgence, Boris Eltsine passe un coup de fil au général Gratchev... Gratchev lui a dit qu'il avait reçu l'ordre d'amener la troupe à la limite de la capitale, sans y pénétrer. C'était l'ordre du maréchal Yazov. Nous avions prévu de renforcer la protection du Kremlin, de la Banque centrale, par les forces de police. Rien de plus normal. Gorbatchev l'avait fait plusieurs fois... Il faut dire qu'Eltsine et Gratchev se connaissaient très bien. Alors Eltsine lui demande d'« assurer aussi la protection de la Maison Blanche ». Gratchev promet... C'est comme ça que toute cette histoire a commencé[200]. » Gratchev obéit aux ordres d'Eltsine sans même consulter Yazov[201]. L'affirmation de Pavlov est confirmée par le témoignage fourni par You. Skokov, secrétaire du Conseil de Sécurité jusqu'en mai 1993, lors de l'instruction du procès. Par ailleurs, selon le général Varennikov, c'est le maire de Moscou, G. Popov, qui a exigé le retour du bataillon de troupes spéciales postées autour du Mossoviet, alors que le maire adjoint venait d'en obtenir le retrait après un entretien téléphonique avec le général Kalinine, commandant de la région militaire de Moscou[202].

Seule une volonté de théâtralisation bien suspecte peut expliquer les dispositions sanguinaires de certains eltsiniens à l'issue du pseudo-putsch : le Premier ministre russe Silaev veut fusiller Krioutchkov, le général Kobetz rêve de « commander personnellement le peloton qui fusillera ces

200. *Figaro Magazine*, 30/04/93.
201. V. Pavlov, *Avgust iznutri*, Moscou, 1993.
202. V. Varennikov, *Sudba i Sovest*, Moscou, 1993.

salauds de la junte », le député V. Yarine regrette de n'avoir pu étrangler Yanaev de ses propres mains. On ne peut s'empêcher de penser que les clowns lamentables qui ont déplacé quelques chars sans munitions dans les environs de Moscou entre deux cuites ne méritent « ni cet excès d'honneur, ni cette indignité ».

D'autres faits troublants s'ajoutent à cela. Le 19 au matin, les leaders démocrates se réunissent à la datcha de Eltsine à Arkhangelskoe, alors que celle-ci est encerclée par les commandos des troupes spéciales. On ne saurait rêver de meilleur coup de filet et pourtant nos spetznaz laissent tout ce petit monde revenir à Moscou pour y diriger la résistance et la télévision pourtant soi-disant censurée diffuse largement « le discours du char » prononcé par le président russe. On apprend aussi que Eltsine s'est doté le 19 août d'un état-major de réserve localisé à Sverdlovsk, d'où il envoie des messages dans toute l'URSS. Or il s'agit de la région militaire placée sous le commandement du célèbre général Makachov, le « super-faucon » : pourquoi celui-ci n'a-t-il pas interrompu les communications ? Comment le « gouvernement de réserve » (une vingtaine de personnes) a-t-il tranquillement pu quitter Moscou en pleine « loi martiale » ? Comment a-t-il pu obtenir le bunker anti-atomique dont il a fait son quartier général sans complicités à un niveau très élevé dans la 15e Direction du KGB responsable de ces bunkers ? Un grand nombre d'officiers du GRU ont participé à la défense du parlement russe, le plus notable étant le général Kobets, qui a servi dans le GRU en Mongolie et en Extrême-Orient (*Komsomolskaïa Pravda*, 29 août 1991). Nous avons déjà évoqué le rôle fondamental du vice-président russe Routskoï. C'est après un entretien téléphonique avec Routskoï le 20 août que le métropolite Alexeï sort de sa prudente réserve et condamne les « putschistes ». Les bizarreries de cette affaire semblent littéralement inépuisables lorsqu'on examine les témoignages dans les détails. Par exemple, les proclamations de Eltsine, Khasboulatov et Silaev distribuées dans les entreprises, suscitent le commentaire suivant de l'ex-Premier ministre Pavlov : « Ce document a été rédigé il y a quatre mois, je l'ai eu entre les mains et j'en ai même corrigé le style[203]. »

Il est toujours éclairant d'analyser ce qui se passait au niveau local. A Tcheliabinsk par exemple, les responsables du parti étaient totalement paralysés par l'absence de directives émanant du centre. Cette inaction forcée a été utilisée par les eltsiniens locaux qui en ont profité pour prendre l'initiative et occuper le terrain dans tous les sens du terme. A la demande du chef du KGB russe Ivanenko qui leur enjoint de prendre position, 70 % des sections régionales du KGB font acte d'allégeance à Eltsine dès le 19[204].

Mais le point le plus mystérieux dans cet épisode a longtemps été, comme l'a fait remarquer le journal *Kommersant*, la fin du putsch lui-même : « Le 21 à cinq heures du matin, le général Kalinine donne l'ordre aux troupes de quitter Moscou. Les divisions du KGB qui approchaient de la ville sont stoppées. Pourquoi ?... La situation était pourtant contrôlée par le GKTchP et n'avait rien de désespéré pour l'instant. Le pays avait mis du temps à condamner le putsch et il ne l'avait pas fait à l'unanimité, l'appel à la grève lancé par Eltsine n'avait pratiquement pas été suivi[205]... Pourquoi les putschistes se sont-ils rendus ? Le plus probable est que ces hommes d'État aient obéi à un ordre. Mais qui avait donné cet ordre ? » L'ordre émanait de Yazov qui avait convoqué Kalinine et Gratchev à dix heures du matin pour leur enjoindre de lever le couvre-feu. La décision avait été prise par le collège du ministère de la Défense à huit heures. Et pourtant, selon Krioutchkov : « La réaction de la population a été ambiguë. Le premier mouvement a été la confiance, l'espérance renouvelée... quatre mines ont fait grève... Le pays a réagi beaucoup plus calme-

203. Sténogramme de la session du Cabinet des ministres du 19 août 1991, in *Nezavisimaïa Gazeta*, 31 août 1991.

204. *Rapport de la Commission d'enquête sur la tentative de coup d'État des 19-21 août 1991*, octobre 1991, février 1992.

205. Un témoin américain a noté : « Il y a eu beaucoup plus de complicité et de consentement tacite au putsch qu'on ne le pense d'ordinaire. » V. James Billington in *The New York Times*, 30/08/91.

ment que nous ne l'imaginions... » Yazov rejoint ces interrogations : « Comment peut-on appeler cela un coup d'État ? Nous avons dit à Yanaev : "C'est une plaisanterie, n'est-il pas vrai ?"[206] » Et il dresse un bilan amer : « Heureusement qu'il n'y avait pas de plan et que tout s'est terminé par un fiasco... Il y a cinquante ans que je sers dans nos Forces armées et comme un vieux crétin je me suis laissé embarquer dans cette aventure[207]... »

Quels sont les indices laissant penser que les « démocrates » étaient au courant du coup qui se préparait ? L'abandon du PC par un Chevarnadzé et un Yakovlev le 16 août, une semaine avant que celui-ci ne soit sabordé n'est sûrement pas un hasard. Et il ne s'agit pas de cas isolés : en Lituanie, un des communistes les plus redoutables de la fraction « nationale » Brazauskas, J. Paleckis, rend sa carte le 16 août. Paleckis est très lié à Chevarnadzé. Au même moment, l'ancien ministre de l'Intérieur et le futur chef du KGB, V. Bakatine, adhère au Mouvement pour les Réformes démocratiques. Curieusement, c'est aussi le 16 août que le KGB reçoit un memorandum secret signé Krioutchkov ordonnant aux officiers de commencer à détruire tous les documents « sensibles ». Krioutchkov est-il à l'origine de ce document et dans ce cas doutait-il à ce point de son entreprise, au contraire de ce que laissent penser tous les témoignages, qui font de Krioutchkov le seul putschiste ayant le moral ? N'était-ce pas plutôt un ordre émanant des « démocrates » du KGB préparant l'immersion prochaine des organes dans la clandestinité ? Nous savons aujourd'hui que les démocrates étaient prévenus du putsch

206. Interrogatoire du 22 août. Yazov raconte qu'une des mauvaises surprises pour les conjurés a été la découverte que Moscou ne disposait pas de réserves alimentaires. Chtcherbakov les prévient qu'au bout de quelques jours « nous hurlerons comme des loups » faute de crédits occidentaux.

207. Krioutchkov se livrera à un mea culpa similaire immédiatement après le putsch raté dans une lettre à Gorbatchev : « Respecté Mikhaïl Sergueievitch ! Je suis constamment tourmenté par un immense sentiment de honte... » V. *Komsmolskaïa Pravda*, 22/05/93. Un an plus tard, les conjurés se montreront beaucoup plus farauds.

imminent par une taupe du KGB ralliée aux eltsiniens[208]. D'ailleurs, le KGB eltsinien et le KGB fédéral voisinent paisiblement dans l'immeuble de la Loubianka, et durant les « Trois glorieuses » cette tranquille cohabitation n'est nullement perturbée — tout comme dans l'immeuble du Comité central — putschistes et anti-putschistes se rencontrent dans les ascenseurs et devisent ensemble comme à l'accoutumée. Gorbatchéviens et « conjurés » se côtoient partout dans les immeubles gouvernementaux. Alexandre Yakovlev sert aimablement d'intermédiaire, informé par son réseau des mouvements des putschistes et relayant tout cela à Eltsine. Arcadi Volski partage une datcha avec le conjuré Baklanov. Au moment du dénouement, lorsque conjurés et démocrates s'envolent vers la Crimée pour venir trouver Gorbatchev, on ne sait toujours pas bien qui est traqué, qui est le persécuteur.

A lire les témoignages on a l'impression que le putsch a en quelque sorte été une affaire de famille, un spectacle combiné d'avance où les rôles ont été répartis au préalable. Interrogé par un journaliste sur le comportement d'Eltsine durant les jours fatidiques, un proche de Gorbatchev, G. Shakhnazarov, déclare : « Il a été formidable et **il a fait tout ce que nous attendions de lui**[209]. »

Il est donc difficile d'échapper à l'impression que le putsch comporte des éléments de provocation. L'écheveau ne se débrouille que partiellement à cause du foisonnement des acteurs et de leurs aspirations contraires. Le putsch a résulté de calculs compliqués et de raisonnements à courte vue, d'impulsions aveugles, d'improvisations soufflées par l'affolement ou par le calcul, et de manipulations machiavéliques. Les initiateurs visibles, ceux qui se sont ensuite retrouvés incarcérés à la prison de Matrosskaïa Tichina, ont sans doute agi au premier degré, se croyant soutenus par Gorbatchev et convaincus de sauver le pays. N'oublions pas qu'au moins trois d'entre eux, Krioutchkov, Baklanov et

208. Gosset & Fedorovski, 1991.
209. *Argumenty i Fakty*, n° 33, août 1991.

Boldine étaient persuadés que Gorbatchev était l'instrument docile d'Alexandre Yakovlev, « agent d'influence » de la CIA selon le chef du KGB. Mais on les a laissés faire, et on a sans nul doute attisé leurs fantasmes, pour les inciter à se jeter dans l'aventure. Le premier jour du putsch, Krioutchkov explique à ses complices qu'un coup d'État se prépare à Moscou et que ses agents ont interpellé des hommes portant des listes de dirigeants à arrêter et même à exécuter ; à ses collègues du KGB, il fait état d'une insurrection armée des démocrates, prévoyant le massacre des communistes, devant avoir lieu le 20 août[210]. Pavlov mentionne ces informations à Chtcherbakov, affirmant qu'elles proviennent de « la direction du KGB ». Quelques jours auparavant, Krioutchkov avait prévenu Gorbatchev qu'immédiatement après la signature du traité de l'Union prévue pour le 20 août, Eltsine adopterait une série de décrets rognant les prérogatives du pouvoir central. Il n'y a aucune raison de penser que le responsable du KGB ait voulu tromper ses collègues ou son chef. Ce détail explique peut-être en revanche le mécanisme du putsch : les véritables instigateurs ont joué sur la paranoïa de Krioutchkov et de Pavlov qui s'était déjà manifestée auparavant, peut-être sur celle de Gorbatchev. Ils ont pratiqué une véritable « intox », ce qui n'était guère difficile : aucun dirigeant soviétique n'a le sens du réel. Krioutchkov a agi en croyant sérieusement qu'il se bornait à prévenir une révolution. L'hypothèse de l'« intox » est prise au sérieux par Loukianov : « Cette information alarmiste pouvait avoir été fabriquée, puis "avalée" et répercutée par les organes[211]... » A force de brandir des menaces d'apocalypse pour inciter l'Occident à « aider la perestroïka », le KGB s'est pris à son propre jeu et a faussé les perceptions de son chef et de toute la direction politique soviétique.

Décrivant les motivations diverses des principaux acteurs de ces journées des dupes, Pavlov écrit : « Le 19 août, je

210. L'épisode des listes resservira du côté démocrate : là aussi on fait état de listes noires établies par les putschistes, chacun s'enorgueillissant d'y figurer. Ces listes n'ont jamais été trouvées.

211. A. Loukianov, *Perevorot mnimyi i nastojaščii*, Moscou, 1993.

compris que Gorbatchev avait décidé d'utiliser notre patriotisme pour se débarrasser d'Eltsine en se servant de nous comme instruments de ses desseins et en nous poussant à verser le sang. Ensuite, le président de l'URSS aurait châtié les coupables du sang versé. Le résultat aurait été un pays en ruines plongé dans l'anarchie, sur lequel il aurait régné, ayant expédié ses adversaires en prison ou dans l'autre monde. Eltsine, j'en suis persuadé, connaissait ce scénario et il avait préparé son irruption sur la scène. Il avait, lui aussi, décidé de nous utiliser, modifiant à son profit le scénario de Gorbatchev. Il résolut de se servir de nous pour éliminer Gorbatchev, et ensuite, ayant organisé un massacre, de se débarrasser de nous... Heureusement pour nous et pour le pays, au dernier moment nous avons vu le piège[212]. » Ces réflexions de Pavlov expliquent le point le plus bizarre de toute l'affaire : la brusque démoralisation des conjurés : « Car croyez-moi, nous étions assez intelligents et assez compétents pour organiser un coup d'État dans les règles. »

On peut avancer quelques hypothèses sur les motifs incitant le « parti extérieur » à souhaiter ce coup de théâtre. La situation politique était si bloquée que seul un événement exceptionnel semblait pouvoir la dénouer. Il fallait achever de compromettre Gorbatchev aux yeux de l'opinion pour préparer son élimination de la scène politique (on se souvient de la petite phrase assassine de Chevarnadzé au lendemain du putsch : « Je veux croire que, dans ce complot, Gorbatchev est la victime et non l'instigateur... ») tout en conférant à Eltsine la carrure d'homme politique que les gorbolâtres occidentaux impénitents s'obstinaient à lui refuser. Accessoirement, il fallait convaincre l'Occident de plus en plus réticent que son aide n'irait plus renforcer le complexe militaro-industriel soviétique[213]. Surtout, il fallait

212. V. Pavlov, *Avgust iznutri*, Moscou, 1993.

213. D'où l'insistance mise par certains comme le général Kobetz à faire du complexe militaro-industriel incarné par Baklanov l'initiateur réel du putsch et à présenter l'échec du « coup d'État » comme une défaite définitive de la nomenklatura du complexe militaro-industriel. Cependant l'ex-vice-Premier ministre Chtcherbakov nie que Baklanov ait joué un rôle quelconque dans le putsch. C'est selon lui « un zéro complet » (*Radio Moscou*, 10 sept. 1991).

remettre la Russie à la tête du mouvement démocratique de l'URSS, en faire la pionnière de la décommunisation, afin que le leadership révolutionnaire régénère l'organisation impériale comme en 1918-22[214]. Il fallait conférer une légitimité populaire aux démocrates compromis par leur appartenance passée à l'ancien régime. N'oublions pas non plus la question du partage des biens du PCUS : le clan Eltsine voyait avec inquiétude la vieille garde et les gorbatchéviens transférer les avoirs du PCUS dans des banques occidentales — on peut dire que la seule tâche à laquelle les eltsiniens se sont attelés avec persévérance une fois qu'ils se sont retrouvés maîtres du champ de bataille a été la tentative de mettre la main sur les avoirs précédemment « privatisés » par l'ancienne équipe.

De tous ces objectifs, seul le premier est atteint — d'autant plus que Gorbatchev, toujours en proie à son aveuglement suicidaire[215], se hâte d'annoncer dès son retour de Foros qu'il « se battra jusqu'au bout » pour le renouveau du PCUS et procède à deux nominations désastreuses : l'ambigu Moïsseev à la Défense et le « faucon » Chebarchine au KGB. Eltsine le forcera de revenir sur ces choix au bout de quelques heures. V. Bakatine sera chargé de « réformer » le KGB. Dans la nuit du 22 août, la statue de Dzerjinski est déboulonnée par une foule enthousiaste. Le 23, Eltsine interdit le parti communiste. L'occasion est propice aux règlements de compte : tous les ambitieux souhaitant se débarrasser de leurs supérieurs hiérarchiques y vont de leur délation, l'accusation de « soutien aux putschistes » est

214. L'écrivain Fazil Iskander a naïvement exprimé cet espoir : « Durant des années Moscou était le centre de la démence rouge. Dès que les peuples de notre pays comprendront que Moscou est devenu le centre de la liberté, ils s'uniront à elle volontairement. C'est inévitable. » V. *Nouvelles de Moscou*, n° 39, sept. 1991.

215. Il confiera à son arrivée à Moscou : « Les événements nous ont l'un et l'autre renforcés (Eltsine et Gorbatchev). Nous allons désormais pouvoir collaborer étroitement. » Même après la session du 23 au Parlement, lorsque Eltsine l'humilie cruellement en le forçant à lire le compte rendu d'une séance du Conseil des ministres, le 19 août, montrant que presque tous les ministres se sont déclarés en faveur du complot, Gorbatchev continue de rêver : « Eltsine, après avoir montré les dents, va maintenant coopérer. »

synonyme de mise à l'écart. Le 24, Gorbatchev se résout à démissionner de son poste de secrétaire général du PCUS, non sans peine : il faut les efforts conjugués d'A. Yakovlev, de G. Chakhnazarov et de V. Bakatine pour réussir à emporter sa décision : « il le fera à contre-cœur », raconte Bakatine. Le 27 août, Gorbatchev a l'imprudence de déclarer devant le Soviet suprême qu'il démissionnerait si l'URSS était démantelée. Désormais il est en sursis. Pendant que Gorbatchev se dépense en intarissables discours et bat le rappel de ses admirateurs occidentaux[216], les événements se précipitent : le 5 septembre, le Congrès de l'URSS, cet « âne à deux têtes », ce « Congrès pusillanime », selon le mot d'A. Gratchev, qui a eu peur de tout, des dirigeants, du peuple, des chars, de Sakharov, de la stagnation, de la réforme, se dissout sans gloire. Le lendemain, l'indépendance des États baltes est reconnue. Le traité d'union économique concocté par Yavlinski se dérobe comme un mirage chaque fois qu'on semble s'en approcher[217] ; le traité d'union politique, auquel Gorbatchev travaille fiévreusement, éclate comme une bulle de savon. Voyant la Russie phagocyter à toute allure les organismes de l'URSS, les dirigeants des républiques prennent peur. Le président ukrainien joue « le rôle de Méphistophélès » (expression de Bakatine), il fait capoter toutes les tentatives de réanimer le centre. L'aide occidentale, le miracle dont Gorbatchev attendait tout, se traduit de manière toute gorbatchévienne : elle consiste en bonnes paroles et en longs discours. Le dénouement tombe comme un couperet : le 8 décembre, les trois présidents des républiques slaves réunis en Biélorussie prononcent la mort de l'URSS. Ce coup de théâtre résulte d'une improvisation[218], que le président russe justifiera

216. Gratchev rapporte comment Felipe Gonzales essaie de « souffler en Mikhaïl la volonté politique ». « Il avait des réflexions saines, logiques, européennes. Comment pouvait-il savoir que derrière les épaules de Gorbatchev se dressait une autre réalité irrationnelle, celle d'un pays cabré, d'un peuple irrité et d'hommes politiques scélérats. »

217. Il sera ratifié sans lendemain le 18 octobre.

218. Le 18 octobre 1991, Eltsine déclarait : « La Russie ne prendra jamais l'initiative du démantèlement de l'URSS. » Cf. *Rossiiskaïa Gazeta*, 23/06/93.

plus tard par le souci de retenir l'Ukraine. En fait il s'agissait surtout de se débarrasser de Gorbatchev. C'est ainsi que fut « balayé du pont du navire, comme un torchon oublié par le mousse[219] », le dernier des secrétaires généraux, « qui n'avait pas d'égal en médiocrité et en don d'échouer sur tous les tableaux, dont l'honnêteté personnelle prêtait au doute, et dont on se demandait même avec angoisse : est-il intelligent[220] ? »

On peut dire qu'en Russie le régime communiste et l'empire soviétique sont morts en résultat des mécanismes inscrits dans le parti bolchevik dès sa naissance. Ce parti s'est formé par des scissions successives : à la différence des autres formations politiques, il n'a jamais reconnu le compromis ni la coalition (sinon comme un moyen de détruire l'adversaire). Tant que le parti bolchevik se trouvait dans l'opposition, cette particularité lui vaut de surpasser ses rivaux en discipline et en cohésion. Lorsqu'il prend le pouvoir et phagocyte les structures de l'État, son « code génétique » devient une bombe à retardement. Le parti constituant la seule ossature du monde communiste, chaque crise de succession s'est traduite par des secousses profondes dans l'État, l'empire et le mouvement communiste international. La rivalité Trotski/Staline déstabilise le Komintern. Le conflit Béria/Malenkov/Khrouchtchev se traduit par l'insurrection de Berlin en juin 1953. La déstalinisation utilisée par Khrouchtchev pour neutraliser la vieille garde ébranle les démocraties populaires. Les campagnes contre le « nationalisme ukrainien » auxquelles a recours le clan anti-Brejnev gravitant autour d'Andropov (la « mafia » brejnévienne étant surtout d'origine ukrainienne) auront pour effet d'ouvrir une

Début novembre, Eltsine avait consenti à maintenir des structures centrales de l'Union pour gérer l'armée et les affaires étrangères.

219. V. Varennikov, 1993.

220. Alexandre Terekhov in *Stolitsa*, n° 17, avr. 1993.

brèche dans l'empire soviétique. A chaque succession on se rapproche du cœur du système : en 1991, lors de la rivalité Gorbatchev/Eltsine, le cœur est atteint. Le putsch manqué d'août 1991 a révélé d'une autre manière ce que montraient déjà la frénésie gorbatchévienne à collectionner les « pouvoirs extraordinaires » et les attentes de « coup d'État » : on s'aperçoit que le Parti une fois hors jeu, il n'y a pas d'État en URSS, il n'y a plus de pouvoir à prendre. Il n'y a plus qu'un immense flottement au sommet. La chute du communisme et l'effondrement de la fédération soviétique résultent d'un mécanisme classique de lutte pour le pouvoir dans la pratique bolchevique[221]. Dans un sens, toute la perestroïka peut être réduite à la volonté de Gorbatchev de transformer le pouvoir nominal acquis en mars 1985 en pouvoir réel, exactement comme l'avaient fait avant lui Staline, Khrouchtchev et Brejnev : dans le système communiste, la prise de pouvoir réelle a toujours eu lieu **après** l'accession au poste de premier secrétaire (seul Andropov détenait le pouvoir réel avant d'accéder au pouvoir nominal)[222]. De là les équivoques de l'après-PCUS et le malaise post-communiste : on sent qu'il n'y a pas eu de révolution, en dépit de la geste révolutionnaire des journées d'août. Il y a eu destruction de l'enveloppe extérieure du PCUS, de l'idéologie léniniste, mais non du mode de fonctionnement bolchevik. L'interdiction du PCUS prononcée par Eltsine inaugure l'ère des « secrétaires adjoints, encore plus ignorants et plus incompétents que leurs prédécesseurs », comme le

221. Les péripéties de cette lutte sont décrites dans le livre d'A. Gratchev déjà cité. Parlant de Gorbatchev en octobre 1991, il écrit : « Il ne parvenait pas à croire que la nouvelle bureaucratie russe, affamée de pouvoir, était prête, pour parvenir à ses fins, à réveiller le volcan du nationalisme des républiques, ce qui, en fin de compte, provoquerait une tragédie pour la Russie elle-même. » L'analogie implicite avec l'utilisation léniniste du sentiment national des allogènes pour liquider l'empire des tsars est évidente ici : « L'URSS une fois détruite, sans doute Bourboulis comptait-il pouvoir regrouper à nouveau l'empire autour de la Russie. »

222. Cet aspect est fort bien analysé dans le livre déjà cité de l'ex-Premier ministre, V. Pavlov.

dit méchamment A. Gratchev, un représentant typique de cette aristocratie communiste moscovite, chic et cosmopolite, détrônée par les roturiers provinciaux eltsiniens après le coup de Minsk.

III

Le post-communisme : une certaine difficulté d'être

> « On peut imaginer que tout cet immense appareil s'effondre du jour au lendemain, à la suite d'un seul événement ; il n'en resterait qu'une masse informe, un amas de débris dont aucun ne pourrait exister par lui-même. »
> « Tourner le dos à la révolution et raffermir l'État sont des tâches qui, dans leur essence, relèvent de l'ordre moral et non pas de la politique ».
>
> H. Rauschning,
> *La révolution du nihilisme*

> « La démocratie, poussée dans ses dernières limites, nuit au progrès de l'art de gouverner... Elle convient mieux à un peuple dont l'éducation administrative est déjà faite, qu'à un peuple novice dans l'expérience des affaires. »
>
> Tocqueville,
> *De la Démocratie en Amérique*

Dans tous les pays du bloc communiste, le régime est tombé à la suite d'une provocation policière : affaire de Timisoara en Roumanie, affaire du pseudo-étudiant « mort » en Tchécoslovaquie, etc. Ce fait serait anecdotique, s'il n'entraînait une conséquence très grave pour l'avenir : une crise de légitimité des régimes qui s'installeront sur les ruines du pouvoir communiste. Ces louches révolutions jetteront une ombre sur les successeurs du parti communiste, ombre qui ne cessera de s'allonger au fur et à mesure que se dissipera l'euphorie du début et que s'accumuleront les difficultés du post-communisme. Même quand des dissidents occuperont les fonctions les plus élevées des nouveaux États, on n'arrivera pas à oublier que le pouvoir n'a pas été arraché aux communistes par l'opposition, mais qu'il a été négligemment abandonné par ceux-ci à des hommes qui ont consenti à devenir des partenaires. Dans les pays est-européens et plus encore dans les ex-républiques soviétiques tout à la joie de l'indépendance, la tâche de construire un État a occulté pour un temps la crise de légitimité. En Russie elle éclate presque immédiatement, dès qu'est mise en cause l'authenticité du putsch. Tout le malaise post-communiste découle de ce sentiment d'avoir remporté une victoire trop facile, imméritée en quelque sorte. Il tient aussi à l'effondrement d'une illusion partagée à l'Est et à l'Ouest : dès que le parti communiste serait éliminé de la scène, pensait-on, la démocratie et le marché allaient s'instaurer de manière naturelle, et avec elles viendrait l'abondance. Tous avaient sous-estimé les dégâts causés par le communisme — dégâts matériels, et surtout dégâts psychologiques et moraux. Pendant la brève période d'exaltation révolutionnaire on avait pu croire que les vices inculqués par le système socialiste s'étaient résorbés comme par une sorte de grâce subite. Les manifestants rassemblés pour déboulonner les statues de Lénine et arracher les drapeaux rouges étaient bienveillants à l'égard de chacun, spontanément généreux. Lorsqu'on dut s'installer dans l'ordre (ou le désordre) post-communiste, on s'aperçut que les défauts de l'*homo sovieticus* étaient loin d'avoir disparu. Bien plus, privés de la justification du système politique existant et de la routine née de l'ordre soviétique, ils devinrent criants.

Les Occidentaux ont coutume de penser les problèmes du post-communisme à travers le prisme de la réforme économique, comme si avec la disparition du parti la question politique avait cessé de se poser. Or les difficultés traversées par les États post-communistes sont avant tout d'ordre politique, et se focaliser sur la réforme économique revient à se condamner à ne pas comprendre les causes de ces difficultés. L'approche technocratique préconisée par les Occidentaux, leur ignorance des circonstances réelles du monde ex-communiste sont devenues un problème supplémentaire pour les Européens de l'Est. La faiblesse de nos analyses se répercute immédiatement sur la politique adoptée dans les États post-communistes. Les erreurs commises par l'Allemagne de l'Ouest à l'égard de l'ex-RDA sont typiques à cet égard. Aussi devons-nous sonder courageusement les plaies dont souffrent les populations qui ont été victimes du socialisme, sans craindre d'avoir à affronter des réalités angoissantes pour notre confort intellectuel, ni de nous laisser entraîner dans des réflexions étrangères à notre conscience moderne.

Nous allons tenter de cerner ici quelques-uns des problèmes posés par le passage du totalitarisme à la démocratie, problèmes à la fois pratiques (pourquoi les institutions démocratiques ne « prennent »-elles pas véritablement dans les pays ex-communistes ? pourquoi semblent-elles patiner à vide ?) et théoriques (le passage aisé du totalitarisme à l'Etat démocratique n'est-il pas l'indice d'une affinité entre ces deux régimes ? La crise des sociétés post-communistes, qui sont à certains égards de pures démocraties, ne nous apprend-elle pas quelque chose sur ce qui menace nos régimes démocratiques occidentaux ? Au lieu de penser notre système démocratique comme un modèle mal imité à l'Est, ne faudrait-il pas nous demander ce que nous pouvons apprendre sur nous-mêmes en contemplant notre reflet dans le miroir que nous tendent les sociétés post-soviétiques ?). Avant de décrire les symptômes de la crise des institutions, il faut distinguer les facteurs déterminants dans les configurations politiques et sociales qui émanent directement de l'expérience totalitaire passée.

1. LE LEGS DU COMMUNISME

« Là où la justice est absente, que sont les royaumes sinon de grandes bandes de brigands ? Et que sont réellement de telles bandes sinon des royaumes rudimentaires ?"

Saint Augustin,
Cité de Dieu

La misanthropie

Les sujets de l'empire communiste ont été éduqués dans la haine d'autrui (l'« ennemi de classe »). On ne se débarrasse pas du jour au lendemain de ce sentiment renforcé par de longues années de propagande et surtout de pratique socialistes. Les origines de cette misanthropie ne doivent pas être cherchées seulement dans les idéaux de « lutte de classes » marxistes, dans la systématique propédeutique orwellienne de l'opposition « eux »/« nous ». La misanthropie communiste et post-communiste n'est pas doctrinale, elle est avant tout existentielle : l'évaporation de l'idéologie ne l'a donc pas fait disparaître. Elle se caractérise par une vision absolument noire du genre humain. Les pires motivations sont toujours soupçonnées, on prête à autrui les instincts les plus vils.

Cette disposition s'explique par deux causes. Le citoyen d'un pays communiste a presque toujours quelque chose à se reprocher : une défaillance devant les organes, des combines peu reluisantes pour obtenir quelque avantage matériel, la participation au mensonge, la non-assistance à la victime d'une persécution, etc. Sa faute n'est supportable que dans l'abaissement général — s'il arrive à se convaincre que les autres sont encore pires que lui. Hélas, les occasions de parvenir à cette conclusion ne manquent pas : le système communiste a méthodiquement monté en épingle et cultivé les passions et les actions les plus basses, l'envie, la trahison, la fausseté, l'hypocrisie, la rapacité, la lâcheté.

La deuxième cause de la misanthropie communiste est liée au système de redistribution socialiste : l'État répartit des biens en déficit, et chacun perçoit l'autre comme un rival prêt à tout dans l'obtention du butin. Le dispositif de subvention universelle caractéristique du socialisme avancé fait de l'homme un loup pour l'homme. Les pires flambées de misanthropie post-communiste ont eu lieu en ex-RDA, parce que l'Allemagne fédérale a prolongé le mode d'existence socialiste dans cette région en y distribuant des subventions et des allocations de toutes sortes : rien d'étonnant donc à ce que les étrangers aient été perçus comme des concurrents dangereux capables de détourner une partie de la manne venue d'en haut.

La haine de soi vit au fond de chaque *homo sovieticus* et *post-sovieticus*, haine de soi qui se traduit par le désir de tuer son semblable ou de l'humilier. Le sadisme imprégnait la société soviétique de part en part, du Goulag au magasin de quartier[1].

Cette misanthropie ne se traduit pas seulement par les violences à l'égard des hommes et le vandalisme à l'égard des objets, les explosions de barbarie auxquelles nous avons assisté dans l'ex-Yougoslavie, dans la Géorgie de Chevarnadzé, au Karabakh ou au Tadjikistan, dans les massacres d'octobre 1993 à Moscou. Elle a des implications politiques aussi graves. Si tous les hommes sont également corrompus et méprisables, pourquoi se déranger pour aller voter ? Si le bien public, le patriotisme, les lois ne sont qu'hypocrisie, pourquoi s'en préoccuper ? Si un mensonge en remplace un autre, à quoi bon s'intéresser aux discours des uns et des autres ? Après le sursaut révolutionnaire des années 1989-1990, les sociétés post-communistes replongent dans leur apolitisme d'autrefois. Certaines régions (Slovaquie, Roumanie, Lituanie...) laissent élire des néo-communistes avérés — non par retour de flamme pour le marxisme-léninisme, mais par indifférence et découragement. La presse contrôlée par la néo-nomenklatura économico-tchékiste, ne

1. V.M. Globačev in *Druzba Narodov*, n° 1, 1993.

se livre plus à la moindre propagande socialiste : elle se contente d'attiser la misanthropie existante et d'encourager l'apathie, en discréditant au maximum toutes les institutions ; elle s'attarde longuement sur toutes les datchas, toutes les voitures de fonction, les voyages à l'étranger que se font attribuer les nouveaux dirigeants ; elle dépeint avec délices toutes les noirceurs commises. Cette presse constitue la quasi-totalité de ce qu'on peut lire dans l'ex-URSS en matière de quotidiens. A l'exception de quelques journaux russes, on trouve peu d'analyses et peu d'informations sur le monde extérieur. Le calcul de la nouvelle nomenklatura est simple : si les citoyens se désintéressent des affaires publiques, le pouvoir restera dans les mêmes mains qu'autrefois et la société ne cherchera même pas à contrôler ses dirigeants. Le dégoût du politique, aspect particulier d'une misanthropie généralisée, est l'obstacle le plus sérieux à la décommunisation. Toute organisation est considérée comme potentiellement néfaste. Tout individu actif, tout leader est soupçonné de motifs inavouables : soif de pouvoir, carriérisme, collaboration avec les organes, volonté de s'enrichir avec les devises occidentales. Si, comme le pensent Montesquieu et Rousseau, la vertu est « le ressort » de la démocratie, on comprend pourquoi l'organisation politique des États post-communistes prend des formes si absurdes ou si monstrueuses : régime purement rationnel, la démocratie peut s'établir dans un pays qui n'a pas de traditions démocratiques. Contrairement à une opinion répandue, ce n'est pas l'absence de ces traditions qui rend le fonctionnement démocratique difficile, en Russie par exemple. Ce qui mine la démocratie, c'est la conviction ancrée chez tous que l'homme rendu à la liberté est livré à ses penchants les plus vils, que liberté équivaut à licence, que « marché libre » veut dire « trafic des biens volés ». Conviction que l'observation des événements ne fait malheureusement que confirmer. « Parce que les hommes sont méchants, la loi est obligée de les supposer meilleurs qu'ils ne sont », écrit Montesquieu. Dans l'état communiste et post-communiste, la noirceur humaine semble si illimitée que toute construction juridique est assimilée à une pure fiction, sans point d'application à la réalité. La vision pessimiste de Machiavel paraît plus adaptée : « Quiconque veut fonder un État et lui donner des lois doit supposer d'avance les hommes méchants, et toujours prêts à montrer leur méchanceté toutes les fois qu'ils en trouveront l'occasion. » Mais toutes les conceptions politiques des dirigeants post-communistes sont empruntées à l'Occident, et l'inadaptation de ce bagage, si elle est souvent ressentie, n'a jamais été articulée en termes rationnels. Le discours démocratique post-communiste est donc empreint d'un angélisme de moins en moins crédible, de plus en plus dérisoire, à mesure que les pratiques de truands de ceux qui en font étalage parviennent à la connaissance de l'opinion publique.

Le problème de la légitimité ; la codification de l'arbitraire

La misanthropie évoquée plus haut est aussi l'une des causes expliquant pourquoi tous les régimes post-communistes sont affectés d'un problème de légitimité. Le pouvoir est présenté comme émanant du peuple : mais cette légitimation était aussi celle invoquée par l'État/Parti totalitaire, que la propagande affirmait « représenter le peuple tout entier ». Or aux yeux de ceux qui ont grandi sous le communisme, qui pensent, comme nous l'avons vu, que tous les hommes sont des criminels en puissance, l'État n'est rien d'autre que l'incarnation de la force. Ils rejoignent le Thrasymaque de Platon, pour lequel « ce qui est avantageux pour le fort est toujours juste ». Et cette force est nécessaire, étant donné la méchanceté du genre humain : la vision absolument pessimiste d'autrui débouche sur une représentation de l'État dont l'essence est la force et non la justice[2]. L'État bolchevik, qui se référait formellement à la « souveraineté populaire », cherchait en réalité à étayer sa légitimité sur la

2. V.A. Passerin d'Entrèves, *La notion d'État*, Sirey, 1969.

représentation d'une « volonté générale » soudée par la poursuite d'un objectif commun : la construction du socialisme. Dès que cette poursuite d'objectifs communs prend fin, l'État perd sa raison d'être et sa vigueur, Gorbatchev puis Eltsine le sentiront qui ne cesseront d'exhorter à la « consolidation ». Le recours à la « souveraineté populaire », dans lequel le citoyen du monde communiste a pris l'habitude de voir une hypocrisie, ne suffit pas à apporter une légitimité au régime post-communiste. Pour l'*homo post-sovieticus*, toute association politique, que ce soit à l'échelle de l'État ou à celle d'un parti, équivaut à une organisation de brigands. Lorsque, fatigué de l'anarchie et du chaos, il essaie de reconstruire l'État, il s'efforce de trouver un lieu de convergence des volontés des citoyens, et donc de chercher un projet rendant cette convergence possible, ou de le fonder sur une personnalité charismatique ; les notions cicéroniennes de justice (« acquiescement au droit ») et d'utilité (« communauté des intérêts »), fondamentales en Occident, sont oubliées. Aucun de ces expédients ne permet de pallier la carence essentielle héritée de l'ordre totalitaire, la carence en droit. Celle-ci présente les symptômes suivants :

— les lois ne sont pas véritablement des lois (elles ne sont pas prescriptives, elles ne sont pas impartialement appliquées, elles sont confuses ou ambiguës dans leur formulation) ;

— les lois ne sont pas appliquées ;

— les lois ne sont pas appliquées à certaines catégories de transgresseurs (l'État/Parti et ses représentants) ;

— les lois sont appliquées à ceux qui ne les transgressent pas ;

— le droit ne s'étend qu'à des domaines étroits de l'existence sociale (les systèmes totalitaires ignorent pratiquement le droit civil, le droit administratif, commercial, etc.)[3]. Dans les sociétés totalitaires, les conflits ne peuvent pas être résolus par le droit, seuls comptent les rapports de force.

3. V.R. Scruton, *op. cit.*

Malgré la proclamation officielle de l'« État de droit », tous ces symptômes se feront cruellement ressentir dans les régimes post-totalitaires. D'autant plus que l'ordre communiste une fois détruit, le citoyen prend sa revanche : « Il se plaît à braver la loi comme un ennemi vaincu, dès que la force se retire », pour reprendre la belle expression de Tocqueville.

Le caractère des élites

La première victime du triomphe des démocrates en Russie fut l'intelligentsia. Autant celle-ci était adulée dans les années 60-70, autant elle est décriée au réveil de l'ivresse révolutionnaire d'août 1991. La faillite de la perestroïka lui est imputée : « Ce sont les années de feu la perestroïka qui ont donné la possibilité d'observer l'intelligentsia non dans ses paroles, mais dans ses actes... L'intelligentsia est un mouvement, en d'autres termes, un parti informe... L'intelligentsia est la malédiction de la Russie[4]. »

On lui fait grief de l'amertume du post-communisme. Il est vrai que la physionomie du post-communisme est déterminée par les traits de l'ancienne intelligentsia communiste. Même si la nomenklatura conserve la plupart des leviers du pouvoir, elle a changé de ramage et de plumage : ceux-ci sont empruntés à l'intelligentsia des années 60, aux deux courants qui la traversent : le courant libéral et le courant dissident. Et les failles intimes qui fragilisaient alors cette intelligentsia continuent aujourd'hui de traverser le paysage post-soviétique. Une réflexion sur les difficultés du post-communisme ne peut faire l'économie d'un retour en arrière sur la question encore mal explorée des rapports entre le régime communiste et l'intelligentsia.

Le régime bolchevik est un régime d'intellectuels. Ses relations avec l'intelligentsia sont beaucoup plus équivoques que celle-ci ne les a dépeints. On se représente

4. *PR*, 28/02/92.

communément les liens entre les intellectuels et le pouvoir bolchevik sur le modèle du loup et de l'agneau. Les choses n'ont jamais été si simples. Un critique russe en fait le constat amer aujourd'hui : « Le régime soviétique protégeait la littérature... Sans le PCUS et le Comité central l'écrivain soviétique s'est retrouvé démotivé... C'est triste et comique à dire, mais on peut affirmer que tous les écrivains soviétiques (ceux qui servaient le régime et ceux qui s'opposaient à lui) écrivaient pour un lecteur — le Comité central[5]. »

« C'est l'intelligentsia elle-même qui s'est détruite », écrit Nadejda Mandelstam dans ses *Mémoires*. La perestroïka a été la dernière étape de cette destruction. Les intellectuels communistes, qui s'étaient formés dans un climat de fronde, dont toute l'attitude existentielle se résumait, face au régime, en une opposition de gamin espiègle à l'égard de parents autoritaires, ces intellectuels se sont trouvés propulsés dans des lieux de pouvoir (parlements et Conseils présidentiels) alors que leur adversaire et leur repère de toujours, le PCUS, s'était volontairement escamoté. La corruption morale de l'intelligentsia libérale, les insuffisances intellectuelles de la dissidence se sont combinées dans les élites politiques de l'après-communisme, contribuant à la désillusion des populations qui avaient souvent voté avec un immense espoir pour les jeunes démocrates hardis bardés de diplômes, prompts à pourfendre les apparatchiks. Les « intelligenty » libéraux déblatéraient contre le régime soviétique dans leur cuisine, ils pavoisaient lorsqu'ils arrivaient à faire paraître un article comportant moins de citations de Brejnev qu'à l'accoutumée, ce qui ne les empêchait nullement d'entrer au parti si les intérêts de leur carrière étaient en jeu, ni d'écrire des rapports au KGB au retour de leurs voyages à l'étranger. Les dissidents refusaient ces compromissions. Leur situation matérielle, leur sécurité physique étaient souvent précaires, l'arrestation ou l'incarcération en asile psychiatrique étaient suspendues sur leurs têtes. Mais les soucis de la clandestinité, la quoti-

5. *PR*, 22/05/92.

dienneté de la dissidence absorbaient toutes leurs pensées. Ces opposants qui risquaient leur liberté et même leur vie pour manifester leur rejet du régime ne se sont jamais pensés en sujets politiques. Nul ne songeait à disputer le pouvoir au PCUS. Au fond les dissidents lui demandaient humblement d'avoir de meilleures manières, de respecter ses propres lois. L'écrivain Siniavski disait : « Je n'ai de divergences que stylistiques avec le régime. » En schématisant un peu, on peut dire que la dissidence s'en prenait aux abus du régime, mais sans essayer de penser ce régime en catégories politiques, en termes d'institutions, sans imaginer non plus de changements qui seraient de l'ordre politique. Le slogan des « droits de l'homme » lui semblait suffisant ; convaincue qu'elle ne serait jamais en position de responsabilité, elle faisait preuve d'une extraordinaire paresse intellectuelle (reflétant d'ailleurs l'indigence de la pensée de l'autre côté du rideau de fer : que pouvait-elle emprunter à une intelligentsia occidentale entichée de marxisme, de structuralisme et de psychanalyse ?). Son conformisme l'apparentait aux intellectuels libéraux dont elle se démarquait hautement : car « nul ne se prête mieux à l'endoctrinement en masse que l'intelligentsia soviétique[6] ».

C'est donc une élite tragiquement impréparée qui se trouve chargée de formuler le programme politique du régime post-communiste. Dans les ex-républiques soviétiques, le pathos national parvient quelque temps à en tenir lieu. Mais l'indépendance une fois obtenue, on s'aperçoit très vite que le nationalisme ne peut se substituer à une politique. Le mouvement national lituanien Sajudis en a fait la dure expérience lorsqu'il a perdu les élections à l'automne 1992. Partout on fait grand usage des slogans de « démocratie » et de « marché », comme autrefois on mettait en avant la « construction du communisme ». Mais le contenu de ces mots se dérobe comme un mirage, et bientôt les peuples se sentent trompés, bernés par ces promesses comme par celles de Khrouchtchev qui ambitionnait de

6. E. Avdeeva in *NG*, 26/02/92.

dépasser les États-Unis en production de viande et de lait. En Russie, dix-huit mois après le triomphe des intellectuels démocrates, on dresse des bilans comme celui-ci : « L'intelligentsia au pouvoir est souvent pire que ceux qu'elle a remplacés... Mieux vaut cent fois un fonctionnaire compétent qu'un beau parleur idéologisé... qui se guide non sur des normes et des droits, mais sur des sympathies de parti et transfère la haine qu'il portait autrefois à l'ancien régime sur ceux qui sont mécontents de son gouvernement à lui... On peut pardonner à des intellectuels leurs caprices, leur infatuation d'eux-mêmes, leur narcissisme. Mais ce qui est acceptable chez des artistes et des savants est totalement inadmissible sur la scène politique[7]. »

Même les particularités d'organisation et de fonctionnement du mouvement démocratique des années 60-70 affectent le nouvel ordre post-communiste[8]. Celles-ci étaient déterminées par la nécessité de la clandestinité, qui n'était pas une école idéale de démocratie. Les groupes dissidents se cristallisaient autour d'un personnage connu (ce qui était naturel, car la renommée assurait une certaine protection contre le KGB). Ils se caractérisaient donc par le « vedettariat », par le nombrilisme (qui était également une conséquence du zèle des organes : si tant d'efforts sont déployés pour me surveiller, c'est que mon existence met en péril le système et je suis donc terriblement important), l'orgueil et par un très fort esprit de chapelle. Ils mettaient l'accent sur « l'unité » avant tout. Ceux dont les opinions divergeaient quittaient le groupe : la culture dissidente exclut le compromis, là encore, de manière bien compréhensible, car elle s'est formée dans le monde bolchevik où le compromis est perçu comme un moyen de détruire l'adversaire. Les désaccords étaient déchiffrés comme des trahisons et des indices de volonté de puissance, non comme la condition indispensable d'un échange d'idées. Enfin, l'intel-

7. V. Mejuev in *Svobodnaïa Mysl*, n° 16, 1993.

8. V.J. Karpinski, « Opposition, Dissidents, Democracy » in *Uncaptive Minds*, 1992, vol. V, n° 2.

ligentsia soviétique, qui vivait dans des conditions matérielles certes modestes mais protégées à l'extrême (le loisir des intellectuels russes avait de quoi faire rêver leurs collègues occidentaux) n'était absolument pas prête à comprendre les choses pratiques de la vie, les intérêts et les conditions de la production des richesses. Tous ces traits, personnalisation extrême des groupes au détriment de la différenciation politique proprement dite, sectarisme, paresse intellectuelle, égocentrisme, ont connu une spectaculaire résurgence sur la scène politique de l'après-communisme.

Aux travers de la dissidence s'ajoutent les vices de l'intelligentsia libérale. Souvent la force de l'intelligence dépasse celle du caractère. Dans un État totalitaire, ce malheur a généralement des conséquences tragiques. L'élan initial de la perestroïka est venu de ces intellectuels obligés de vivre courbés et conscients de leur abaissement, qui soudain ont cru pouvoir se redresser et accorder leur comportement et leurs paroles avec leur pensée. Mais le mensonge originel ne s'efface pas si aisément. Ceux qui n'ont jamais pactisé ne ratent pas une occasion de reprocher leur faiblesse à ceux que l'on appelle les « commutants ». Puis la cause du mal, l'attirance pour le pouvoir, continue de s'exercer — et aux exigences de l'État totalitaire se substitue la dureté de l'existence post-communiste, qui menace l'intellectuel de disparition s'il ne se trouve pas une niche dans le nouvel appareil d'État. La pression est autrement forte lorsque les instituts de recherche ferment les uns après les autres faute de subsides. Rares sont ceux que la passion de leur discipline, le goût de la science arrivent à protéger. Dans la plupart des cas, l'élite soviétique, qui autrefois a passé son temps à satisfaire la « demande sociale » (c'est-à-dire la commande du parti) au lieu d'acquérir une compétence, s'agglutine autour des structures de pouvoir et participe de plain-pied à la corruption générale[9].

9. Quand elle ne verse pas dans la délinquance pure et simple : on cite le cas à Moscou de médecins et de chimistes ayant préféré organiser des laboratoires clandestins produisant de la drogue, plutôt que de persévérer dans leur ancienne

De l'intelligentsia russe et soviétique, les nouveaux dirigeants ont également hérité la méconnaissance et la peur du peuple. Que de fois ne nous a-t-on pas menacés d'« explosions sociales » ! Il ne s'agissait pas seulement d'un chantage pour obtenir des crédits ou un adoucissement des exigences du FMI. La méfiance et la crainte du peuple sont réelles chez nos « démocrates ». Nadejda Mandelstam cite la phrase de Herzen disant que les intellectuels étaient prêts à rester enchaînés pourvu que la foule le soit. « Aveugles que nous étions, nous avons nous-mêmes lutté pour l'instauration de l'idéologie unique, car dans chaque divergence, dans chaque opinion personnelle nous croyions voir l'anarchie et le chaos... Nous avons aidé ce pouvoir fort à grandir... »

Le post-communisme, tout comme le communisme, débouche donc avant tout sur un constat de faillite de l'intelligentsia — faillite matérielle et morale : « Au milieu des années 80, l'intelligentsia n'attendait pas de changements, car le plus souvent elle ne les souhaitait pas. Elle voulait un assouplissement du régime — des voyages plus fréquents à l'étranger, une censure moins bête, une bureaucratie plus subtile... mais elle n'attendait pas l'effondrement du système et elle ne le souhaitait pas... Son petit monde frondeur si confortable s'est volatilisé, et pour beaucoup d'intellectuels ce fut une catastrophe comparable à ce que représenta le naufrage du PCUS pour Nina Andreeva... Les 5-6 années gorbatchéviennes ont été plus stériles pour l'intelligentsia que n'importe laquelle des quinze années précédentes. Car rien n'est plus terrible que les idéaux réalisés. L'intelligentsia ne savait plus quoi faire... Durant ses années de fronde conformiste l'intelligentsia s'est abêtie, elle a perdu son savoir d'autrefois, elle a beaucoup oublié et elle est restée tout simplement désorientée, elle a échoué sur la démocratie comme Robinson sur son île...

profession sous-payée. Les « mafieux » se recrutent souvent dans les rangs de l'intelligentsia scientifique.

Aujourd'hui la longue histoire de l'intelligentsia libéralo-socialiste, l'intelligentsia qui a succédé à l'intelligentsia révolutionnaire, s'est achevée... » Au début des années 80 l'intelligentsia s'est ruée dans l'Église « et elle lui a porté un coup aussi grave que la destruction des églises sous Staline. » « Le résultat, nous le voyons aujourd'hui : l'Église est devenue quelque chose comme un parti progressiste. » L'union avec l'intelligentsia a aussi été fatale au PCUS « qui y a succombé, faute d'avoir développé une immunité millénaire ». Le post-communisme fut une épreuve de vérité pour l'intelligentsia qui a révélé ce qu'elle était depuis toujours : un potentiel de destruction pure[10]. « Notre intelligentsia est allée au martyre pour implanter dans le pays l'idée communiste, elle l'a de même détruite et de nouveau elle est insatisfaite... La grande chance de l'Occident est qu'il n'a pas eu d'intelligentsia[11]. »

Si les tendances que l'on constate aujourd'hui se confirment, l'intelligentsia disparaîtra en Russie : et dans ce cas nous assisterons à un bouleversement radical de la société russe, dont les conséquences ne sont pas forcément mauvaises[12]. L'intelligentsia a servi de substitut à la société, elle a joué le rôle d'un interlocuteur faussement indépendant du pouvoir, elle a permis cette différenciation illusoire sans laquelle le régime totalitaire se serait effondré plus rapidement. Cet écran entre la société et l'État ayant disparu, on verra peut-être enfin la société russe s'organiser et affronter l'État autrement que par des accès d'anarchie irrésistibles.

La confusion dans les institutions

Le régime totalitaire se caractérisait par un foisonnement d'organismes et d'administrations parallèles aux compétences mal définies. Ceci lui permettait de se livrer à son

10. N. Klimontovitch in *NG*, 01/02/92.
11. L. Goldine in *NG*, 13/03/92.
12. L'Occident ne rend certainement pas un service à la Russie (et ne se rend pas service à lui-même) en finançant toutes les « fondations » dans lesquelles survivent et prospèrent les bataillons de chercheurs en sciences sociales gravitant autrefois autour du PCUS.

occupation favorite : la réforme, qui consistait tantôt à regrouper des administrations, des ministères, des unités de production, etc. sous couleur de rationalisation et de « lutte contre la bureaucratie », tantôt à les dissocier sous couleur de décentralisation et une fois encore, de « lutte contre la bureaucratie ». Chacune de ces opérations se soldait d'ailleurs immanquablement par un résultat identique : le gonflement de l'appareil bureaucratique. La réforme consistait donc en des permutations dans un ensemble fermé. A tous les niveaux, seul le pouvoir personnel transcendait ce labyrinthe bureaucratique et permettait d'atteindre quelques résultats ça et là. N'importe quelle instance légiférait. Les lois résultaient tout ensemble de l'improvisation, de la volonté de hâter l'avènement de l'avenir radieux et d'un souci de propagande. Ces pratiques, la totale confusion entre le législatif et l'exécutif, la manie de changer les écriteaux sur les organismes administratifs, l'« orgie législatrice » fleuriront sur le terrain post-communiste, même si le pouvoir personnel, à partir de Gorbatchev, essaie de renforcer l'exécutif et de transcender le fouillis institutionnel. Ceci n'empêchera pas la tendance, déjà visible sous le communisme mûr, d'une autonomisation des administrations et des organes de l'État de devenir déterminante lorsque la structure du PCUS aura disparu.

L'absence d'un mécanisme de succession a aussi été un des facteurs de la crise chronique du système : les luttes pour le pouvoir ne se sont pas seulement traduites par des secousses dans les provinces de l'empire et les satellites, mais par des conflits larvés entre les différentes structures de pouvoir : tantôt le parti connaît des éclipses (c'est le cas au début de la guerre civile, en 1918, lorsque les bolcheviks se servent essentiellement des Comités exécutifs des Soviets pour encadrer le pays ; c'est le cas aussi à la fin du règne de Staline, lorsque l'appareil du parti semble détruit par les purges, au point que Malenkov préfère s'emparer du poste de chef du gouvernement à la mort du guide, abandonnant celui de premier secrétaire à Khrouchtchev), tantôt c'est lui qui tranche dans les querelles opposant les chefs (en 1957 l'intervention des secrétaires régionaux sauvera Khrouchtchev du complot ourdi par « le groupe anti-parti »). Tour à tour les différentes structures du système, leurs alliances provisoires, (réseau vertical des secrétaires régionaux, nomenklatura d'État, nomenklatura économique, KGB, complexe militaro-industriel) deviennent les lieux décisifs du pouvoir. En cas de rivalité au sommet, chaque candidat s'appuie sur un ou plusieurs de ces éléments. La cohésion n'est maintenue que par l'idéologie : tous ceux qui touchent de près ou de loin aux structures de pouvoir sont communistes, membres du PCUS. Ce fonctionnement, l'idéologie en moins, survivra à la mort du parti communiste : l'impossibilité de la cristallisation d'une opposition, et donc d'une alternative légitime, tient au fait que politique et pouvoir restent confondus comme sous le bolchevisme. Être un leader d'opposition, c'est-à-dire faire de la politique sans être au pouvoir, sans avoir rien à prélever et à distribuer, sans privilèges à recevoir, sans pots-de-vin à empocher, n'a tout simplement pas de sens.

2. LA CRISE POLITIQUE POST-COMMUNISTE : TABLEAU D'ENSEMBLE

> « Le coup étant fait, ils s'assemblèrent pour choisir un gouvernement, et, après bien des dissensions, ils créèrent des magistrats. Mais, à peine les eurent-ils élus, qu'ils leur devinrent insupportables... »
>
> Montesquieu,
> *Lettres Persanes*

> « La dictature de la démocratie est impitoyable et malheureusement stupide. »
>
> N. Ryjkov,
> *La perestroïka : histoire des trahisons*

Le premier anniversaire du putsch manqué d'août 1991 a donné lieu en Russie à toute une série de sondages, d'articles et de livres faisant le bilan de douze mois d'après-communisme. Les sondages demandaient aux personnes interrogées si aujourd'hui elles prendraient la défense de la Maison Blanche en cas de coup de force analogue. La plupart répondirent qu'elles ne lèveraient pas le petit doigt. Les articles et les ouvrages révélaient le même désenchantement. Les démocrates s'interrogent : « Pourquoi n'avons-nous pas su résister aux tentations de la gloire, du pouvoir, du bien-être matériel ? Pourquoi notre démocratie a-t-elle pourri si vite[13] ? » Même constatation désabusée chez le démocrate repenti S. Stankevitch : « La volonté de remplacer les partocrates par les démocrates entraîne malheureusement une dégradation rapide des sphères d'activité concernées[14]. » Le gouvernement Eltsine n'osa célébrer son anniversaire avec trop de pompe. Lui non plus d'ailleurs n'avait pas le moral. Dans les ex-républiques soviétiques régnait un climat analogue, et il faut donc chercher les causes générales de ce phénomène de morosité post-communiste avant d'aborder les spécificités russes et celles des nouveaux États.

La crise économique est l'explication qui vient immédiatement à l'esprit. Les peuples de l'URSS étaient habitués à un certain niveau de vie, médiocre certes, mais qui leur semblait garanti de manière définitive. Le gaz, l'électricité, l'essence, le téléphone, le pain semblaient des richesses naturelles, inépuisables comme la nature elle-même. On les gaspillait sans y songer. Le choc fut considérable lorsque des compteurs commencèrent à être installés dans les appartements. De nombreux Soviétiques avaient des emplois symboliques, où ils faisaient semblant de travailler et jouis-

13. You. Bourtine in *NG*, 21/04/92.
14. *NG*, 21/04/92.

saient de longs loisirs permettant d'interminables discussions et l'organisation de combines compliquées pour obtenir quelque bien déficitaire. Puis les entreprises et les instituts commencèrent à fermer. Le rouble, qui autrefois semblait immuable, se mit à dégringoler à toute allure. L'inflation engloutit les économies en un clin d'œil. Il fallut compter les morceaux de pain, abaisser la température des logements, se passer d'eau chaude plus souvent et plus longtemps qu'autrefois, à l'époque de la « stagnation ».

Les économistes et les experts, qui voyaient venir cette dégradation du niveau de vie, annonçaient à qui voulaient les entendre « une explosion sociale » en 1992. Or il n'en fut rien. La population encaissa ces difficultés avec assez d'équanimité, consciente qu'il s'agissait d'un résultat du socialisme, utilisant l'art de la débrouille soviétique dans les nouvelles conditions. En revanche la débâcle économique renforça une tendance déjà très présente en régime communiste : celle du « chacun pour soi » et du « sauve qui peut ». Contrairement aux prédictions apocalyptiques, la crise fit resurgir l'apathie politique caractéristique de l'*homo sovieticus* — au point que bientôt le temps des grandes manifestations et des liesses populaires semblera une brève parenthèse, un moment d'irréalité dans un continuum à peine égratigné par les révolutions. La politisation intense des années 1989-1991 était liée à la haine du PCUS, à une volonté de revanche sur celui-ci (et dans les républiques, au sentiment anti-Moscou). Après que le parti communiste et l'empire soviétique eurent su se ménager une sortie spectaculaire, les passions politiques sont devenues sans objet. Le début de différenciation politique entraîné par la campagne anti-PCUS n'eut pas de suites. Les deux moyens d'action mis en œuvre par les démocrates, les manifestations de masse et les élections, grâce auxquelles les retrouvailles des populations soviétisées avec le politique avaient eu lieu, tombèrent en désuétude (sauf chez les nostalgiques du communisme).

Les griefs nourris par la population à l'égard des nouveaux dirigeants de la « cuvée démocratique » et habilement exploités par la propagande néo-communiste se concentrent autour des éléments suivants. On reproche d'abord aux démocrates de s'être laissé griser par la victoire facile et de n'avoir rien fait quand il était urgent d'agir. En Russie on ne pardonnera pas à Eltsine la longue période de cafouillages qui a suivi le putsch (septembre-octobre 1991) ; pendant cette période Eltsine aurait pu procéder à de nouvelles élections, renouveler le parlement et procéder à des réformes radicales. Or il fit tout le contraire : il entama immédiatement un rapprochement avec l'ancien appareil communiste, semblant trahir ceux qui l'avaient porté au pouvoir. Partout le dilemme était le même : que faire des anciens apparatchiks ? Eltsine opta pour la politique préconisée par G. Popov qui a toujours défendu l'idée d'une coalition entre l'appareil et les démocrates, une alliance qui ressemblait à celle du pot de terre et du pot de fer : « Après le putsch il n'y avait plus qu'une chose à faire : détruire le PCUS. Nous comprenions qu'en même temps nous cassions la branche sur laquelle nous étions assis, mais nous n'avions pas le choix... Les démocrates décidèrent de tenter une nouvelle coalition avec le vieil appareil... Mais les forces étaient inégales. L'appareil se mit très vite à assimiler les démocrates... l'appareil était entré dans la coalition avec l'idée d'y occuper graduellement la position dominante. » Dans les nouveaux États ex-soviétiques, on reproche aux nouveaux dirigeants de ne pas se préoccuper de donner des fondements économiques à l'indépendance, de conserver les liens avec Moscou. Comme en Russie, on a l'impression qu'un temps précieux est gaspillé à des futilités et que l'ancienne nomenklatura en profite pour retrouver ses positions. A cette déception première s'ajoute le mécontentement provoqué par le spectacle de l'arbitraire et de la corruption qui s'étalent partout. On pardonne plus difficilement aux démocrates qu'aux anciens apparatchiks de se laisser happer par le système des privilèges demeuré intact, d'autant plus que ces démocrates ont souvent axé leur campagne électorale sur le thème de la lutte contre les privilèges et la corruption. Etat d'esprit bien illustré par cette réflexion désabusée du cinéaste Eldar Riazanov :

« Il est dommage qu'on ait enlevé le PCUS à nos démocrates. Ils se sont immédiatement transformés en pillards [15] ». De manière plus générale, la population souffre de l'état d'arbitraire total qui a remplacé la dictature communiste, et ce rejet de l'anarchie explique le retour des communistes par les urnes. Enfin on reproche aux démocrates leur sectarisme, leurs méthodes de pouvoir bolcheviques assorties d'une bonne conscience que n'avait plus l'ancienne nomenklatura.

L'essentiel de la crise politique de l'après-communisme tient à la démobilisation des citoyens. En dehors de l'establishment communiste pré-perestroïkiste, rarissimes sont ceux qui souhaitent s'occuper des affaires publiques ; et par un enchaînement vicieux, le spectacle de la « nouvelle » classe politique constituée d'anciens apparatchiks effrontément repeints en démocrates ou en patriotes renforce la population dans le sentiment qu'elle a été flouée, et la détourne encore davantage de l'activité politique. On en vient à l'impression que la société post-soviétique est incapable d'auto-organisation : « Nous n'avons pas de société et par conséquent il n'y a rien qui puisse se libérer... Nous avons une masse gélatineuse, marginalisée et lumpenisée [16]. »

La crise du pouvoir et de l'État se déduit de l'aliénation fondamentale des citoyens à l'égard de ceux qui sont censés les représenter. Il est aisé de retracer comment ce manque à la base se répercute à chaque niveau de la structure institutionnelle. A cause de l'indifférence et de la méfiance des citoyens, aucun parti ne parvient à développer une implantation de masse ; l'absence de grands partis au sens occidental du terme entraîne l'impossibilité de créer une majorité stable au parlement ; l'absence de majorité stable entraîne la faiblesse de l'exécutif ; cette dernière incite le président à multiplier « les pouvoirs extraordinaires ». La situation d'exception chronique ainsi créée fausse complètement le jeu des institutions.

15. *NG*, 28/01/92.
16. B. Kapustine in *NG*, 13/02/92.

Une « démocratie » non représentative : les partis en régime post-communiste

Les partis nés en Russie et dans les républiques après l'abolition de l'article 6 se divisent en 5 catégories :

— les partis qui cherchent à renouer avec une tradition pré-bolchevique en prétendant ressusciter des partis existant avant le communisme ;

— les partis qui prétendent s'inspirer d'homologues en Occident ;

— les partis qui se réduisent en réalité à des groupuscules autour d'un leader plus ou moins charismatique ;

— les partis qui représentent l'organisation politique de différents éléments de l'administration et de l'économie d'État ;

— les partis résiduels issus du PCUS.

Les trois premières catégories ne sont souvent guère discernables. Un leader ambitieux voudra donner une légitimité à son parti en se référant au passé ou à un modèle occidental. Cependant la pratique montre que ces références n'ont aucune signification réelle. Le premier parti créé en Russie après l'abolition de l'article 6 est celui de l'impétueux Jirinovski, qui prend le nom de « parti libéral-démocratique ». Ce parti a bénéficié de l'active bienveillance des organes (la tradition de Zoubatov[17] est restée vivante en Russie), il a pu être enregistré en fraudant sur ses effectifs réels. Son 1er Congrès le 31 mars 1990 à Moscou est annoncé en première page de la *Pravda.* Jirinovski définit des objectifs qui montrent bien quel genre de « partenaires » le PCUS comptait trouver en face de lui : « Nous ne voulons pas de confrontation et nous sommes prêts au dialogue avec tous... Nous sommes opposés à l'hystérie anticommuniste.

17. Serge Zoubatov, responsable de la police tsariste, qui créa en 1901-1903 de nombreux syndicats ouvriers noyautés par la police. Ces organisations eurent un immense succès. Zoubatov étendit cette expérience à des associations étudiantes. Monarchiste convaincu, admirateur de Bismarck, Zoubatov est persuadé que la police doit organiser la société. Le succès même de son entreprise effaroucha la bureaucratie tsariste et il fut limogé en 1903. Il se suicida à la nouvelle de l'abdication de Nicolas II.

Nous sommes pour un régime présidentiel dans un État de droit. Nous sommes opposés aux "ismes" idéologiques... Nous sommes en faveur du maintien d'un secteur d'État, mais aussi de la priorité de la propriété privée. » En quoi consistent le « libéralisme » et la « démocratie » de Jirinovski ? Lorsque la puissance tutélaire du PCUS se sera évanouie, Jirinovski pourra donner libre cours à son imagination débridée, et il apparaîtra pour ce qu'il est : une sorte de Père Ubu du post-soviétisme, avec des solutions radicales aux problèmes nationaux de l'URSS et de la Russie. Il proposera entre autres d'entourer les États baltes de décharges nucléaires et d'envoyer les Tatars et les Bachkirs en Mongolie : « C'est un endroit sale plein de syphilis, ils n'ont qu'à s'y installer[18]. » Le cas Jirinovski est typique de la tactique des autorités après l'abolition de l'article 6 : inspirer la création d'une multitude de « protopartis nains » et d'organisations pseudo-démocratiques téléguidées d'en haut, dirigées par des leaders dont les tares sont visibles[19]. Le parti Cadet de M. Astafiev n'a pas non plus grand chose en commun avec les Cadets d'autrefois, quoi qu'en disent ses fondateurs (« Nous sommes de la même mouvance que les cadets du début du siècle », selon l'un d'entre eux, Victor Zolotarev) : alors que ces derniers étaient la cible constante des bolcheviks, les Cadets version post-soviétique n'hésitent pas à s'unir avec les communistes par haine du gouvernement Eltsine. Lors du VIIe Congrès en décembre 1992, Mikhaïl Astafiev refuse de voter un amendement à la constitution russe qui ferait du « Congrès des députés du peuple l'organe suprême du pouvoir représentatif », sous prétexte que « cet amendement présuppose la séparation des pouvoirs qui est absolument inutile pour nous[20] ». Même évolution chez les chrétiens-démocrates russes. En ce qui concerne ce premier cercle du microcosme politique, on ne peut que conclure avec les commentateurs russes : « La liquidation de l'article 6 de la constitution et

18. *NG*, 26 nov. 91.
19. *Svobodnoe Slovo*, n° 19, 12 juin 1990.
20. *Pensée russe*, 11 déc. 1992.

même la liquidation du parti communiste n'ont pas créé le pluripartisme dans le pays... Les leaders politiques se substituent pour l'instant aux partis politiques[21]... »

Les anciens communistes ont souvent cherché à se refaire une virginité en se posant en « sociaux-démocrates » de type occidental. Mais s'ils connaissent des succès électoraux (comme en Lithuanie lors des élections d'octobre 1992), c'est moins à cause de l'attrait des idées sociales-démocrates sur les populations que parce qu'ils ont conservé des positions de pouvoir au niveau local, surtout dans les campagnes.

Si les roturiers de l'appareil communiste ont opté pour la bannière sociale-démocrate, l'aristocratie du parti s'est d'abord cristallisée dans le Mouvement pour les Réformes démocratiques créé en juillet 1991 par Chevarnadzé et Yakovlev qui voulaient en faire le noyau du futur parti régnant, un lieu de récupération de la nomenklatura recyclable. Dans le contexte post-communiste, tous ceux qui ambitionnent le pouvoir sont tenus d'arborer une idéologie nébuleuse. C'est le cas du Mouvement pour les Réformes démocratiques, dans lequel ont cohabité un Popov « libéral » et un Yakovlev « social-démocrate ». En fait le Mouvement rassemble le seul groupe social **présent dans toutes les républiques** qui a intérêt à une survie du régime et de l'ensemble politique soviétique (sans l'étiquette « communiste ») : les académocrates et la nomenklatura économique. Ce groupe trouve son compte dans la « zone grise » du post-communisme : maintien des mêmes élites au pouvoir, fausse indépendance des républiques, privatisation « nomenklaturiste » sauvage, absence de réforme structurelle mais discours sur la réforme. Si la Russie et les républiques devenaient des pays « normaux », tous ces « docteurs ès sciences », tous ces « barons rouges » se retrouveraient au chômage : leur seule compétence a toujours consisté à servir le pouvoir et à exécuter des ordres. Le Mouvement pour les Réformes démocratiques, handicapé

21. *Temps Nouveaux*, nº 51/91.

par son manque d'enracinement à la base, est entré en crise après le putsch d'août 91. Sa prétention à fournir les cadres du pouvoir exécutif l'oppose à une partie du clan Eltsine qui nourrit des ambitions similaires. D'où une débandade du Mouvement au printemps 92, mais la crise du gouvernement Gaïdar le fera renaître en été 92 sous le nom d'Alliance civique.

Le critère essentiel permettant de repérer les formations néo-communistes est leur allégeance au « centrisme », mise à la mode par Gorbatchev mais nullement abandonnée par les rescapés des putsches d'août 1991 et d'octobre 1993. Le Mouvement pour les Réformes démocratiques se prétendait « centriste » ; son successeur, l'Alliance civique de Volski et Vladislavlev, ne l'est pas moins.

Dans le domaine économique, les néo-communistes tiennent un discours extrêmement « libéral », préconisant notamment vigoureusement la création de « zones économiques franches ». Les néo-bolcheviks affectionnent la rhétorique libérale car elle permet de placer le politique (et le national) entre parenthèses, et elle sert à justifier en termes acceptables pour l'Occident le néo-darwinisme social (« que le plus fort l'emporte ») enraciné chez ces anciens disciples de Lénine. En réalité, les néo-nomenklaturistes sont plus intéressés par les superstructures institutionnelles du capitalisme (banques, bourses, marchés des matières premières) que par ce qui, à la base, fait vivre ces institutions[22]. Ce courant est l'héritier du « capitalisme d'État » pratiqué sous la NEP, dont le principal organisateur était, ne l'oublions pas, le chef du guépéou Dzerjinski.

Un des premiers slogans de la perestroïka a été : « Il n'y a pas d'alternative ». Toute la crise politique du post-communisme se résume dans cette formule. L'unanimité sur la nécessité de passer à une « économie de marché » (alors que très peu avaient une idée même approximative de ce qu'implique le « marché » : pour la plupart il s'agissait

22. V. à ce propos l'excellent article de James Sherr, *The significance of the Soviet coup and its failure*, publié début 92 par l'Institute of European Defense and Strategic Studies de Londres.

simplement d'avoir des magasins regorgeant de marchandises comme en Occident), le consensus sur la notion tout aussi fumeuse de « démocratie » eurent un effet dévastateur sur le théâtre politique des États post-communistes. Pour compenser le caractère amorphe de la société encore mal préparée à formuler des intérêts et à s'organiser en fonction d'objectifs précis, il aurait fallu que la différenciation s'opérât dans le domaine conceptuel. La chose était possible : l'organisation de l'État futur pouvait donner lieu à des variantes multiples. Or il n'en fut rien. Encouragés par l'Occident, les nouveaux leaders se concentrèrent sur les problèmes de la « réforme économique » sans comprendre que la greffe d'institutions occidentales sur une société débilitée par des années de tutelle communiste ne pourrait prendre. Rien ne fut entrepris pour dissiper la confusion mentale. « Comment sont apparus les démocrates ? Évidemment ils sont issus du PCUS — mais quel fut leur programme ? Qu'est-ce qui les a rapprochés, ne serait-ce que fugitivement ? Souvenons-nous des passions anti-appareil et plus tard anticommunistes de nos démocrates : dans leur tête il n'y avait que bouillie, dans leur bouche aussi le plus souvent... Étaient-ils en faveur du peuple ou du marché ? Ils l'ont oublié. Préconisaient-ils la protection sociale des travailleurs ou l'austérité budgétaire ? L'un et l'autre ! Ils étaient partisans de l'autonomie économique des pays baltes et du pluralisme socialiste à Moscou ; des troquets coopératifs où l'on mange aussi bien que chez soi et aussi bon marché qu'à la cantine ; de la liquidation de la censure et d'une augmentation des subventions à la presse ; des femmes nues à la télévision et de l'instruction religieuse à l'école ; d'un renforcement de la lutte contre la criminalité et d'un adoucissement du code pénal[23]... » L'émiettement et l'agitation fébrile des groupuscules reflètent l'instabilité des idées qui s'allument et s'éteignent sans accrocher la pensée, l'inconsistance des opinions, défraîchies avant d'avoir été portées. « Toute révolution a pour effet de livrer les

23. V. Toporov in *NG*, 03/03/92.

hommes à eux-mêmes et d'ouvrir devant l'esprit de chacun un espace vide et presque sans bornes », écrit Tocqueville. La Russie et les autres États post-communistes ont été victimes de l'efficacité de l'ancien appareil de propagande gorbatchévien qui était passé maître dans l'art de recueillir tous les poncifs médiatiques en vogue en Occident, de les recycler et de les réexpédier à l'envoyeur. Lorsque les États du bloc communiste s'affranchirent de l'idéologie et regardèrent autour d'eux, cherchant à meubler cet « espace vide », les nations avoisinantes n'eurent à leur offrir qu'un brouet aqueux de « nouvelle pensée » à la Gorby, des platitudes sur la « réforme économique » et les « droits de l'homme », sur la nécessité de l'« intégration » et les dangers du « tribalisme ».

Faute de s'affronter sur le terrain des idées, les partis se querellèrent sur des questions de personne, avec une intransigeance proportionnelle à leur inconsistance conceptuelle. Les scissions se multiplièrent : dès juin 90, on comptait en Russie 3 ou 4 partis chrétiens-démocrates, 4 partis démocratiques, 2 partis libéraux-démocratiques, 3 partis démocratiques constitutionnels. Comme à la fin de l'Ancien régime, « tous les partis et les fractions préfèrent s'accroître et se multiplier à la manière des organismes inférieurs — “par fissiparité” », pour reprendre la remarquable formule de Victor Tchernov, le leader des SR (16 avril 1917). Souvent le groupe « dissident » part en emportant la caisse. Les empoignades évoquent des règlements de comptes entre gangsters : la distribution des « biens nationaux », des immeubles confisqués au PCUS fit plus pour détruire le mouvement démocratique que des bataillons de spetsnaz. Au lieu d'un débat politique on assiste à des déballages de linge sale, avec des accusations d'escroqueries et détournement de fonds. Créer un parti revient fréquemment à ouvrir une entreprise mixte, c'est un moyen de mettre la main sur les devises et l'équipement occidentaux sans se fatiguer à produire. On brigue les mandats de député car on convoite l'immunité parlementaire, commode bouclier pour ceux qui se livrent à des trafics louches. Aussi les aigrefins prolifèrent-ils dans la démocratie post-communiste. Il devient difficile de distinguer un homme politique d'un chef de bande : tout le monde est armé, chacun a ses gardes du corps.

Longtemps la réflexion sur les institutions a pris beaucoup moins de place dans les analyses à l'Est et à l'Ouest que les sempiternelles considérations sur « le rythme du changement économique ». La crise politique à l'Est est un reflet (et un révélateur) de la crise des démocraties occidentales devenues incapables de se penser autrement qu'en termes de « gestion » et d'« administration ». Le débat politique indigent caractéristique des États post-communistes traduit une dangereuse carence occidentale et il dessine en creux notre propre vacuité. La convergence entre Est et Ouest pourrait se réaliser autrement que ne l'avait rêvée ses adeptes. La classe politique post-communiste, qui est conceptuellement entièrement dépendante de la classe politique occidentale, et qui en présente une réplique caricaturale, laisse préfigurer ce que peut devenir notre scène politique lorsque le frein bénéfique de la coutume cessera de s'exercer : une arène de lutte entre des personnages qui ressemblent davantage à des bandits de grand chemin ou à des guignols hystériques qu'à des hommes d'État.

Le flou dans les programmes se répercute sur l'organisation interne des partis. Par une réaction peut-être naturelle contre le léninisme, ceux-ci ignorent royalement la discipline. L'anarchie la plus totale règne. La ligne politique n'est pas définie par les représentants élus des partis. Les décisions prises au sommet sont rarement appliquées à la base. Des Congrès aux attributions indéterminées adoptent des slogans qui ne tardent pas à se perdre dans les sables. Les mêmes questions sont débattues à l'infini : faut-il des structures centralisées ou au contraire une pléiade de petits groupes autonomes ? L'adhésion collective est-elle admissible ? Faut-il une direction collégiale ? Faut-il travailler à l'union de toutes les forces démocratiques ? L'anarchie interne des partis, leur absence d'enracinement dans la société facilitent leur dérive extrémiste et les volte-face idéologiques.

Les partis ne représentent donc pas la société, et la réflexion politique est généralement le cadet de leurs soucis. Lorsqu'ils sont autre chose que des groupuscules agglutinés autour d'un leader (les effectifs des partis ne dépassent pas 100-150 pour la plupart), ils incarnent différents éléments du système de direction et le conflit qui les oppose est un conflit entre ces différents éléments, tout à fait semblable à la rivalité qui pouvait opposer l'appareil d'État, la bureaucratie économique et la nomenklatura du parti proprement dite à l'intérieur du système communiste. Ces « partis » ne luttent pas pour conquérir l'adhésion des citoyens, ils se livrent à un « lobbying » des divers segments de la direction politique.

Le cas de l'Alliance civique illustre à merveille la spécificité du fonctionnement « démocratique » en Russie et permet de mesurer ce qui le sépare de la démocratie occidentale. L'Alliance civique a été créée pour deux raisons. Il s'agissait d'abord d'éviter le risque d'une fissure grave dans la corporation au pouvoir. En effet, l'apparition d'un « capitalisme » komsomolo-guébiste à partir de 1988 a entraîné un début de différenciation d'intérêts à l'intérieur de la couche dirigeante ex-soviétique. Les « outsiders » du business, de la nouvelle nomenklatura économique issue du KGB et du komsomol avaient les dents longues et ils enrageaient de voir que la privatisation gaïdarienne (ainsi que d'autres mesures du gouvernement Gaïdar, comme son invraisemblable politique fiscale qui taxe jusqu'à 90 % du bénéfice des entreprises[24]) favorisait systématiquement les anciens « barons de l'industrie ». Ce courant de mécontents regroupait :

— les responsables des nouvelles institutions financières

24. Ceci étouffe dans l'œuf le secteur potentiellement libre de l'économie, au profit des entreprises d'État sûres de récupérer en subventions et en crédits bon marché ce qui leur est enlevé par ailleurs — au cas où elles pourraient se targuer de faire des bénéfices.

pseudo-capitalistes (bourses, banques commerciales, etc.), tous issus du KGB ;

— les militaires à la retraite — notamment des officiers du GRU — avides de se faire une place au soleil, de faire fructifier leurs relations dans le complexe militaro-industriel ;

— l'ancienne nomenklatura des media, journalistes de la télévision, de l'APN, notamment des sections étrangères, qui ont gardé des contacts potentiellement juteux avec l'Occident et bien sûr, le KGB.

Ce groupe est capable d'un lobbying efficace et son passage à l'opposition déclarée aurait été lourd de conséquences, notamment dans l'arène internationale où il pouvait faire entendre sa voix et neutraliser les efforts de propagande des « réformes » déployés par le gouvernement. L'Alliance civique tenta donc de concilier l'ancienne et la nouvelle nomenklatura économique, en mettant l'accent sur ce qui pouvait rapprocher les deux groupes : volonté de maintenir les contacts avec l'étranger, car l'économie russe ne fournit pas le luxe à ses millionnaires (à quoi servirait d'accumuler des fortunes si on ne peut s'offrir de Mercedes), volonté de maintenir la confusion dans les lois, ce qui permet toutes les combines dans la privatisation, volonté d'avoir affaire à un État suffisamment socialiste pour qu'il soit rentable et facile de le plumer et suffisamment faible pour qu'il n'aille pas mettre le nez dans les affaires des divers acteurs économiques issus de l'establishment, se contentant de pressurer les entrepreneurs « sauvages » qui risquent à terme de devenir des concurrents pour les deux types de nomenklaturas économiques.

La création de l'Alliance civique répondait à un deuxième objectif[25] : prévoir une équipe de rechange pour le jour où il faudrait sacrifier le gouvernement Gaïdar, afin de pouvoir continuer la même politique. L'opposition de l'Alliance civique était donc une pure comédie : elle pré-

25. Témoignage d'O. Chibko, un des dirigeants du parti démocratique russe (parti de Travkine), recueilli en décembre 1992.

conisait ce que Gaïdar faisait depuis le printemps 92, l'injection d'énormes crédits dans le secteur d'État. L'Alliance civique est un exemple typique de ce déguisement en pseudo-parti politique d'un segment de la corporation régnante, dont la campagne électorale de novembre 1993 fournit une nouvelle illustration : les deux principales coalitions en présence sont « les partis ministériels » — celui du vice-Premier ministre Gaïdar, Choix de la Russie, et celui du vice-Premier ministre Chakhraï, le Parti de l'unité russe et de la concorde, le premier constitué par la nomenklatura du centre et l'appareil présidentiel, le second par celle des provinces et l'appareil gouvernemental.

Les obstacles psychologiques au développement de partis « normaux » jouent un rôle de facteur aggravant de toutes les difficultés structurelles que nous venons d'évoquer. Les « nouveaux démocrates » méprisent le peuple qu'ils sont censés représenter. L'économiste Abalkine déplorait qu'« on ne pût pas importer un peuple » ; V. Iliouchine, responsable du secrétariat de l'administration de Elstine, déclare d'un ton résigné : « Il faut faire avec le matériel anthropologique dont nous disposons[26] ». « Notre peuple avalera n'importe quoi... Nous vivons au pays des sots », se plaint You. Sedykh-Bondarenko, vice-président de feu le Mossoviet (*NG*, 17/03/92). Petr Aven, un des « réformateurs » en vue du gouvernement Gaïdar, estime que « Gaïdar parle très bien... mais pour la population ce qu'il dit est trop intelligent ». Cette morgue d'anciens privilégiés du régime s'accompagne d'une ignorance abyssale de ce peuple au nom duquel on prétend parler : on lui prête des intentions de jacqueries, d'« explosion sociale », etc. Le fossé entre gouvernants et gouvernés ne s'est nullement comblé avec l'avènement de la « démocratie ». Les gouvernants craignent et sous-estiment leurs sujets, les gouvernés considèrent — généralement à juste titre — leurs dirigeants comme des escrocs et des opportunistes assoiffés de pouvoir

26. *NG*, 26/02/92.

et de biens mal acquis. Tous les chefs de parti se représentent le peuple comme un volcan au bord de l'éruption, un élément naturel privé de raison, et le débat politique consiste au fond en des chantages mutuels à la guerre civile, chacun essayant de se présenter comme le détonateur potentiel du baril de dynamite populaire — et en même temps, chacun cherchant à s'abriter de l'orage populaire derrière un État fort.

L'absence d'enracinement des partis dans la société entraîne l'irresponsabilité des chefs. Il n'est pas rare en régime post-communiste qu'un député se fasse élire sur une liste et qu'au bout de quelques mois il décide pour une raison ou pour une autre de changer de parti et même de couleur politique. C'est ainsi que les blocs et les coalitions parlementaires sont instables au plus haut point. Par ailleurs, le poids de la « table des rangs » dans la bureaucratie d'État est tel que la fonction l'emporte sur n'importe quel parti politique. Dès que s'ouvre la perspective du « service », toutes les allégeances d'hier sont oubliées. Les hommes politiques se dévaluent à toute allure : le héros démocratique d'hier se transforme du jour au lendemain en nostalgique du temps passé, en champion de l'État, et finalement en allié des néo-communistes ; l'ultra-libéral disciple des « Chicago boys » se fait l'apôtre des impôts élevés ; au contraire, l'apparatchik le plus obscurantiste revêt un habit « démocrate » dès qu'on lui fait une petite place au gouvernement. L'intellectuel frondeur d'hier réclame le rétablissement de la police politique. Le député démocrate, grand pourfendeur de privilèges la veille, se pavane dans sa voiture de fonction, s'approvisionne dans des magasins spéciaux et se fait construire des datchas. La vie politique post-communiste est volatile de manière déroutante pour un Occidental, car il n'y a pas de convictions, les slogans politiques sont des costumes revêtus le matin et abandonnés le soir ; les « changements de ligne » régulièrement exigés autrefois par le parti ont accoutumé chacun à ces volte-face qu'on ne se donne pas la peine de camoufler : dans la foire d'empoigne post-communiste même l'hypocrisie n'a plus cours. Les idoles tombent et ne sont pas remplacées. Presque tous les grands favoris du Ier Congrès des députés du peuple de l'URSS ont mal tourné : G. Popov est accusé de malversations multiples, S. Stankevitch flirte avec les « communo-patriotes », A. Sobtchak est critiqué pour ses prédilections tchékistes en matière de « politique des cadres » à Pétersbourg. Le même discrédit rapide avait frappé les stars de l'équipe Gorbatchev. Sous Eltsine le kaléidoscope devient plus vertigineux encore : les héros démocrates défendant la Maison Blanche en août 1991 se métamorphosent en « communo-fascistes » défendant la Maison Blanche en octobre 1993. Dans les ex-républiques soviétiques on constate un processus analogue, aggravé par les révélations des archives du KGB : celles-ci sont distillées inexorablement, ne laissant pas subsister grand-chose des illusions de naguère. Les groupes dirigeants sont littéralement laminés par ces découvertes.

Lorsqu'on veut comprendre la scène politique post-communiste, il faut abandonner les savantes constructions politologiques russes et occidentales et se replonger dans le théâtre de Gogol. Le Khlestakov du *Révizor* offre un saisissant condensé des traits caractéristiques des chefs de partis en régime post-soviétique. C'est un imposteur malgré lui accidentellement propulsé dans ce rôle par les attentes de son entourage. Dans les États émergeant du communisme, ce sont les attentes occidentales qui ont joué ce rôle : combien de fondations anglo-saxonnes diverses, d'organismes de la CE, de groupes du parlement européen se sont promis d'« encourager la démocratie » dans ces contrées en finançant généreusement les partis en train de naître ! Là où il y a une offre, surtout de devises, la demande ne tarde pas à apparaître. Les Occidentaux n'eurent que l'embarras du choix devant un éventail infini de partis tous plus « démocratiques », plus « partisans du marché » les uns que les autres. Naturellement chaque leader présente son parti comme la seule force sérieuse dans le pays : à l'en croire, la venue au pouvoir n'est qu'une affaire de quelques semaines, quelques mois tout au plus. Chacun d'entre eux s'emploie à dénigrer ses rivaux, dont il dévoile l'inconsistance : celui-ci ne représente rien, celui-là n'a pas de bases, celui-là est en perte de vitesse... L'imposture de Khlestakov consistait à se prétendre investi d'une mission spéciale par l'administration du tsar, à se targuer de relations intimes avec les hautes sphères de Pétersbourg. Nos démocrates, eux, se vantent d'un appui dans les masses, d'un enracinement dans les provinces, tout aussi illusoires que les prétentions aristocratiques de Khlestakov. Ils se voient tous bientôt ministres. Depuis la mise en œuvre du volet politique de la perestroïka, nous assistons à un interminable défilé de baudruches, le ténébreux Ligatchev à la tête des mystérieuses « forces conservatrices », les grotesques « putschistes » d'août 1991, les divers et fantomatiques « Fronts de salut national », les équivoques Volski et leur insaisissable Alliance civique, sans compter la myriade des partis démocratiques à trajectoire de météore. Le sentiment de l'imposture existe chez tous. Mais en vertu d'une sorte de gentleman's agreement implicite, chacun feint de croire aux mensonges de l'autre afin de faire passer les siens. Le plus curieux est que tout ceci ait des incidences sur le comportement politique des dirigeants : Eltsine comme Gorbatchev semblent avoir peur de leur ombre, on les voit reculer devant des créatures fantastiques qu'ils ont peut-être eux-mêmes contribué à engendrer, comme le parti communiste russe de Polozkov ou la coalition Volski. L'impression d'imprévisibilité, de constantes palinodies, donnée par la politique russe depuis 1988 tient à ce rôle joué par les fantasmes. La capacité d'auto-intoxication des élites au pouvoir et dans une moindre mesure de la société a été constamment sous-estimée par les observateurs occidentaux : n'oublions pas que les citoyens post-communistes n'ont pas encore eu le temps de développer une immunité au vacarme médiatique ; grandis à l'école totalitaire, ils sont persuadés que le sensationnel n'est pas innocent, qu'un sens caché relie les événements épars assénés par la presse. L'effondrement de la légitimité léniniste n'a pas été compensé par l'introduction de la légitimité démocratique : du bas au sommet de l'État, il n'est pas un politicien à l'Est qui ne se sente un charlatan. D'où l'importance de l'investiture occidentale que recherchent tous les partis et tous les chefs de partis : celle-ci doit tenir lieu de légitimité, et revient à un certificat d'existence. L'Occident devient aussi source de directives pour tous les ex-fonctionnaires de parti orphelins du PCUS. Le G7 se substitue au Politburo. On en a vu une manifestation extrême avec Gorbatchev, mais le même phénomène se reproduit même au niveau du groupuscule. Ainsi se referme le cercle vicieux : pour être pris au sérieux par les Occidentaux, on se livre à une surenchère de fiction, d'où un nouveau plongeon dans l'irréalité.

En régime post-communiste la perception du temps ne ressemble pas davantage à la perception « occidentale » que sous le totalitarisme. Autrefois le temps avait un sens (on ironisait sur les fanfaronnades khrouchtchéviennes concernant l'imminent avènement du communisme, mais quelque chose demeurait de cette conception téléologique de la durée) ; ou bien on vivait *sub specie aeternitatis*, dans la conviction que le régime communiste était immuable. Sous la perestroïka, l'*homo sovieticus* s'est mis à attendre la catastrophe imminente. Après la disparition de l'utopie communiste on a l'impression de vivre un intérim, une parenthèse en attendant des jours meilleurs ou le désastre final : rien de plus néfaste pour le débat politique et la construction d'une architecture institutionnelle que ce sentiment de permanence à assurer jusqu'à l'avènement d'une vie « normale » (ou jusqu'à l'anéantissement définitif), cette traversée indéfinie de limbes dont on ne voit pas les limites. Aucune décision prise au sommet ne semble avoir de sens dans le chaos irrésistible du pays. La politique se transforme en gesticulations, en vaines incantations de magiciens ayant perdu leur pouvoir. Des flambées de passions auxquelles on a cessé de croire traversent de vastes plages d'apathie. Diderot avait remarqué qu'en Russie on avait toujours l'impression de vivre avant ou après un tremblement de terre. Une organisation politique classique pourra s'instaurer lorsqu'on aura cessé de croire à la catastrophe imminente, lorsque le gouvernement sera perçu autrement qu'un frêle esquif ballotté par une mer déchaînée, lorsque des convictions se seront reconstituées. De façon paradoxale, l'explosion soudaine de la liberté de la presse a aussi nui à l'enracinement d'institutions démocratiques, en faisant tourner jusqu'au vertige le kaléidoscope des idées nouvelles. On peut reprendre mot pour mot la description de Tocqueville dans *La Démocratie en Amérique* : « Lorsque la liberté de la presse trouve les hommes dans le premier état (de croyance ferme), elle leur laisse pendant longtemps encore cette habitude de croire fermement sans réfléchir ; seulement elle change chaque jour l'objet de leurs croyances irréfléchies. Sur tout l'horizon intellectuel, l'esprit de l'homme ne continue qu'à voir un point à la fois ; mais ce point varie sans cesse. C'est le temps des révolutions subites. Malheur aux générations qui, les premières, admettent tout à coup la liberté de la presse ! Bientôt cependant le cercle des idées nouvelles est à peu près parcouru. L'expérience arrive, et l'homme se plonge dans un doute et dans une méfiance universelle. » Il faut que les citoyens des États post-communistes puissent acquérir des convictions stables parce que mûrement réfléchies, trouver des dirigeants qui expriment ces convictions, et enfin se persuader qu'un homme politique peut être non seulement vertueux, mais efficace, même si la réalité des faits ne les encourage guère dans ce sens. Il faut qu'ils fassent l'apprentissage de la durée, aussi indispensable en politique qu'en économie, qu'ils « reprennent goût à l'avenir », comme dit Tocqueville. Tant que cette évolution n'aura pas eu lieu, les partis resteront ce qu'ils sont aujourd'hui, de petites chapelles ou des tronçons du système administratif ex-communiste. Et les dirigeants démocrates seront tentés de revenir aux bonnes vieilles recettes léninistes, point de vue parfaitement résumé par l'ancien maire de Moscou G. Popov : « Aucune cellule stable susceptible d'engendrer une société nouvelle ne pouvait se former au sein du système socialiste. C'est pourquoi nous ne pouvons nous appuyer sur des classes ou des partis de masse. Par conséquent **seule une minorité portée au pouvoir par les élections peut assurer la transition de l'ancienne société à la société nouvelle.** Et comme ce pouvoir n'est soutenu de manière stable que par **un groupe de citoyens d'avant-garde,** l'instance de pouvoir principale ne doit pas être le corps des députés, elle doit se situer dans le pouvoir exécutif et ses responsables[27]. »

La bolchevisation des institutions démocratiques — le « darwinisme institutionnel »

Les observateurs occidentaux ne cessent de s'étonner du truculent spectacle offert par les scènes politiques post-communistes. Chaque jour amène son scandale et son coup de théâtre, au point que la presse internationale commence à être blasée. On a la surprise de voir Eltsine, alors chef de gouvernement, s'attaquer à son propre gouvernement et le critiquer. La notion de solidarité gouvernementale est inconnue, constate-t-on avec ébahissement. Cette pratique peu commune dans une démocratie occidentale s'éclaire lorsqu'on se place dans la tradition communiste : Staline qui dirigeait tout ne s'en prenait pas moins aux « cadres responsables ». Ce détail fournit la clé de la dérive du dispositif politique post-communiste : les diverses institutions qui sont apparemment calquées sur celles de démocraties occidentales (parlement, gouvernement, présidence, Conseil de Sécurité, Conseil présidentiel, etc.) sont détournées par une logique de fonctionnement communiste (ou plus exactement totalitaire, car le même phénomène a été observé dans l'Allemagne hitlérienne), elles deviennent des lieux de pouvoir concurrents régies par le principe bolchevik « qui va l'emporter sur qui » (« kto kovo »). Chacune développe un appareil identique à l'ancien secrétariat du Comité central.

27. V. les très intéressantes analyses de Popov in *Izvestia*, 4 oct. 1991 ; *Nezavisimaïa Gazeta*, 5 oct. 91 ; 8 octobre 1991.

Chacune n'admet aucune limite à sa sphère de compétence[28].

Chacune de ces institutions que l'on prend en Occident pour l'équivalent d'institutions de même nom dans nos démocraties a en fait vocation à se développer en Parti/État sur le modèle du PCUS ; chacune va jusqu'à se donner des forces armées (ainsi le parlement russe s'était constitué une garde de 5 000 hommes dissoute par Eltsine en octobre 1992 mais qui se reconstituera en septembre 1993) et des services de renseignement. Le « pluralisme » post-communiste n'est en réalité que l'infinie répétition du même, une myriade de monades programmées pour se détruire entre elles mais de force égale, si bien que leur affrontement est un interminable match nul.

On assiste à une prolifération et une pulvérisation de la bureaucratie d'État, une sorte de jungle bureaucratique dans laquelle le plus impudent et le plus dénué de scrupules emporte des succès éphémères bientôt suivis de revers de fortune. Le partage des biens du PCUS a donné lieu à des batailles épiques rappelant fort les bagarres mettant aux prises des gangsters au moment de la répartition du butin. « Ils se bousculent comme des cochons auprès d'une auge », dira acidement Gorbatchev de ses successeurs[29]. Après le putsch, la vie politique russe n'a été qu'une cascade de scandales sur un fond de dégringolade économique. Dans les républiques ex-soviétiques, les choses n'allaient pas mieux. Le conflit entre le législatif et l'exécutif est une constante structurelle de tous les États post-communistes[30] ; le contenu peut varier — tantôt le gouvernement est perçu

28. Cette démultiplication parallèle des organismes bureaucratiques existait bien sûr sous le régime communiste : ainsi les sections du Comité central chargées d'administrer les diverses branches de l'économie doublent des sections analogues créées au sein du Conseil des ministres. « Chacun essayait de tirer la couverture à lui », écrit Ryjkov qui décrit excellemment le système.

29. Gratchev, 1992, p. 212.

30. C'est aussi un des traits de la période thermidorienne. La Constitution de l'an III avait si bien divisé les pouvoirs par crainte d'un retour à la dictature que le pouvoir législatif (représenté par le Conseil des Anciens et le Conseil des Cinq-Cents) et le Directoire chargé de l'exécutif se neutralisent entre eux.

comme un obstacle aux réformes et une place forte de l'ancienne nomenklatura, alors que le parlement incarne les forces démocratiques : c'était le cas en Lituanie sous madame Prunskiene ; tantôt c'est le président qui semble un rempart de l'ancienne nomenklatura, et l'opposition radicale se prononce en faveur d'un régime parlementaire, comme ce fut le cas en Estonie en 1992, ou en Moldavie où les « unionistes » (partisans du rattachement de la Moldavie à la Roumanie) représentés par le président du parlement Alexandre Mosanu ont reproché au président Mircea Snegur de faire le jeu de Moscou en préconisant une fausse indépendance de la république ; tantôt c'est le parlement qui apparaît comme l'obstacle au changement, comme en Russie sous le gouvernement Gaïdar à partir du printemps 1992. Ce conflit prend parfois des formes rocambolesques. En Russie, la guerre contre les organes législatifs (Congrès et Soviet suprême russe) menée par les nouvelles instances de pouvoir, comme le Conseil d'État[31] puis par le gouvernement qui en est issu[32] provoque la paralysie du pouvoir jusqu'en octobre 1993, moment où le conflit est résolu dans le sang. Chaque fonction (vice-présidence, Conseil d'État, présidence du parlement, administration du président, administration du gouvernement, conseil des chefs de républiques, etc.) n'existe que par son incarnation dans tel ou tel leader, et chaque leader affirme son droit à une place au soleil en invectivant les responsables de lieux de pouvoir concurrents. Sur les bancs du parlement de Khazboulatov,

31. dont le président, G. Bourboulis, déclare : « Les organes représentatifs sont devenus un frein considérable à nos réformes »... V. *Nezavisimaïa Gazeta*, 12 sept. 1991.

32. Le Conseil d'État a été créé le 23 juillet 1991 et il a été doté de pouvoirs étendus. Son objectif est « l'élaboration de la stratégie de la politique présidentielle ». Y entrent alors S. Stankevitch, chargé des affaires sociales, S. Chakhraï, chargé des questions juridiques, et You. Skokov, l'ex-vice-président du Conseil des ministres de la RSFSR, un homme de confiance de Eltsine. Le 6 novembre 1991 le Conseil d'État est liquidé et transformé en nouveau gouvernement russe. G. Bourboulis devient vice-Premier ministre. E. Gaïdar est responsable de la réforme économique, A. Chokhine du budget, N. Fiodorov des affaires étrangères et du commerce extérieur, You. Skokov de la sécurité (malgré l'hostilité témoignée à l'égard de ce dernier par les démocrates russes).

des ministres furent traités entre autres gracieusetés de « galopins en culottes roses », de « vermisseaux » sans compter bien sûr les éternelles accusations d'incompétence, de trahison et de corruption. Les amabilités volèrent à travers la scène politique russe comme des assiettes. Les députés en vinrent aux mains. Le ministre Barannikov, alors responsable des forces de sécurité russes, alla jusqu'à déclarer publiquement que les députés du parlement russe sont « des vauriens qu'il faudrait chasser[33] ». Ironie du sort, lorsque son vœu s'exauça deux ans plus tard, il se trouvait de l'autre côté de la barrière, dans le camp parlementaire.

On se chamaille interminablement pour tout : les immeubles appartenant autrefois au PCUS, la télévision, les organes de presse[34], etc. On peut reprendre mot pour mot la description de Montesquieu du régime populaire « lorsque la vertu cesse » : « Comme ceux qui avaient part aux affaires n'avaient point de vertu, que leur ambition était irritée par le succès de celui qui avait le plus osé, que l'esprit d'une faction n'était réprimé que par l'esprit d'une autre, le gouvernement changeait sans cesse ; le peuple étonné cherchait la démocratie et ne la trouvait nulle part... Le trésor public devient le patrimoine des particuliers. La république est une dépouille ; et sa force n'est plus que le pouvoir de quelques citoyens et la licence de tous[35]. »

Le psychodrame de la vie politique russe, sous sa confusion et son incohérence de surface, a une explication simple. Les nouvelles institutions issues de la fission du PCUS sont programmées comme ce dernier et elles prennent toutes la forme et le comportement de leur organisation mère.

L'administration du président russe[36] se constitue sur le

33. *NG*, 10/10/91. Le vernis démocrate de Barannikov n'a pas résisté longtemps aux épreuves du post-communisme. Selon lui « le peuple est las de la perestroïka. Seuls des détachements armés pourront assurer le succès des réformes ».

34. Une longue querelle sur le statut futur des *Izvestia* a opposé le président Eltsine au parlement de Russie.

35. *Esprit des Lois*, Livre III, chap. 3.

36. Au grand scandale des démocrates, elle est d'abord dirigée par un vieil apparatchik, You. Petrov, ancien ambassadeur de l'URSS à Cuba, et assistée

modèle du secrétariat du Comité central, de même que le Conseil de Sécurité, qui se donne en janvier 93 une Commission de politique étrangère rappelant à s'y méprendre le Département international de l'ancien PCUS. Pour contrer la guéguerre des satrapes locaux, et l'opposition des multiples segments de l'ancienne machine Parti/État qui persistent dans leur être, le clan présidentiel secrète inlassablement de nouvelles structures de pouvoir : nous avons déjà mentionné le Conseil de Sécurité de la Fédération de Russie, présidé par le chef de l'État, afin notamment de faire face aux « menaces intérieures et extérieures sur les intérêts de la Russie[37] ». L'appareil du Conseil de Sécurité[38] constitue le noyau autour duquel sera créé en octobre 1992 le Conseil des chefs des républiques, nouvelle structure de pouvoir dépendant du président que Eltsine comptait utiliser contre le parlement, comme un an et demi auparavant, après Novo-Ogarevo, Gorbatchev avait essayé de s'appuyer sur les leaders des républiques pour stabiliser son autorité chancelante. Autre trait hérité de l'ancien désordre totalitaire : la multiplication des commissions, des sections et des administrations de tout genre qui dépendent directement d'un Führer. En janvier 93, au moment où son pouvoir est violemment remis en cause par des institutions rivales (parlement et gouvernement), le président Eltsine renforce son Conseil de Sécurité d'une Commission anticorruption dotée de pouvoirs « supralégaux » et d'une Administration des territoires chargée de contrôler la périphérie.

A cela il faut ajouter la bi-polarité du pouvoir présiden-

d'un Secrétariat dirigé par un autre apparatchik, V. Iliouchine, au pedigree non moins éloquent (séjour en Afghanistan, diplôme à l'Académie des Sciences sociales). You. Petrov démissionne en avril 1992 et est remplacé par A. Golovkov qui doit son ascension au mouvement Russie démocratique.

37. Créé le 3 mars 1992, cet organisme est formé, en dehors du président de la Fédération de Russie, du vice-président russe, du premier vice-président du parlement, du chef du conseil des ministres et de certains dirigeants des ministères et des départements d'État. Ce Conseil de Sécurité est aussi chargé « de la création et de l'entretien des forces et des moyens de sécurité — garde-frontières, douanes, forces armées, organismes de la sécurité fédérale, service d'espionnage extérieur, forces intérieures ».

38. Dominé par You. Skokov jusqu'à la disgrâce de celui-ci en 1993.

tiel : le vice-président Routskoï mène son jeu à lui, il guerroie contre le gouvernement[39] et le président.

Le gouvernement est tiraillé entre tous les pôles de pouvoir opposés. Ce qui ne l'empêche pas d'imiter les vieilles structures du PCUS tout autant que les autres centres de pouvoir. Il est constitué de neuf départements (à l'image de feu le secrétariat du Comité central) et agrémenté par le successeur de Gaïdar V. Tchernomyrdine d'une Section générale, réplique exacte de feue la Section générale du défunt Comité central. L'appareil du gouvernement, lui-même gigantesque, est devenu autonome et mène parfois une politique opposée à celle du gouvernement lui-même. Le nombre des ministères en 1992 fait rêver : on en compte 130 ! Et le seul ministère de l'Économie emploie 1 800 personnes. La démultiplication des ministères résulte de la lutte des clans au sein de la corporation dirigeante : le groupe vainqueur se taille un nouveau ministère au sein d'un ministère détenu par le clan rival[40]. Même prolifération au niveau régional : la petite république kalmouke entretenait 40 ministères. Là encore, il faut évoquer le passé bolchevik, le dédoublement et la concurrence « appareil du Comité central/ appareil gouvernemental », pour comprendre le déroutant chaos post-communiste. Toute cette « fissiparité » institutionnelle nourrit la gigantesque armée des bureaucrates : « L'appareil centralisé russe d'aujourd'hui est plus nombreux que l'appareil ex-soviétique et il fonctionne infiniment plus mal », si l'on en croit le président du Bachkortostan Mourtaz Rakhimov[41]. En effet, si l'URSS comptait 85 administrations centrales, la fédération russe en

39. « Je ne crois pas à un gouvernement recruté en fonction des diplômes universitaires. » V. *NG*, 18/12/91.

40. Le meilleur exemple de ce processus est la création par l'équipe Gaïdar du ministère des Relations économiques extérieures détaché du ministère des Affaires étrangères contrôlé par Kozyrev qui ne fait pas partie du clan Gaïdar. Cf Peter Stavrakis « Government Bureaucracies : Transition or Disintegration ? » in *RFE/RL Research Report*, vol. 2, n° 20, mai 1993. Sous Brejnev les ministères se reproduisaient car il fallait caser la nombreuse famille Brejnev. Ainsi un ministère de l'Équipement pour l'élevage taillé dans le ministère de l'Agriculture avait été confié à L. Beliak, beau-frère de Brejnev.

41. *NG*, 10/04/92.

dénombre 137 dès 1992. Quatre bureaucraties géantes et concurrentes sont chargées de gérer les investissements étrangers. Les vice-premiers ministres ne cessent d'éclore comme des champignons après la pluie : 9 à l'automne 1992 ! Et chacun mène sa politique, souvent opposée à celle du chef de gouvernement.

Quant au parlement de Khazboulatov, il évoquait lui aussi de plus en plus nettement l'ancien Comité central, qui s'était d'ailleurs presque entièrement « recyclé » dans l'appareil du Soviet suprême. Le Présidium du parlement rappelait fâcheusement le Politburo. Le président-secrétaire général Khazboulatov y faisait régner le « centralisme démocratique » grâce à un savant système de prébendes qui avait transformé les députés en mercenaires. Khazboulatov tenait ses hommes par plus que des convictions politiques et des programmes : c'est lui qui distribuait les voitures de fonction, les appartements à Moscou, les billets d'avion à l'étranger, etc... Il menait son parlement à la baguette, comme un maître d'école régenterait une classe d'élèves débiles légers. Les députés qui refusaient de voter tel amendement important à ses yeux étaient traités de « subversifs » comme au bon vieux temps. Avant chaque vote il ne se gênait pas pour dicter aux députés les décisions qui devaient être prises. Le parlement était le parti de Khazboulatov, rien d'autre, un parti discipliné comme le parti bolchevik et qui, comme lui, tendait à s'ériger en État. Mais comme le Politburo autrefois, les luttes internes déchiraient le Présidium, et si l'autorité de ce dernier sur la piétaille parlementaire n'était pas mise en cause, la direction du Présidium faisait l'objet d'intrigues acharnées.

Autour du parlement, on a pu constater la même floraison d'organismes et d'administrations qu'autour du pouvoir présidentiel : citons par exemple du « Comité pour la liberté de conscience » créé en novembre 1992, qui est chargé de constituer « une banque de données sur les associations religieuses » et qui rappelle à s'y méprendre l'ancien Comité des Affaires religieuses, courroie de transmission entre le KGB et les Églises.

Le Congrès et le Soviet suprême coiffaient la pyramide des Soviets territoriaux, régionaux, municipaux, etc... (il y avait plus de 4 millions de députés au total en Russie en 1993). Les eltsiniens, induits en erreur par la tradition bolchevique, contents de contrôler la verticale de l'exécutif, ont d'abord considéré les Soviets comme des entités négligeables. C'était oublier que les Soviets n'étaient plus les symboliques façades du temps pré-perestroïkiste. La réforme gorbatchévienne y avait transvasé les comités du parti, de bas en haut, et la pyramide soviétique représentait en fait une variante « non marquée » de l'appareil du PCUS.

A tous les niveaux s'est donc reproduit le conflit entre le « législatif » et « l'exécutif », entre les Soviets et les administrations. Le Congrès soutenait le combat des Soviets : ainsi le VIIe Congrès (décembre 1992) a adopté un amendement autorisant les Soviets à voter une motion de censure contre un « gouverneur » et à le relever de ses fonctions au cas où il ne donnerait pas satisfaction ; son successeur serait alors élu (c'est-à-dire coopté par les notables du terroir) ou nommé par le pouvoir exécutif[42].

Toutes ces administrations qui prolifèrent dans l'atmosphère raréfiée de la pénurie économique et du désintérêt des citoyens se caractérisent par une totale indifférence à la réalité, et partant une méconnaissance de cette réalité au moins égale à celle des anciens fonctionnaires communistes. Dans ce milieu seules importent les intrigues du sérail. Les chefs, les partis, les organisations apparaissent et disparaissent comme des bulles de savon. Les relations entre les différents protagonistes sont fluides et insaisissables : tel adversaire juré du président se déclare soudain son allié et vice-versa.

42. La question du mode de recrutement des gouverneurs a été une pomme de discorde permanente entre le parlement et le président. Dans la foulée de sa victoire en 1991 Eltsine avait imposé la nomination des gouverneurs par le président. Mais le parlement ne s'est pas résigné à cette défaite, et à partir d'avril 1992, de Congrès en Congrès, il rogne les « pouvoirs exceptionnels » du président.

Le comportement des chefs n'est pas moins bolchevik que l'évolution des structures. A la veille du VIIe Congrès en décembre 1992 le président du parlement russe rencontre systématiquement les responsables des Soviets régionaux et s'assure de leur soutien, exactement comme autrefois le secrétaire général du PCUS s'appuyait sur les secrétaires d'obkom en cas de lutte pour le pouvoir au sommet ; pour ne pas être en reste, Eltsine convoque les préfets et il est obligé de leur faire une concession de taille : il promet de rappeler les représentants du pouvoir présidentiel dans les provinces, dont les ingérences exaspéraient les responsables locaux. Le mode de pensée des leaders, même démocrates, reste lui aussi gravement entaché de bolchevisme. Ainsi en mars 93 le président Eltsine attribue la « déstabilisation » interne du pays à l'absence de projet de politique extérieure, comme si la politique intérieure demeurait simplement un prolongement du dessein messianique inscrit dans l'action extérieure, ce qu'elle était sous Lénine.

Les rebondissements du « combat des chefs » mettent en lumière les deux traits caractéristiques de la vie politique post-soviétique hérités du passé communiste : l'influence prédominante des procédés tchékistes dans les formes de la lutte politique (recours à la délation, aux provocations, aux coups tordus, à la manipulation) et l'analogie croissante de la classe politique avec le monde de la pègre. Les nouveaux dirigeants ressemblent davantage à des « parrains » qu'à des hommes d'État. Les mandats parlementaires sont brigués car ils apportent l'immunité à vie[43]. Or ceci n'a pas seulement pour conséquence de réduire la lutte politique à des querelles autour du partage du butin. Comme l'observait Rauschning à propos de l'hitlérisme, « le principe du "chef" et de sa "bande" supprime toute possibilité de constituer un État. Là où ce principe préside à la formation de la volonté politique, l'État, dans l'acception historique du mot, n'est plus possible ; il en est de même pour l'ordre social[44]. »

43. Paragraphe 5, article 30 de la loi sur le statut des députés de Russie. On cite le cas d'un député de Severodvinsk coupable d'assassinat qui n'a pas pu être arrêté car le Soviet a refusé de lever l'immunité parlementaire. Cf *NG*, 9/6/93.

44. *La révolution du nihilisme*, Paris, 1980.

Les grands bénéficiaires de cette bataille au sommet sont les autorités locales. Des fiefs régionaux se constituent ou plutôt se reconstituent[45]. Les mairies de Moscou et Pétersbourg deviennent de véritables États. Rien qu'à Moscou on a un Mossoviet[46], une Douma municipale, une Assemblée municipale, une Direction des affaires, un Département du maire, une Section du maire-adjoint, un gouvernement municipal doté d'un premier ministre, etc. Les chefs de ces mini-États/Parti mènent eux aussi une guérilla intermittente contre le gouvernement fédéral et sapent discrètement l'autorité du président[47]. Les municipalités de Moscou et de Pétersbourg reproduisent de façon fracassante le conflit entre législatif et exécutif que nous venons de décrire. Popov et Sobtchak ont dû ferrailler dès le début contre le Mossoviet et le Pétrosoviet, mini-parlements qui entendaient bien ne pas abandonner la totalité du gâteau municipal aux robustes appétits des maires.

Il est intéressant de voir comment la situation politique était perçue à la base. En mai 1993, un sondage a été fait à Tcheliabinsk. On demandait aux habitants de la ville d'indiquer où se trouvait le pouvoir à leur avis. 13 % ont répondu qu'il n'y avait pas de pouvoir, 7 % que le pouvoir appartenait aux Soviets, 13 % que le pouvoir était aux mains de l'administration et 22 % aux mains des structures mafieuses[48].

Jusqu'à la dissolution des Soviets après les événements

45. Les secrétaires de parti régionaux étaient de véritables satrapes au pouvoir absolu, et dont la soumission à Moscou était plus symbolique que réelle. C'est cette structure qui refait surface aujourd'hui sous l'étiquette des « Soviets » et sous celle des « gouverneurs » présidentiels.

46. Dissout en octobre 1993.

47. Sobtchak a stigmatisé le 3 mars 1992 le choix des hommes fait par Eltsine pour occuper des postes clés. « Il prend n'importe qui, même les gens qui ont fait tomber le gouvernement Silaev... Il y a beaucoup de gens au pouvoir que je n'oserais pas qualifier de démocrates... Je ne pourrais travailler dans l'actuelle équipe de Eltsine. » Le trait ne manque pas de piquant lorsqu'on apprend que Sobtchak lui-même est accusé par les démocrates de Pétersbourg de s'entourer systématiquement d'agents du KGB blanchis sous le harnois, grands pourfendeurs de la dissidence en leur temps.

48. *Vesti*, 22/05/93.

sanglants d'octobre 1993, le pouvoir se répartit dans les régions entre un triangle constitué par le Soviet, le chef d'administration (souvent l'ex-premier secrétaire de la région, nommé par le président) et le représentant du président auprès du chef d'administration (sorte de commissaire politique chargé de contrôler la mise en œuvre de la politique du président et de lutter contre les tendances « centrifuges » des autorités locales — son rôle a été défini par l'oukaze présidentiel du 15 juillet 1992). Ce dernier doit s'abstenir de se mêler de la politique économique locale, mais il doit jauger les cadres et repérer les partisans de Eltsine afin de leur assurer une promotion rapide. Le Soviet est constitué par la nomenklatura économique locale (directeurs d'entreprises et de kolkhozes, etc.). Le chef d'administration louvoie entre son « adjoint » (le représentant du président) et les notables locaux du Soviet. L'« adjoint » essaie de jouer le rôle du secrétaire d'obkom[49] d'autrefois, mais ses ambitions heurtent celles du Soviet qui a hérité tous les anciens pouvoirs du comité du parti après l'interdiction du PCUS. Lorsque la tutelle de l'adjoint se fait trop pesante, le Soviet joue la carte de la régionalisation : ainsi celui de Tomsk est devenu un ardent partisan de la République soviétique de Sibérie[50].

Dans tout cela il n'est pas question de séparation des pouvoirs, de délimitation des compétences, ni même de conflits idéologiques entre « revanchards » brun-rouge et « démocrates » : il s'agit simplement d'une lutte pour s'emparer du pouvoir total autrefois concentré dans le défunt comité du parti et d'une rivalité pour mettre le grappin sur les biens publics. Comme le faisait remarquer l'ex-maire de Moscou G. Popov[51], on a tort de prendre pour une lutte entre partisans et adversaires des réformes ce qui est seulement « une répartition du nouveau pouvoir russe entre les différents détachements de la bureaucratie russe ». Le Congrès jouait un rôle « d'étude notariale », il enregistrait les répartitions.

49. Comité du parti régional.
50. *Stolitsa*, n° 47, 1992.
51. Interview du 2/12/92.

Comme sous l'ancien régime communiste, la « politique des cadres » reste le principal levier du pouvoir. C'est elle qui assura longtemps sa position dominante à G. Bourboulis, chargé entre autres de sélectionner les « commissaires politiques » envoyés auprès des gouverneurs. C'est pour elle qui se livrèrent les batailles les plus acharnées, comme celle qui opposa le Congrès de Russie au président en décembre 1992 : au fond, il s'agissait de savoir qui nommerait les ministres. Les reculades de Eltsine purent alors se mesurer au nombre de portefeuilles qu'il abandonnait au président du Soviet suprême Khazboulatov ; le renversement de la tendance après le référendum d'avril 1993 se traduisit par l'installation d'une nouvelle fournée de eltsiniens aux postes-clés de l'appareil d'État. En juin 1993, le président Eltsine crée un Conseil de la politique des cadres qui semble une réplique de feu le Département des cadres du Comité central. Sa fonction est définie par l'un de ses deux co-présidents, V. Choumeïko, en termes fleurant bon le soviétisme : il doit « permettre de purger des organes du pouvoir exécutif les gens qui nous sont idéologiquement étrangers[52] ».

Après maintes péripéties, la bataille s'est terminée par la victoire de l'« exécutif » en octobre 1993. La lutte pour le pouvoir ne s'achève pas pour autant : les mécanismes que nous venons de décrire continuent à jouer, et les différents segments de la corporation régnante restent animés de la volonté communiste de destruction des instances rivales. Quelques jours après l'écrasement des Soviets, l'administration présidentielle et le clan gouvernemental commencèrent à se bagarrer pour le contrôle des media audiovisuels.

Cependant cet archaïsme bolchevik se combine à la tendance apparue en 1988 d'une « commercialisation » des structures de pouvoir. L'administration du président se constitue en une vaste corporation qui a le droit de créer des entreprises mixtes avec des partenaires étrangers, qui gère des immeubles, des restaurants, des hôtels, des imprimeries,

52. *Radio Russie*, 8/6/93.

des garages, des hôpitaux, des sanatoriums, etc. (décret présidentiel du 14 janvier 1993). Le vice-président Routskoï dirigeait le Fonds de développement social de la Russie. Le ministère de la Défense ferraillait avec le ministère des Relations économiques avec l'étranger qui lui disputait le monopole des ventes d'armes. Le cas le plus intéressant et le plus révélateur peut-être est celui de la Kalmoukie, depuis l'élection au printemps 93 du président Kirsan Ilioumjinov dont le slogan électoral était : « Je ne suis pas communiste, je ne suis pas démocrate, je suis capitaliste. » Dès son arrivée au pouvoir, Ilioumjinov supprime les Soviets, la liberté de la presse et les partis politiques, en prenant soin d'assurer aux députés et aux activistes une position rentable dans les structures commerciales existant dans la république ; quelques semaines plus tard, il suspend la privatisation. Son objectif est de transformer la république kalmouke en une firme appartenant à la corporation du président, qui engloberait tous les citoyens. La république sécessionniste de Transnistrie (Moldavie) illustre un processus inverse mais de même nature : un trust militaro-industriel dirigé par un apparatchik énergique s'est tout simplement érigé en État.

Le « tropisme gorbatchévien » des régimes post-communistes sur le territoire de l'ex-URSS est de plus en plus sensible. Partout on joue avec l'idée d'instaurer « le couvre-feu », comme si cette mesure représentait une panacée à tous les maux de l'état démocratique : on se souvient quelle place avait occupé le fantasme de « la poigne de fer » sous le gorbatchévisme tardif. L'idée est reprise dès le printemps 1992 par l'éminence grise de l'équipe Eltsine, G. Bourboulis, qui demande même à l'IMEMO (un des innombrables think tanks dont il a été question plus haut) une étude sur la question suivante : « Comment introduire en Russie un autoritarisme éclairé ? Comment expliquer son utilité à la population[53] ? » Même flirt que sous Gorbatchev

53. *Kommersant*, nº 12, 16-23 mars 92.

avec l'idée d'un « pouvoir présidentiel », formule floue dans laquelle on voit une échappatoire aux fatigantes complications démocratiques. Mêmes incertitudes de Congrès en Congrès, mêmes alarmes devant « l'offensive conservatrice », mêmes fausses victoires : « La tactique habituelle d'Eltsine est qu'à la fin de chaque crise politique ses pouvoirs augmentent », constate un proche d'E. Gaïdar, K. Kagalovski, à la veille du VIe Congrès des députés de Russie en avril 1992. C'était vrai pour Gorbatchev, avec le résultat final qu'on a vu. Même le ministre des Affaires étrangères Kozyrev semble avoir voulu tenter un remake de Chevarnadzé en décembre 1992 en lançant son discours empreint d'un esprit de « guerre froide » à Stockholm. Tout comme le chef de la sécurité russe Barannikov semblait copier son prédécesseur Krioutchkov en attribuant les malheurs de la Russie à un complot occidental visant entre autres à organiser la « fuite des cerveaux[54] ». Le Conseil de la Fédération créé par Eltsine en février 1993 rappelle désagréablement l'institution de même nom imaginée en mars 1990 par Gorbatchev pour stopper le mouvement centrifuge de l'URSS ; de même, les tentatives des eltsiniens visant à rogner les libertés gagnées par les républiques autonomes en mettant en avant le slogan de l'« égalité de statut » avec les régions et les territoires russes : on a vu comment Gorbatchev avait cherché à jouer la carte des républiques autonomes de Russie contre les républiques fédérées.

Le conflit chronique entre président et parlement a été interprété à tort comme un conflit entre exécutif et législatif. En fait, il tenait à la vigoureuse survie du système des Soviets qui avait servi de véhicule à la communication de la société russe. Le système des Soviets était vicié à la base, même en dehors de tout noyautage par le parti communiste, car il présupposait la confusion des trois pouvoirs, à tous les niveaux de la hiérarchie de l'État. Citons le dictionnaire politique publié en 1923 : « Les traits distinctifs d'une répu-

54. Discours au VIIe Congrès.

blique soviétique sont l'absence de distinction entre les organes législatifs et exécutifs, l'unité du gouvernement central et local. » De là l'incompatibilité du Congrès et du pouvoir présidentiel : le Congrès voulait cumuler le législatif et l'exécutif, à l'image des Soviets locaux, organes de l'auto-administration municipale et communale.

On peut se demander comment a surgi le pôle présidentiel que ce dispositif « soviétique » semblerait exclure *a priori.* L'explication immédiate doit être cherchée dans les événements qui ont mené à la fin du communisme : à tous les niveaux (URSS, États post-soviétiques, républiques autonomes de Russie) les présidents ont assumé la décommunisation bon gré mal gré, même s'ils étaient eux-mêmes issus de la nomenklatura — ou plutôt pour cette raison : pour les anticommunistes un pouvoir fort devait se constituer afin de venir à bout de l'ordre ancien, pour les nomenklaturistes il importait d'avoir une protection en haut lieu qui limite et canalise les instincts révolutionnaires de la population. Le renforcement du pôle présidentiel tient à la carence en légitimité des Soviets évoquée plus haut. Ceux-ci se réclamaient en effet de la « souveraineté populaire », dont nous avons vu qu'elle avait perdu tout crédit auprès des citoyens post-communistes. La volonté de personnifier le pouvoir, c'est-à-dire le désir d'un retour au réel, déjà visible sous le régime communiste, bien qu'en totale contradiction avec la doctrine marxiste, continue à se manifester dans l'après-communisme. Chaque peuple semble attendre un Solon qui établirait les lois de la cité future, un prince législateur qui placerait la source du droit hors de la portée de la suspecte « souveraineté populaire », qui pourrait dire comme Solon : « Au peuple j'ai donné autant de puissance qu'il suffit, sans rien retrancher ni ajouter à ses droits. Pour ceux qui avaient la force et en imposaient par leur richesse, pour ceux-là aussi je me suis appliqué à ce qu'ils ne subissent rien d'indigne. Je suis resté debout, couvrant les deux partis d'un fort bouclier, et je n'en ai laissé aucun vaincre injustement... J'ai rédigé des lois égales pour le bon et le méchant, fixant pour chacun une justice droite... Déployant toute ma vigueur, je me suis tourné de tous côtés, comme un loup au milieu d'une meute de chiens... Comme entre deux armées, je me suis tenu aussi ferme qu'une borne[55] », ou bien plutôt encore, un prince législateur et civilisateur comme Numa Pompilius, admiré de Machiavel car il « a eu recours à l'entremise d'un dieu pour faire accepter des lois exceptionnelles, inadmissibles autrement : en effet, nombreux sont les principes utiles dont un sage législateur connaît toute l'importance et qui ne portent pas avec eux des preuves évidentes qui puissent frapper les autres esprits ».

La crise politique du post-communisme est avant tout une crise de l'idée de représentation : comme si la société avait fini par se méfier de tous ceux qui, prétendant traduire ses lois immanentes, accédaient au pouvoir suprême, se séparaient radicalement d'elle et la traitaient ensuite de matière inerte où devait être réalisé le projet de l'homme nouveau — pour reprendre l'excellente formule de P. Manent, par « la perversité de l'idée moderne de représentation, la volonté du peuple souverain revient asservir le peuple[56] ». On comprend alors l'erreur des présidents qui essaient de passer par-dessus la tête de leurs adversaires en faisant appel « au peuple », c'est-à-dire en se posant en représentants plus légitimes de la « souveraineté populaire » : ce fut le cas de B. Eltsine au cours du Congrès de décembre 1992, de V. Landsbergis dans sa campagne électorale de l'été 1992. A chaque fois le peuple a démonstrativement manifesté son refus d'entrer dans un jeu politique qu'il perçoit comme une menace. L'instance représentative est constamment soupçonnée de vouloir anéantir la société : d'où le rejet de la représentation, qui se traduit par l'impopularité du parlement, la faible implantation des partis, l'abstentionnisme lors des scrutins, la non-participation à la politique, l'effritement rapide de la position des leaders charismatiques fugitivement portés par la vague populaire[57].

55. Aristote, *Constitution d'Athènes* XII, 1-5.

56. V. Pierre Manent « Le totalitarisme et le problème de la représentation politique » in *Commentaire* n° 26, été 1984, p. 205-213. On trouvera dans cet article une analyse fine de l'ambiguïté de l'idée de représentation.

57. Les résultats du référendum russe d'avril 1993 n'infirment pas cette constatation. La population russe avait été soumise par les media presque

Les sociétés post-communistes qui ont une piètre idée d'elles-mêmes et ne se croient pas capables de produire le droit, sont en quête d'un principe de légitimité transcendant[58] ; elles accepteraient un pouvoir personnel, à condition justement que ce pouvoir se pose comme non représentatif ; et comme source de droit, un droit qui serait une rupture avec les usages pervers de la période totalitaire et qui serait perçu comme permettant l'amélioration de l'homme. Dès que le chef charismatique fait mine de se référer à la « souveraineté populaire », il suscite la méfiance.

La fureur de légiférer et la rage des programmes

Il n'est pas de contrée au monde où l'on légifère davantage que dans les États post-communistes. Le président Eltsine s'est estimé délié de son serment à la Constitution de 1978 car en dix-huit mois le parlement russe a apporté à cette dernière plus de 300 amendements. Tous les centres de pouvoir décrits plus haut possèdent une initiative législative : oukazes, lois, décrets, instructions souvent contradictoires pleuvent de partout sur les malheureux citoyens. Les républiques et les régions ne sont pas en reste. Chaque rebondissement de la lutte pour le pouvoir au sommet se traduit par une bataille de lois ; si des décisions illégales sont adoptées, qu'à cela ne tienne, on modifie tambour battant la constitution pour l'adapter aux nécessités du moment. Toute cette production rappelle le jugement de Joseph de Maistre sur les travaux des assemblées nationales de la France révolutionnaire : « Lorsqu'on réfléchit sur ce nombre infini de lois, on éprouve successivement deux sentiments bien différents : le premier est celui de l'admiration, ou du moins de l'étonnement... Mais l'étonnement se

entièrement contrôlés par le clan présidentiel à un chantage à l'apocalypse en cas d'échec de Eltsine, et le vieux réflexe soviétique a joué : autant approuver celui qui est en place plutôt que de voir arriver quelqu'un de pire.

58. D'où la popularité de l'idée monarchique.

change tout à coup en pitié, lorsqu'on songe à la nullité de ces lois... » Et Joseph de Maistre conseille au législateur d'imiter le Créateur ; qu'il « enfante, et puis qu'il se repose. Toute législation vraie a son sabbat ». Hélas, le temps qui n'est pas consacré à faire des lois est employé à la mise sur pied de programmes et de réformes. Le vice-président Routskoï s'est vanté d'avoir rédigé 90 programmes « économiquement et techniquement fondés » permettant l'amélioration de l'agriculture russe pendant les quelques mois où il a été chargé du dossier de l'agriculture. Et après cela on ose lui reprocher les piètres performances des kolkhozes ! Le monde est bien ingrat[59].

Le clan présidentiel a fait grief au parlement de rafistoler la vieille constitution brejnévienne au gré des besoins du moment. Mais à peine avait-il dispersé son adversaire qu'il adopte la même conception marxiste du droit comme le « produit » d'un rapport de forces : il se met immédiatement à modifier le projet de constitution élaboré durant l'été 1993, car, comme le soulignait le président du Collège constitutionnel Viktor Cheinis, il fallait « retravailler le projet de constitution... en tenant compte des résultats de la modification dans la corrélation des forces après l'insurrection fasciste des 3-4 octobre ».

Nous assistons à un décalage croissant entre une classe politique occupée à résoudre la question léniniste du pouvoir, en dehors de toute voie institutionnelle mais à coups d'initiatives législatives, et une population absorbée dans sa difficile tentative d'adaptation aux conditions de vie nouvelles. Le reflux néo-communiste que l'on observe dans de nombreux États issus de l'ancien bloc soviétique ne s'explique pas par un retour de foi marxiste mais par le fait que la société se retire de la politique : le squelette des structures anciennes, qui n'ont jamais été démantelées, apparaît alors au grand jour.

59. *Sročno v nomer*, n° 40, juin 1993.

3. LE CAS RUSSE

« Vous avec quelle industrie le gouvernement moscovite cherche à sortir du despotisme, qui lui est plus pesant qu'aux peuples mêmes. On a cassé les grands corps de troupes ; on a diminué les peines des crimes ; on a établi des tribunaux ; on a commencé à connaître les lois ; on a instruit les peuples. Mais il y a des causes particulières, qui le ramèneront peut-être au malheur qu'il voulait fuir. »

Montesquieu,
Esprit des Lois

Comparée à celle des autres États post-communistes, la scène politique russe se caractérise par deux traits spécifiques. Le premier est l'influence des mythes sur le comportement politique, et notamment la résurgence du vieux débat slavophiles/occidentalistes. Pour les anciennes républiques de l'URSS, le démantèlement de l'empire soviétique signifie avant tout la possibilité de retourner dans le giron d'une culture qui avait connu une éclipse durant la soviétisation forcée : l'Ukraine, les États baltes et la Biélorussie veulent réaffirmer leur identité européenne, tandis que les régions musulmanes se rapprochent du monde turc. Pour la Russie le démantèlement de l'empire signifie avant tout la rupture des liens avec l'Europe et l'Asie et il pose à nouveau le lancinant problème de l'identité russe.

Le second trait caractéristique de la politique russe est l'importance revêtue par la provocation et la théâtralisation, au point qu'on se demande toujours quelle grille de lecture appliquer aux événements. Faut-il les interpréter au premier degré ou faut-il chercher de sombres complots et d'inavouables arrière-pensées ? L'analyse des implications combinées des modes de comportement bolcheviks et du facteur mythologique dans l'attitude des dirigeants russes permet d'apporter quelques éléments de réponse à cette question à laquelle se heurtent tous les observateurs de la Russie.

La crise qui a suivi les événements d'août et de décembre 1991 a réactivé tous les vieux mythes de la conscience politique russe, qui fournissent des pseudo-explications au fiasco des « réformes ». L'éternel débat russe entre « occidentalistes » et « slavophiles » est revenu en force. Au lieu de se demander quelle réforme a eu lieu, au lieu de chercher ce qui dans la politique menée a bien pu entraîner la catastrophe, ce qui dans la catastrophe était dû à l'héritage socialiste, on conclut hâtivement que le grand tort de l'équipe Gaïdar a été de vouloir appliquer des recettes concoctées dans les universités américaines au terroir russe, de ne pas avoir cherché « une troisième voie » répondant aux spécificités russes. La débâcle a entraîné un regain de slavophilie et de méfiance à l'égard de l'étranger, surtout à partir de l'automne 1992. Eltsine, toujours sensible à la direction du vent, s'est senti obligé de ressortir les vieilles lunes de la « troisième voie » dans une interview à *Argumenty i Fakty* (n° 42, oct. 1992) : « Nous ne menons nullement la Russie au capitalisme. La Russie est un pays unique. Elle ne sera ni socialiste, ni capitaliste, elle sera russe... » La raison politique, qui n'a jamais été le fort des Russes, continue à être la grande absente. Sous Gorbatchev on dissertait dans une langue pâteuse sur les « problèmes globaux » et les « valeurs humaines communes ». A l'automne 1992, dans les semaines qui ont précédé le VIIe Congrès, on revient à un registre plus familier : la délation et la paranoïa. L'article publié en novembre dans *Sovietskaïa Rossia* accusant des démocrates de premier plan d'être des agents d'influence stipendiés par l'étranger a semé la panique dans le camp eltsinien. La même accusation de trahison est reprise dans l'interpellation lancée au VIIe Congrès par le député M. Astafiev à propos du traité de désarmement signé avec les États-Unis en juin 1992, qui, aux yeux des patriotes, « brade » la défense russe et « a été dicté » par les États-Unis au point que le texte russe fourmille d'anglicismes. L'Occident est représenté comme un rapace qui n'a d'autre idée que de piller la Russie en s'appuyant sur une « bourgeoisie comprador » à ses ordres, elle-même incarnée par « le gouvernement provisoire d'occupation de Eltsine ». Les plus noirs desseins sont prêtés à l'Occident : par exemple, celui de transformer la Russie en poubelle écologique, celui de planifier et de mettre en œuvre l'effondrement démographique russe[60], d'organiser la tiers-mondisation de la Russie, de planifier l'inflation, la fuite des cerveaux, etc. : bref, tous les désastres frappant la Russie à cause du socialisme passé et présent, intérieur et extérieur, et de l'ineptie chronique de ses dirigeants, sont imputés à la volonté mauvaise du monde occidental. Nous ne sommes pas très loin des thèses de « sabotage », de « restauration du capitalisme » sous l'influence des « puissances impérialistes » en faveur à l'époque stalinienne. Les événements autour du Congrès de décembre 1992 révèlent avant tout cette régression dans le mythe qui est sans doute la conséquence la plus lourde de la crise. Les slogans des démocrates, le « retour à la civilisation », la « libre entreprise », les « valeurs humaines communes » sont ressentis comme les masques de la trahison. Pouchkine écrivait que l'État est le seul Occidental en Russie. Aujourd'hui ce n'est même plus vrai : seule la nouvelle nomenklatura économique mafioso-komsomolo-guébiste est occidentaliste en Russie. On conçoit qu'avec de pareils défenseurs l'idée occidentaliste soit totalement discréditée.

La manipulation des mythes est un des éléments principaux de la lutte pour le pouvoir. Le mythe sert à départager les groupes, selon l'étendard sous lequel ils se rangent (communo-patriote ou « démocrate » occidentaliste.) Le peu de poids des programmes face à la « prégnance » des mythes apparaît par exemple dans le fait que les programmes économiques de deux mouvances apparemment aussi différentes que l'Alliance civique (vaguement associée aux « occidentalistes ») et le bloc communo-patriote sont strictement identiques.

60. A partir de l'automne 1991, on constate un excédent du nombre des décès sur celui des naissances et, en 1992, l'écart ne fait que se creuser.

La force du mythe explique aussi que la Russie soit le seul État post-soviétique où existe un indéniable **fondamentalisme communiste**[61]. Il y a encore des communistes ayant la foi, véritable résurgence au XXe siècle du schisme vieux-croyant : la perestroïka est perçue par eux comme une diabolique déviation occidentale, qui a naturellement entraîné l'apocalypse ; il suffit donc de revenir à la pureté russe du dogme pour sortir le pays du royaume des ténèbres[62] où l'a plongé l'hérésie venue de l'étranger. D'où la réconciliation paradoxale des patriotes monarchistes et orthodoxes avec les intégristes communistes : la perestroïka ayant purgé le PC de ses éléments « cosmopolites », « judéo-maçons » et « turco-tatars » en les faisant passer dans le camp démocrate, les partis communistes résiduels se sentent les porte-paroles légitimes de l'idée nationale russe, confondue dans leur esprit avec l'idée impériale. Le bloc communo-patriote repose sur deux piliers : le rejet de l'Occident (et la xénophobie en général : les peuples de l'ex-URSS ne sont pas logés à meilleure enseigne que les impérialistes américains) ; et la volonté de donner corps à l'État russe. Ce dernier est le lieu de convergence de toute la production mythologique russe post-perestroïkiste. Une des conséquences du démantèlement de l'État soviétique est le retour en force de la crise d'identité russe. La Russie, empire prématuré d'une nation introuvable, ignore où sont ses frontières. Cette incertitude, les signes annonciateurs d'un débobinage de la fédération russe similaire à celui de la fédération soviétique, conduisent à une surenchère idéologique sur le thème de l'État russe futur. La grande erreur des démocrates est d'avoir longtemps abandonné à leurs adversaires le monopole du discours sur l'État. Hypnotisés par le libéralisme importé des universités occidentales, ils n'ont pas vu qu'après la liquidation de l'URSS en

61. Ses principaux leaders sont G. Ziouganov et V. Ampilov. Au parlement cette tendance était représentée par S. Babourine.

62. Fin 1992, on vend dans le métro de Moscou un pamphlet contre Gorbatchev intitulé « Le Prince des Ténèbres ». L'auteur hésite entre plusieurs coupables de la destruction de l'URSS : les Juifs, les maçons et le Vatican.

décembre 1991, le plus urgent était de penser le futur État russe.

Trois visions de cet État coexistent dans le mouvement communo-patriote. Les fondamentalistes communistes rêvent d'une restauration de l'État soviétique dans ses frontières de 1945. Les nouveaux « Eurasiens » voient plus grand encore[63]. Pour eux, la Russie est le Continent par excellence, les autres aires de civilisation ne sont que des péninsules négligeables de ce Continent, vouées à être absorbées par lui. La Russie a un ennemi, le même qu'autrefois, le monde anglo-saxon, les « atlantistes », dont l'influence délétère ronge la périphérie du Continent, pénétrant jusqu'à l'Allemagne où la Bundeswehr mâche du chewing-gum. Voici comment un des principaux théoriciens des « étatistes », S. Kourguinian, envisage le futur massif eurasien : « Nous proposons l'édification d'un grand État en Eurasie, un État uni et indivisible, encore plus grand que son prédécesseur qui pourtant n'était pas dépourvu de grandeur... Ce ne sera pas une restauration mais la création d'une structure souple à plusieurs dimensions... : premièrement une triple unia entre les peuples slaves (Russie, Biélorussie et Ukraine) ; je le répète, une unia et non pas une bizarre communauté ; deuxièmement, une fédération des Slaves avec les peuples turcs — une **fédération**, c'est-à-dire une forme d'unité plus forte que celle qui existait avant 1985 ; troisièmement, un appendice confédératif ajoutant d'autres sujets à l'union turco-slave, lorsque ce noyau aura été créé[64]... » Outre l'affinité naturelle avec l'islam, la Rus-

63. L'eurasisme est un courant idéologique répandu dans l'émigration russe jusqu'à la fin de la Deuxième Guerre mondiale. Les Eurasiens préconisaient une idéocratie qui devait être réalisée par le parti au pouvoir, un gouvernement modèle appuyé par le peuple et agissant dans les intérêts du peuple, mais sans être démocratique. La Russie communiste et l'Italie fasciste sont des régimes idéocratiques mais, selon les eurasiens, leur faiblesse tenait à ceci que l'idée qui les soutenait n'était pas religieuse. L'eurasisme devait être l'idéocratie réussie de l'Eurasie.

64. S. Kourguinian in *Den* nº 13, mars-avril 92. Par la suite S. Kourguinian a rompu avec les Eurasiens, car il ne croit plus à la possibilité d'une alliance avec la Grande Allemagne ni avec le monde turc : « Le succès de la géopolitique russe se mesure à la liberté d'action de la Russie dans les questions de politique étrangère, à son droit de mener une politique indépendante vis-à-vis de l'Europe et de l'Asie. Si la Russie se transforme en satellite des États-Unis sur

sie eurasienne doit chercher à restaurer son alliance historique avec la deuxième puissance continentale, l'Allemagne, qu'il faut arracher à l'orbite funeste de l'atlantisme. Les Eurasiens ont une bête noire, « le gouvernement d'occupation de Eltsine » appuyé sur la force « cosmopolite » par excellence, le KGB. Ils ont leur interprétation originale du « putsch » : « La principale erreur des Eurasiens, l'erreur commise par le maréchal Yazov en personne, est d'avoir fait confiance au chef du KGB Krioutchkov... C'était oublier que le mouvement démocratique avait été organisé justement par le KGB, il était plus artificiel et monté de toutes pièces que le mouvement patriotique... En cas de gouvernement militaire eurasien, la structure du KGB serait bien sûr détruite... Pourquoi Yazov a-t-il cru le leader de l'organe le plus hostile à l'eurasisme[65] ? » Le succès initial de l'eurasisme dans la mouvance patriotique tient au fait qu'il permet de refonder l'idée impériale russe et qu'il conserve l'« image de l'ennemi » traditionnelle : le monde mercantile anglo-saxon. Mais cette doctrine s'est heurtée à la critique de certains patriotes qui lui reprochent son utopisme d'esprit bolchevik. Même l'organe des eurasiens, le journal *Den*, s'est fait l'écho de ces critiques dont voici les principales. Les eurasiens sont prêts à « conclure des alliances qui se fondent sur notre refus de tenir compte de nos intérêts nationaux ». Ils ne conduisent pas à la « renaissance de la Russie » mais à une « mutation définitive de notre conscience nationale et historique » ; ils « considèrent la Russie comme un champ de réalisation de nouveaux projets globaux... La Russie devient un espace géographique et ethnographique sans contenu, on pourrait dire vide, qui peut se remplir de n'importe quelle forme d'État... La Russie est pensée comme un désert national, le lieu prometteur de toutes les utopies étatiques... Le projet eurasien est

ce point, ce sera pour elle un fiasco, car cette transformation en satellite n'en fera pas un "paradis sur terre" mais elle signifiera pour elle la guerre sur deux fronts, la guerre avec l'Ukraine pro-allemande et le bloc des États méridionaux pro-asiatiques — c'est-à-dire la mort... » V. *Den*, n° 18, mai 92.

65. *Den*, n° 13, mars-avril 92.

presque aussi destructeur de l'essence russe que son antagoniste — le projet atlanticiste... » La construction d'un super-État « de Dublin à Vladivostok » présuppose l'éradication de la conscience nationale[66].

Les patriotes refusant l'eurasisme et la reconstitution de l'État soviétique se divisent en deux tendances : les tenants d'une Russie ethnique aux frontières évidemment floues, qui s'opposent à l'idée impériale (parce que la Russie n'a plus les moyens de s'offrir un empire ; parce que l'idée impériale présuppose des chefs et la Russie n'a pas de chefs) et les partisans de l'ancien empire russe, éventuellement amputé des États baltes et de l'Asie centrale. Les deux tendances se heurtent toutefois à une difficulté insurmontable : comment se représenter cette Russie lorsque la géographie doit provisoirement être mise entre parenthèses, lorsque le critère ethnique est à double tranchant[67] ? Dilemme perçu par les patriotes, mais plus courageusement formulé par les démocrates : « Nous manquons de formules bien pensées de la renaissance russe... Pensons à ce concept presque sacré : l'unité de la Russie. Malheureusement aujourd'hui nous le comprenons de manière simpliste, presque géographiquement... Un État ethnique est absolument exclu[68] ».

En Russie l'idée nationale, centrée sur la notion d'« État », est donc très tôt entrée en conflit avec l'idée démocratique, perçue comme projet de destruction de l'État. Tant que le PCUS était au pouvoir, le conflit était larvé, aucun groupe non communiste n'osant se joindre aux fondamentalistes du PC. Et puis, comme le dira par la suite G. Popov, « les forces démocratiques partaient de l'idée de la confédération ; il ne venait à l'idée de personne que l'URSS se décomposerait[69] ». Par ailleurs les « patriotes »

66. Ksenia Mialo in *Literaturnaïa Rossia*, n° 32, août 1992. S. Soldatov, *ibid.* n° 49, déc. 1992.

67. Selon les statistiques officielles, 17 % des citoyens de la fédération russe sont allogènes. Mais les « patriotes » affirment que ce chiffre ne correspond pas à la réalité, que les Russes sont infiniment moins nombreux.

68. G. Bourboulis in *NM*, 05/04/92.

69. *Komsomolskaïa Pravda*, 12/11/91.

ne se reconnaissaient pas en l'occidentaliste Gorbatchev, tout gardien de l'État soviétique qu'il se proclamât. La crise du mouvement démocratique éclata après le congé donné par Eltsine à l'Union soviétique le 8 décembre 1991 [70]. Il est possible que certains démocrates aient pensé que l'élimination de l'URSS résoudrait la crise de l'État russe en liquidant le double pouvoir. Or il n'en fut rien. Pire encore, après la disparition du bouclier soviétique, la crise de l'État ricochète directement sur le mouvement démocratique : « Nous ne sommes pas seulement en train de vivre la décomposition de l'État... mais la crise du mouvement démocratique. Son potentiel de destruction a été de loin plus fort que son potentiel créateur » [71]. Les événements semblent donner raison à la vision russe de la démocratie comme destruction de l'ordre garanti par l'État et donc comme anarchie : « Chez nous la force motrice est l'État... L'État est la colle de la Russie, et non l'économie, encore moins l'économie de marché... La devise du marché est la réussite, la rapidité, la hâte. Dans ce domaine les Russes sont perdants d'emblée, non parce qu'ils sont plus bêtes que les autres, mais parce que leurs rythmes psychiques sont plus lents à cause du cosmos et du climat nordique... C'est pourquoi le peuple et l'individu ont intérêt à la stabilité de l'État, et sont prêts à payer pour cela un tribut, à tolérer les sottises, les dépenses et même les violences (dans une limite raisonnable) de l'État en échange de l'ordre et d'un rempart contre le chaos [72]... »

Après le putsch d'août 1991, une « coalition des réformes » vit le jour dans laquelle entrèrent 9 partis (dont le parti démocratique, le parti populaire Russie libre, les partis chrétien-démocrate, social-démocrate, etc.). Ces partis s'engageaient à soutenir Eltsine dans les réformes. La « coalition des réformes » ne fit pas long feu et elle achoppa justement sur la question de l'État russe. La cassure apparut

70. Les accords de Minsk ont suscité la désapprobation de toute une série de partis, dont le parti chrétien-démocrate d'Aksioutchitz.

71. G. Yavlinski in *NG*, 14/01/92.

72. G. Gratchev in *NG*, 26/03/92.

au grand jour lors du IIe Congrès de « Russie démocratique » les 11-12 novembre 1991. Le bloc « Consensus populaire » qui s'était cristallisé début octobre fit scission après d'âpres débats. Il regroupait « les partisans d'une fédération démocratique unissant les républiques et les territoires dont la population s'est prononcée pour l'adhésion à la nouvelle Union dans un référendum libre[73] ». En clair il était favorable à une renaissance de l'empire dans les frontières de l'URSS sur une base anticommuniste. Faisaient partie de ce bloc le Parti démocratique de Russie (dont le leader est N. Travkine), le parti chrétien-démocrate russe (dirigé par V. Aksioutchitz), et le parti constitutionnel-démocrate de M. Astafiev. L'état d'esprit régnant dans cette nouvelle mouvance pouvait se résumer dans cette phrase de M. Astafiev : « Je défendrai les principes de l'intégrité territoriale de la Russie, si les Tatars veulent l'indépendance. » Le parti démocratique de Russie se faisait le champion des minorités russes dans les républiques ; il demandait « aux autorités russes de défendre les droits de l'homme **par tous les moyens dont elles disposent**[74] ». La coalition entre « patriotes » et communistes fondamentalistes prit forme le 8 février 92, lorsque le « Congrès des forces civiques et patriotiques » élut une « Assemblée populaire russe » destinée à devenir un mouvement d'opposition préconisant la « renaissance d'un État russe puissant et uni au sein de ses frontières historiques ». Le nouveau mouvement demandait une « révision de la politique intérieure et extérieure » de la Russie pour « éviter la dislocation de l'État, le chaos politique et économique, la criminalité et commencer des réformes économiques réelles ». « Le gouvernement actuel d'humiliation nationale doit être remplacé par un gouvernement de concorde », affirmait la déclaration finale du Congrès. Le catalogue des revendications des « étatistes » (équivalent du mot russe « gosoudarstvennik » qui désigne le courant communo-patriote) est alors formulé au complet

73. *Nezavisimaïa Gazeta*, 8 oct. 91.
74. *ibid.*

pour la première fois : interdiction de vendre les terres russes aux étrangers, reconnaissance de « l'anticonstitutionnalité de l'acte de cession de la Crimée à l'Ukraine » signé en 1954 par Khrouchtchev, refus de rendre les îles Kouriles au Japon, nécessité d'un pouvoir fort. Tous ces points deviendront des leitmotive de la presse patriotique. Quelques autres thèmes deviendront des points de ralliement des « étatistes » durant l'année 1992 : surtout, la critique de la politique yougoslave du ministre des Affaires étrangères Kozyrev, les patriotes allant jusqu'à souhaiter une intervention militaire directe aux côtés des Serbes, « alliés traditionnels de la Russie ». Ces poncifs de la propagande « communo-patriote » — Kouriles, Transnistrie, Yougoslavie, « droits de l'homme » dans les États baltes, etc... — servent en fait à masquer l'interrogation toujours ouverte qui mine la position patriotique : qu'est-ce au juste que cette Russie au nom de laquelle on envoie les cosaques en Moldavie et dans le Caucase ? Lors du VIe Congrès en avril 1992, les députés russes n'ont même pas réussi à se mettre d'accord pour trouver un nom à l'État russe, après des heures de débat. Mêmes perplexités autour de la future constitution russe en chantier depuis novembre 1990, maintes fois remise aux calendes : faut-il conserver les formations autonomes ou parler plutôt de « provinces » comparables aux Länder allemands ? La constitution doit-elle spécifier que l'État russe est « souverain et uni » ? Les patriotes se trouvent devant des dilemmes inextricables : si la Russie vole au secours de la Serbie, reprenant son rôle traditionnel de « protectrice des Slaves », ne va-t-elle pas devoir affronter les musulmans de la fédération russe, solidaires quant à eux des musulmans bosniaques ? L'interventionnisme extérieur risque d'aggraver les tendances centrifuges déjà très nettes au sein de la fédération. Dilemme analogue en ce qui concerne l'Arménie et la politique à mener face aux États baltes : prendre parti pour Erevan, allié historique de la Russie dans la région, revient à se mettre le monde musulman à dos, donc, en perspective, à saborder la fédération russe ; intervenir à Vilnius, Riga ou Tallinn, c'est se brouiller avec l'Europe occidentale et risquer des sanctions économiques qui entraîneraient la disette. Le « patriotisme éclairé » russe est condamné au léninisme, c'est-à-dire à la négation de soi. Les intérêts nationaux de la Russie exigent que celle-ci se refuse le luxe de tout le bric-à-brac nationaliste qu'affectionnent les communo-patriotes, qui englobe sans complexe les emblèmes de l'État soviétique et ceux de la monarchie russe — à moins qu'elle ne se résolve à employer la force pour préserver l'État russe, solution que même les communo-patriotes jugent irréaliste. Ce dernier paradoxe, dont tous au fond sont conscients en Russie, explique pourquoi les turbulences politiques ressemblent souvent à une tempête dans un verre d'eau. L'affrontement entre « démocrates » et « étatistes » met en jeu des antipathies personnelles exacerbées mais ne repose pas sur une opposition doctrinale bien nette ni sur des alternatives politiques claires, encore moins sur une division de la société : « étatistes » et « démocrates » suscitent la même indifférence auprès du public. La double impuissance de l'élite politique russe — dont l'action est limitée en bas par le chaos et l'apathie des masses, en haut par les contraintes entraînées par la dépendance vis-à-vis de l'aide extérieure — amène une paralysie que les coups de théâtre ne parviennent pas à secouer.

La « démocratie » russe reposant sur l'ancienne nomenklatura, le petit monde politique du Kremlin ressemble à une cour d'ancien régime, l'éducation en moins. Les intrigues, les racontars, les querelles d'amour-propre, les antipathies de Raïssa, les cuites et les gueules de bois des uns et des autres, les pots-de-vin, les caprices du souverain sont à l'origine de décisions qui laissent les observateurs étrangers perplexes. De petites causes ont des effets disproportionnés : ainsi il semble bien que ce soit la volonté de se débarrasser de Gorbatchev qui ait poussé Eltsine à prononcer la liquidation de l'Union soviétique. Un mot imprudent de Volski suffit à provoquer la décision du président russe d'écourter son séjour en Chine, au risque de faire capoter le nouvel édifice diplomatique construit au prix de tant d'efforts. Mais parce que les options réelles des dirigeants russes sont fort limitées (à l'exception des actes de folie, que l'on ne saurait exclure), tous les esclandres se terminent par un retour à la case départ, et la politique russe, malgré ses rebondissements picaresques, les tabassages entre députés, les plongeons nocturnes d'Eltsine, les sorties des ministres des Affaires étrangères, l'or du PCUS, ressemble à un infini piétinement. Les anciens « think tanks » de l'appareil du PCUS demeurent intacts, abrités notamment par la fondation Gorbatchev ; ils élaborent imperturbablement des stratégies de puissance et d'influence, travaillant par exemple aux méthodes de reconstitution de l'Union soviétique. Mais tous ces projets minutieusement échafaudés, parfois mis en œuvre avec persévérance, peuvent être jetés par terre du jour au lendemain par les aléas de la lutte pour le pouvoir. Le temps du Komintern, le temps où la machine communiste fonctionnait partout dans le monde comme un organisme discipliné, et obéissait « comme un cadavre », est bien fini : aujourd'hui les segments de cette machine sont en guerre les uns contre les autres, n'ayant conservé de leur passé que l'acharnement, la duplicité, la dissimulation, la haine, l'esprit de revanche, l'absence de scrupules et la volonté de détruire les adversaires.

Cependant l'existence post-communiste apporte un élément nouveau. L'affrontement entre le parlement et le président n'a pas seulement représenté une lutte pour le pouvoir au sein de la corporation régnante, comme c'était le cas sous le bolchevisme. Il reflète un processus rapide de différentiation en train de s'opérer dans la société russe. D'un côté, s'est formé le clan des gagnants, une véritable « race des seigneurs », qui s'enrichit à toute allure et profite des agréments « capitalistes » de la nouvelle vie russe. Ce sont les divers entrepreneurs/mafieux issus de la nomenklatura, du KGB et de l'armée, parfois de l'intelligentsia technique. Ce sont aussi les truands avérés s'enrichissant du trafic de drogue et de la prostitution. Enfin ce sont les fonctionnaires de l'appareil d'État arrivant à monnayer les privilèges qu'ils sont autorisés à octroyer. Toutes ces catégories sont en relations étroites et elles constituent une force politique considérable. Elles soutiennent Eltsine et Gaïdar, le libéralisme étant pour elles l'équivalent de l'impunité.

En face de cette caste dynamique en pleine expansion se trouvent les perdants, tous ceux qui n'ont pas réussi à prendre le virage du marché, les paresseux, les ivrognes, les malades, la plupart des retraités, les sots, les rêveurs, les honnêtes gens. Ceux-là sympathisaient souvent avec le parlement, ceux-là s'accrochaient à la mythologie politique, cherchant dans le complot judéo-maçonnique et la noirceur de l'Occident les causes de la déchéance de la Russie.

Eltsine avait essayé d'effacer la tache qui marquait le début de son règne aux yeux de nombreux Russes — la liquidation de l'empire soviétique — en faisant appel à une légitimité révolutionnaire, en mettant l'accent dans sa propagande sur la rupture radicale avec un ordre ancien pervers. A mesure que ses adversaires « communo-patriotes » accentuent leurs attaques contre son gouvernement accusé d'être l'instrument d'une domination étrangère, Eltsine s'abandonne toujours plus résolument à cette logique révolutionnaire qui lui avait déjà servi à déboulonner Gorbatchev. La différenciation sociale que nous avons décrite infléchit la vision révolutionnaire que Eltsine avait d'abord suivie par tempérament et par opportunisme. Il ne s'agit plus seulement d'éliminer un clan rival au sommet. Au cours de l'année 1993, les eltsiniens commencent à dire tout haut que la masse du peuple russe ne consentira jamais à construire le capitalisme de bon gré, que la contrainte et la sélection sociale seront nécessaires pour tourner la Russie vers l'Occident. Ils n'hésitent pas à laisser entendre qu'ils incarnent « la race des seigneurs », ceux qui ont le droit à la survie et à la domination au milieu d'un « lumpen » déshumanisé condamné à mourir. Le modèle de l'« autoritarisme éclairé » se substitue aux idéaux démocratiques dans les discours de nos ex-démocrates. Pinochet et Pierre le Grand sont dans toutes les bouches. En Occident, on commence à espérer que la Russie sortira enfin du chaos — et de fait, dans les circonstances où se trouve la Russie, pays sans mœurs, sans lois et sans religion, la paralysie de l'État ne laissait pas d'être inquiétante. La placidité bienveillante des dirigeants occidentaux au moment de l'assaut du parlement s'explique par cette attente d'un despotisme éclairé en Russie. C'était méconnaître que l'esprit révolutionnaire n'engendre jamais l'ordre, il fait coexister la tyrannie et le chaos. Loin de marquer un progrès vers l'ordre, les événements d'octobre 1993 ont reflété la radicalisation d'un processus révolutionnaire, l'assurance croissante d'une nouvelle élite, implacable, brutale et sans scrupules comme la pègre où elle a fait ses universités, doctrinaire comme les premiers bolcheviks dont elle a hérité l'esprit. Les déportations de masse qui se déroulèrent à Moscou en octobre 1993 durant les semaines de couvre-feu révèlent le procédé révolutionnaire. Eltsine fit à Moscou ce que les militaires russes pratiquaient depuis longtemps à la périphérie de l'empire, ce qu'avaient pratiqué les bolcheviques dans les années 1918-1920 : semer le chaos pour imposer le pouvoir central. Et comme sous le bolchevisme, le projet révolutionnaire est en train de parasiter l'idéologie impériale qui lui permet de dissimuler son néant, l'élite dirigeante russe adopte les mots d'ordre de ceux qu'elle a vaincus. Une fois de plus en Russie, la construction d'un État de droit risque d'être suspendue par la volonté de dominer un empire et de se livrer à l'expérimentation sociale. On peut cependant douter que l'ardeur jacobine des « nouveaux Russes » arrive à l'emporter longtemps sur l'immense potentiel d'inertie et d'anarchie accumulé par la Russie profonde.

4. LES NOUVEAUX ÉTATS

Au départ la situation des démocrates était plus favorable dans les républiques ex-soviétiques qu'en Russie : l'idée nationale et l'idée démocratique étaient confondues, le combat pour la civilisation s'identifiait à la lutte de libération nationale. Pour les allogènes l'idée de souveraineté était tangible car elle s'exprimait d'abord sur le plan international ; elle permettait de suspendre pendant quelque temps la question de la légitimité. Dans les républiques ex-soviétiques, l'indépendance territoriale s'identifie avec le pouvoir légal suprême. L'État est le produit de la souveraineté nouvelle et il n'est pas entaché par le passé totalitaire (alors que le nouvel État russe souffre à la fois de son héritage et du soupçon de trahison des intérêts nationaux). Au contraire, chacun des États issus de l'empire soviétique peut se référer à un autre passé, un passé utopique, la brève période d'indépendance qui a précédé la prise de pouvoir par les bolcheviks et qui, en contraste avec les horreurs vécues sous le communisme, a pris des teintes idylliques. La chute du communisme a d'abord été perçue comme une restauration de la normalité, le réveil d'un cauchemar, la fin d'une parenthèse : ce sentiment a poussé les nouveaux États à revenir à leur constitution pré-bolchevique, et une des premières désillusions du post-communisme fut la prise de conscience qu'il était impossible de s'en tenir à la vieille constitution[75].

L'influence du monde extérieur était plus sensible dans ces États périphériques qu'en Russie ; les États soviétisés après 1945 gardaient encore le souvenir d'institutions non communistes. Dans le cas des États baltes, de l'Arménie, de l'Ukraine, de la Tchétchénie, du Tatarstan, la diaspora s'est activement employée à la reconstruction nationale de la mère patrie. Cependant la crise atteignit les démocrates nationaux dans les républiques presque en même temps qu'elle frappa les démocrates russes. Nous avons déjà vu les causes générales de ce phénomène. Il reste à examiner les

75. Dans les États baltes (surtout en Lettonie), une polémique a divisé ceux qui soutenaient que les États baltes indépendants continuaient d'exister *de jure* même après l'annexion soviétique de 1940, impliquant que l'indépendance proclamée en 1991 n'était qu'une restauration, et ceux qui voyaient dans les États indépendants proclamés en 1991 de nouvelles républiques, auxquelles les anciennes constitutions ne pouvaient s'appliquer.

développements spécifiques dans les nouveaux États eurasiens.

La crise était inscrite dès la création des Fronts populaires. Ceux-ci réunissaient en effet dans leur sein des forces disparates dont les intérêts n'allaient pas tarder à s'avérer contraires. Ils avaient été constitués grâce à la congruence de l'intelligentsia nationale et d'une partie de la nomenklatura et du KGB fatigués de la tutelle obtuse de Moscou, secrètement encouragée par les perestroïkistes du centre. Dans l'euphorie du début, seuls les indépendantistes radicaux très minoritaires dénoncèrent cette alliance moins contre nature qu'il n'y paraît d'abord, car l'intelligentsia nationale était soviétique, elle faisait partie de l'élite privilégiée, elle était proche du pouvoir et en étroite osmose avec le KGB.

Lorsque les mouvements nationaux s'emparèrent du pouvoir, les contradictions entre les deux groupes, les contradictions au sein même de l'intelligentsia nationale apparurent très vite. La nomenklatura ex-communiste, nomenklatura de l'économie essentiellement, souhaitait l'autonomie politique par rapport à Moscou, elle souhaitait sa liberté de mouvement, mais elle ne voulait pas d'une réorientation de l'État sur le monde extérieur, car elle ne se sentait pas capable de prospérer dans les conditions d'un marché occidental ; elle vivait des liens économiques avec la Russie, la gabegie et la corruption russes lui fournissaient maintes occasions de juteuses et faciles affaires. La frange radicale de l'intelligentsia nationale, elle, souhaitait une rapide sortie de l'orbite russe, soit par volonté d'indépendance, par instinct de conservation national, soit qu'elle fût consciente de l'effet de contagion corrupteur et destructeur de l'anomie russe[76]. Pour elle la construction d'un État national revenait avant tout à la rupture des liens avec Moscou. Parvenue au faîte du pouvoir sur une plate-forme nationaliste, elle crut que le nationalisme constituait un programme politique, et elle n'éprouva pas le besoin de

76. C'est notamment le cas dans les États baltes.

réfléchir sur les moyens de décommunisation institutionnels indispensables à une rupture en profondeur avec l'ordre — ou plutôt le désordre — soviétique. Elle s'imagina que le seul fait que les démocrates et les nationalistes se fussent emparés de la machine de l'État allait automatiquement transformer cet État en une institution nationale et démocratique. Elle commit l'erreur bolchevique de croire que les cadres décidaient de tout. C'était oublier que placés dans des structures bolcheviques, les démocrates nationaux finiraient très vite par être assimilés par elles et se comporter en bolcheviks. Dès le début le débat politique s'aiguilla vers une impasse. La décommunisation fut pensée en termes de personnes — de purges — et non en termes d'institutions.

Cette orientation était renforcée par un autre facteur funeste : l'intelligentsia nationale était l'enfant choyé du régime soviétique. Avant 1985, elle vivait dans l'insouciance, en échange de compromissions diverses, auréolée de surcroît du prestige de la gardienne des valeurs nationales. Or cette intelligentsia venue au pouvoir en tandem avec la nomenklatura ne tarda pas à comprendre qu'une réforme réelle scierait la branche sur laquelle elle était assise : la destruction de l'État socialiste équivalait pour elle à égorger la poule aux œufs d'or. Dès lors elle se trouva devant un dilemme : ou bien rester fidèle à l'intérêt national en entreprenant courageusement une politique de désocialisation, doublement suicidaire pour elle, car elle entraînerait à court terme d'énormes difficultés économiques et donc l'impopularité, et elle la priverait de ses moyens d'existence en réduisant les ressources de l'État ; ou bien elle se laisserait séduire par les sirènes de ses partenaires nomenklaturistes, choisissant un immobilisme camouflé derrière une rhétorique nationaliste. Dans la plupart des cas elle oscilla entre ces deux politiques : seuls les plus lucides percevaient le dilemme. Mais le camp des démocrates nationaux fut constamment affaibli par des défections, souvent de militants de la première heure, qui n'étaient pas seulement dues à l'infiltration d'agents du KGB, mais à l'attachement viscéral d'une partie de l'intelligentsia au socialisme. L'illustration la plus éloquente de ce phénomène est la Géorgie : l'intelligentsia y avait été plus corrompue qu'ailleurs par la politique pré-perestroïkiste menée par Chevarnadzé dans les années soixante-dix, lorsqu'il était premier secrétaire de la république. Le président Gamsakhourdian élu en avril 1991 s'aliéna très vite les intellectuels géorgiens en mettant fin au mécénat d'État. Le résultat fut l'alliance de l'intelligentsia et de la mafia qui remit Chevarnadzé au pouvoir en janvier 1992.

Ce paradoxe d'une réforme qui doit être mise en œuvre par ceux-là même qui ont le plus à y perdre explique partiellement les difficultés de la décommunisation dans les républiques de l'ex-URSS. Devant la pénible alternative qui se dressait en face d'elle l'intelligentsia réagit de façon variée.

Dans certains cas, consciente de sa faiblesse relative, elle abandonna les rênes de l'État à la ci-devant nomenklatura communiste, se contentant d'assurer une surveillance : en Ukraine, les démocrates nationalistes radicaux se rallièrent majoritairement au président Kravtchouk, lui garantissant leur appui tant qu'il consacrerait ses efforts à la construction d'un État ukrainien indépendant. En Ukraine, cette abdication devant la nomenklatura fut volontaire. Ailleurs l'intelligentsia nationale ne se résigna pas à voir les mêmes rester au pouvoir en utilisant des slogans formulés par elle. En Biélorussie, le Front populaire s'engagea dans un combat inégal[77] avec la nomenklatura, qui ne se donnait même guère la peine de dissimuler son inféodation à Moscou ; entre les deux camps le fossé resta infranchissable : les communistes biélorusses furent à peine effleurés par les brises perestroïkistes. Au printemps 1992, le Front populaire biélorusse organisa une campagne de pétitions pour réclamer un référendum sur la tenue d'élections législatives à l'automne ; les pétitions furent réunies en nombre suffisant (446 000 signatures) mais le Soviet suprême réagit en interdisant le référendum. Par la suite, le Front populaire se

77. Au parlement, il ne disposait que de 22 sièges sur plus de 300 !

trouva victime comme partout ailleurs de la démobilisation de la population frappée par les difficultés de la vie quotidienne, qui bénéficient aux structures nomenklaturistes. En Moldavie, le Front populaire, devenu ensuite parti chrétien-démocrate, fut en fronde constante avec le gouvernement du président Snegur accusé de vouloir réintégrer la république dans la CEI en refusant la réunification de la Moldavie avec la Roumanie. La guerre entre les deux camps ne connut de trêves que lorsque les forces moldaves se trouvèrent aux prises avec les Russes dans la région sécessionniste de Transnistrie. Dans la plupart des États d'Asie centrale, l'ancien appareil du PC resta intégralement au pouvoir, sous une autre étiquette, jouant la carte nationale. Par crainte de l'islam, Moscou n'insista pas sur la « démocratisation » (c'est-à-dire une purge des anciens cadres) de ces contrées. L'intelligentsia continua donc à se trouver dans l'opposition, et les autorités n'hésitèrent pas à avoir recours à la force contre les opposants trop actifs [78] : la police ouzbèke a enlevé des militants démocratiques ouzbeks réfugiés dans les pays voisins. Au Turkménistan, le président Niazov professe une robuste philosophie dont il fait part volontiers : « Il faut être un crétin complet pour permettre à une opposition de se former, sous prétexte que selon certains cela correspond à l'idée de la démocratie [79]. » Les autorités ont profité de l'affaiblissement du contrôle de Moscou pour rétablir un « culte de la personnalité » du président dans le meilleur style stalino-brejnévien. Les troubles au Tadjikistan, à partir de l'été 92, où les conflits entre « démocrates islamistes » et « communistes » recouvrent des rivalités de clan, des luttes d'influence entre les puissances avoisinantes, ont rendu les dirigeants communistes d'Asie centrale encore plus nerveux.

Souvent l'intelligentsia se réfugie dans la surenchère nationaliste, surtout lorsqu'elle a des peccadilles passées à

78. La Kirghizie, où le président Akaev, proche de Eltsine, flirte avec les intellectuels, constitue une exception.

79. *PR*, 6/11/92. Le Turkménistan possède de si importantes ressources naturelles qu'il se sent dispensé d'arborer les falbalas démocratiques.

se faire pardonner. L'intelligentsia locale a joué un rôle considérable dans le déclenchement du conflit arméno-azerbaïdjanais : des écrivains autrefois parfaitement pro-soviétiques et « intégrés », comme S. Kaputikian et Z. Balaïan du côté arménien, Z. Bouniatov du côté azéri, cherchèrent à faire oublier leur douteux pedigree en répandant de l'huile sur le feu. De même, les relations de la Lituanie avec la Pologne, difficiles depuis toujours, furent considérablement envenimées sous l'influence du leader du parti de l'indépendance, V. Cepaitis, dont on découvrit plus tard qu'il avait d'impressionnants états de service au KGB. C'est de l'Académie des Sciences biélorusse qu'émanent les revendications territoriales sur la Lituanie. Le caractère acharné, fanatique des conflits nationaux et des affrontements interethniques dans les États ex-communistes est largement imputable au fait que dans ces régions l'intelligentsia est encore prise au sérieux ; et celle-ci est consciente au fond d'elle-même qu'en cas de « normalisation » de la situation, il n'y aurait plus de place pour elle — n'oublions pas que cette intelligentsia, fleur de serre cultivée par l'État socialiste, a rarement une compétence qui lui permette de survivre en dehors du socialisme. Elle a donc tout intérêt à maintenir l'état de guerre (ou l'état de tension avec les voisins et les minorités) qui lui assure la confortable position de muse nationale. Là encore elle rencontre les aspirations de la nomenklatura, encline à agiter le drapeau national pour stabiliser son pouvoir.

Nous avons vu le rôle bénéfique du nationalisme au début de la perestroïka, la manière dont il a introduit un début de différenciation politique permettant de casser le totalitarisme. Mais dès que les mouvements nationaux ou les communistes nationaux furent au pouvoir, le nationalisme se transforma en facteur de conservation des structures de l'ancien régime : il encouragea à la paresse intellectuelle, étouffa le débat politique dans l'œuf en permettant d'assimiler toute opposition à la trahison[80]. Toute argumentation

80. La situation était — et est toujours — d'autant plus inextricable que les « collaborateurs » liés à Moscou représentent une force considérable dans les nouveaux États, et les soupçons mutuels ne sont malheureusement pas toujours

politique était faussée à la base par les arrière-pensées qu'on lui prêtait : celui-ci défend la liberté économique car il est payé par les mafieux ; celui-là milite pour la décentralisation parce qu'il est à la solde des apparatchiks locaux ; celui-là veut privatiser les media pour qu'ils retombent sous le contrôle du business guébisto-mafieux, etc. Les options politiques ne sont pas examinées pour ce qu'elles valent, mais en fonction des intentions bonnes ou mauvaises que l'on prête à celui qui les avance. Des mesures raisonnables se trouvèrent donc discréditées par ceux qui les proposaient. La référence nationaliste empêcha le passage de l'emblème au concept sans lequel la décommunisation reste un vain mot : les nationalistes radicaux commirent l'erreur de continuer à cultiver la symbolique nationaliste qui les avait portés au pouvoir bien après qu'elle eut perdu son aura, laissant aux nomenklaturistes néo-communistes l'avantage de se présenter en « pragmatiques » conscients des réalités. En réalité le « pragmatisme » néo-communiste était aussi vide de concept, aussi creux que le folklore national et là où ils sont revenus (ou restés) au pouvoir, les apparatchiks reconvertis en sociaux-démocrates se sont montrés aussi incapables et corrompus que les « nationalistes ». En fait il s'agissait d'une fausse alternative : le pouvoir n'a jamais échappé des mains des anciens apparatchiks, même là où les démocrates nationalistes avaient remporté la majorité des suffrages. Dans la Lituanie de Landsbergis, l'appareil gouvernemental a toujours été entièrement constitué de ci-devant, et la même constatation s'applique à l'ensemble des États ex-soviétiques.

C'est dans les États baltes que l'intelligentsia nationale a pu disputer sérieusement le pouvoir à la nomenklatura ex-communiste. Les Fronts populaires venus au pouvoir au

le fruit de la paranoïa. *Cf.* le témoignage déjà cité de l'agent letton Janis : « Il est suffisant de dire qu'aujourd'hui un tiers du parlement et du gouvernement est lié au KGB... Les autres responsables ont autrefois travaillé au Comité central du Parti communiste letton, au Conseil des ministres, dans les structures de Moscou. » (*Den*, n° 33, 1992) printemps 1990 étaient dominés par elle. Cependant les cassures ne tardèrent pas à apparaître : cassure entre nomenklatura et intelligentsia radicale, cassure entre intelligentsia « centriste » (c'est-à-dire favorable à une alliance avec l'ex-nomenklatura communiste et au maintien de celle-ci dans les principaux lieux de pouvoir) et intelligentsia nationale radicale, cassure au sein des Fronts populaires entre leur fraction parlementaire et les activistes restés en dehors du parlement. En Lituanie, ces fractures se dessinèrent au cœur des élites dirigeantes et elles apparurent au grand jour en 1990 dans le conflit opposant le chef du gouvernement K. Prunskiene et le président du parlement V. Landsbergis. Madame Prunskiene avait l'appui de la nomenklatura économique et de l'intelligentsia « centriste » ; la plupart des media soutenaient cette coalition, qui avait aussi les faveurs de l'aile perestroïkiste gorbatchévienne de la direction politique soviétique. V. Landsbergis représentait les indépendantistes radicaux et très tôt il misa sur les eltsiniens. Il est difficile de démêler ce qui, dans le développement des événements, fut lié à des évolutions proprement lituaniennes et ce qui doit être imputable aux aléas de la lutte politique au sein du Kremlin. L'intervention des chars à Vilnius en janvier 1991 assura provisoirement la victoire des radicaux portés par un vaste mouvement d'unanimité populaire. Mais l'entente nationale s'effrita en un clin d'œil. Les dirigeants lituaniens durent affronter le problème des cadres, plaie de tous les régimes post-soviétiques : il fallut abandonner les postes clés de l'économie aux ci-devant apparatchiks, dont la loyauté était loin d'être assurée. Les media restèrent contrôlés par l'ancien réseau de pouvoir et les nouvelles structures économiques (nomenklatura économique ancienne et néo-nomenklatura guébisto-mafieuse), qui compensaient leur temporaire éclipse sur la scène politique par une mainmise systématique sur l'économie. Tout ce clan eut beau jeu de critiquer l'incompétence des radicaux, leur comportement « intolérant », leur « refus du dialogue », les « violations des droits de l'homme » dont les anciens communistes étaient les victimes. Cette propagande était amplifiée par la crise économique, bien sûr attribuée à Sajudis. Les radicaux répliquèrent que les difficultés étaient dues au sabotage de la nomenklatura communiste, particulièrement bien implantée au niveau local, et au blocus énergétique sournois appliqué par Moscou. Ces arguments perdirent de leur force à mesure que la menace russe devenait moins présente. Sajudis devint particulièrement impopulaire dans les campagnes, où l'effondrement du niveau de vie et l'inquiétude devant l'avenir se firent sentir plus durement que dans les villes. Le retour en force des néo-communistes en octobre 1992 était donc prévisible : il revenait simplement à la traduction sur le plan politique d'une situation de fait existant dans l'économie. En Lettonie et en Estonie, les choses se présentaient différemment, dans la mesure où la scission n'eut pas lieu d'abord au sein de l'élite dirigeante, les radicaux restant en dehors des gouvernements et des parlements dominés par le Front populaire, et constituant des organes représentatifs « alternatifs », les Congrès de citoyens (élus par ceux qui étaient citoyens de ces États en 1940 et leurs descendants). Les radicaux justifiaient la création d'organes parallèles par le fait que des élections organisées conformément à la loi soviétique, en présence de l'armée d'occupation, ne pouvaient former des parlements légitimes. Les Soviets suprêmes dominés par les Fronts populaires étaient donc suspects à leurs yeux. Le dilemme affronté par les Lettons et les Estoniens[81], sous-jacent au débat sur le retour à la constitution de 1922 et 1938, est épineux : faut-il accorder le droit de citoyenneté et le droit de vote aux minorités russes installées dans ces États depuis l'annexion par l'URSS, au risque de favoriser la vieille garde communiste et d'avoir des gouvernements jouant un rôle de cinquième colonne de Moscou ? Faut-il imposer des restrictions, au risque alors de se faire reprocher les « violations des droits de l'homme » par les organisations internationales ameutées par la stridente propagande

81. En Lettonie et en Estonie, les russophones constituent 49 % et 40 % de la population, alors qu'en Lituanie ils ne représentent que 12 %.

russe ? Les deux camps sont irréconciliables. En Lettonie, les radicaux restent marginaux, tout en exerçant une influence certaine ; en Estonie, ils parviennent à évincer en janvier 1992 la coalition nomenklatura économique/intelligentsia perestroïkiste sur laquelle reposait le gouvernement Savisaar, aidés par l'hybris de ce dernier, qui exigea des « pouvoirs extraordinaires » soi-disant pour lutter contre la crise économique, en menaçant de démissionner au cas où sa requête serait rejetée. La débâcle économique qui avait frappé à mort Sajudis en Lituanie, remettant les communistes en selle, eut l'effet inverse en Estonie où elle atteignit un gouvernement encore prioritairement orienté sur Moscou et hissa au pouvoir l'aile radicale de l'élite politique estonienne.

Dans les polémiques des uns contre les autres, il est souvent malaisé de démêler les arguments qui ont quelque vérité et ceux qui relèvent de la pure mauvaise foi. La nomenklatura ex-communiste et les intellectuels perestroïkistes ralliés à cette dernière reprochent aux radicaux de se préoccuper davantage des apparences de l'indépendance que de l'indépendance réelle. Ils leur font grief de créer une bureaucratie étatique encore plus lourde que sous l'ancien régime (cette critique ne manque pas de fondement : les nouveaux dirigeants n'ont rien de plus pressé que de se créer une multitude de forces armées, de services de sécurité[82], de douanes, de ministères, etc., oubliant que de bonnes lois sont le meilleur rempart de l'État). Ils leur font grief aussi de négliger l'économie, voire... de faire du socialisme dans le domaine économique. En effet, une partie des transfuges de l'intelligentsia ralliés à la nomenklatura se font les ardents défenseurs des doctrines libérales, suscitant des soupçons (également assez fondés) chez leurs adversaires radicaux : n'est-ce pas pour le compte de Moscou que nos nouveaux libéraux s'opposent à l'édification d'un État national, préconisant au contraire des « zones économiques

82. En Tchétchénie, on en dénombre plus d'une vingtaine en septembre 1992, un an après la déclaration d'indépendance !

libres », l'ouverture des frontières, etc. ? N'est-ce pas pour préserver l'emprise de la nomenklatura sur le plan local qu'ils accusent les radicaux de vouloir centraliser le pouvoir et renforcer l'exécutif ?

L'expérience montre que les politiques menées sous une étiquette ou une autre ne diffèrent guère en profondeur : certains nouveaux États, comme l'Arménie et l'Estonie, ont entrepris avec davantage de persévérance un début de décommunisation structurelle. Cependant, même lorsque les radicaux sont nominalement au pouvoir, l'essentiel des leviers administratifs et économiques restent aux mains de la nomenklatura qui contrôle toujours les gouvernements. Le cas de l'Azerbaïdjan est typique : formellement, le Front populaire était au pouvoir en 1992 depuis la chute du président Moutalibov. En réalité ce pouvoir était largement une fiction : en septembre 1992, sur 5 000 cadres de l'État, 100 étaient partisans du Front, les autres étaient des hommes de l'ancien système. Le retour en juin 1993 du vétéran communiste Gueidar Aliev n'était donc qu'une question de temps. Les événements de 1992-1993 (défaite de Sajudis en Lituanie, concessions successives de Eltsine au parlement russe, mise à l'écart des démocrates radicaux en Moldavie, restauration des communistes au Tadjikistan et en Azerbaïdjan) semblent toutefois indiquer que la coexistence d'une fraction radicale et de la nomenklatura néo-communiste dans l'élite au pouvoir est provisoire, et que tôt ou tard la nomenklatura réclame — et récupère — la totalité du pouvoir, y compris les attributs extérieurs qu'elle avait consenti à abandonner tant qu'elle se sentait en situation de faiblesse.

CONCLUSION

Un Far West sans shérif

> Comment croire à la durée d'une liberté qui commence par la gangrène ? Comment croire que cette liberté puisse naître (car elle n'existe pas encore), et que du sein de la corruption la plus dégoûtante, puisse sortir cette forme de gouvernement qui se passe de vertus moins que toutes les autres ? »
>
> Joseph de Maistre,
> *Considérations sur la France*

> « Comment la société pourrait-elle manquer de périr si, tandis que le lien politique se relâche, le lien moral ne se resserrait pas ? »
>
> Tocqueville,
> *De la Démocratie en Amérique*

Y a-t-il des précédents à ce que nous voyons aujourd'hui dans les zones ravagées d'où s'est retirée la vague communiste ? La France thermidorienne présentait des similitudes avec les États post-communistes : effondrement de la monnaie, crise financière, brigandage, rapines des soldats, indifférence de la nation, désintérêt à l'égard de la politique. Les « nouveaux Russes » disent comme Barras : « Je considère la pauvreté comme une sottise, la vertu comme une maladresse et tout principe comme un expédient. » En même temps qu'un effondrement économique qui a emporté toutes les sécurités et toutes les certitudes, les peuples sortis du communisme ont vécu un gigantesque mai 68 sans disposer des garde-fous qui avaient permis aux Occidentaux de limiter les dégâts de la folie libertaire déchaînée sur l'Europe et l'Amérique : la propriété, la famille, un reste de religion et, malgré tout, les mœurs. Après avoir connu le carcan du stalinisme, ils se sont trouvés plongés sans préparation dans l'écume de la civilisation occidentale. La déflagration libertaire a secoué les sociétés de l'Est de fond en comble. Peut-on espérer voir un jour « l'extrême liberté corriger les abus de la liberté », comme dit Tocqueville, le droit redresser cette liberté qui aujourd'hui ressemble à une pure force de destruction, et l'*homo ex-sovieticus* cesser d'« osciller entre la licence et la servitude » ?

Nous sommes encore loin de ce jour. A l'heure qu'il est, nous voyons une société destructurée peuplée d'individus destructurés, une société d'assistés et de gangsters, où la loi du milieu semble la seule alternative à l'arbitraire absolu. Aujourd'hui, le seul frein à la dérive mafieuse de ces sociétés n'est pas la morale, mais la fatigue et l'apathie de la plupart : pour devenir bandit ou escroc, il faut entreprendre, voire... travailler, s'astreindre à une discipline, respecter les contrats. Tous n'en sont pas capables, loin de là. L'inégalité nomenklaturiste, qui n'a pas disparu, est doublée de la hiérarchie mafieuse encore plus ostensible : il suffit de faire la queue à une pompe à essence pour s'en apercevoir. Les truands arrivent dans un vacarme de freins au volant de leur Mercedes et sont servis devant les autres automobilistes résignés. L'argent est roi : la pègre ne craint plus la prison, racheter la liberté d'un truand ne coûte que quelques paquets de roubles ou de dollars. Les structures de pouvoir sont de plus en plus prises en mains par les mafias, les truands deviennent ministres, achètent les parlements. Quelles sont les implications politiques de cette irrésistible ascension de la pègre ? Les mafias sont patriotiques, en partie du moins, dans les nouveaux États. Au début, elles ont pesé de tout leur poids en faveur de l'indépendance. Mais là encore une évolution se dessine. Les mafias n'ont pas intérêt au démantèlement de « l'espace économique uni » de l'ex-URSS ; elles prospèrent grâce aux fonctionnaires corrompus, aux prix des carburants fixés en dessous de ceux du marché mondial, à l'incurie du système bancaire russe. Les tensions interethniques sont inconnues en leur sein : Azéris, Arméniens, Tchétchènes, Russes, Baltes, collaborent paisiblement dans un même réseau — le slogan de « l'amitié entre les peuples » n'est pas un vain mot au sein de la pègre. Les mafias ont donc objectivement intérêt, comme diraient les marxistes, au maintien du socialisme et de l'empire eurasien ; la clarification des relations de propriété leur serait fatale. On nourrit l'illusion, à l'Est et à l'Ouest, qu'une fois les apparatchiks, les escrocs et les gangsters enrichis des dépouilles privatisées de l'État socialiste, ils songeront à garantir leur propriété en instaurant et faisant respecter le droit, en un mot, on rêve que « les vices privés deviennent des avantages publics », comme on disait au XVIIIe siècle. Rien pour l'instant n'autorise cet espoir. Aujourd'hui, les contrées post-soviétiques évoquent de manière saisissante l'état de nature décrit par Hobbes : « Il n'y a pas de place pour l'industrie, parce que ses résultats sont incertains ; et en conséquence, pas de culture de la terre... Pas de calcul du temps ; pas d'arts ni de lettres ; pas de société ; et le pire de tout, une crainte continuelle et le risque d'une mort violente ; et l'existence de l'homme, solitaire, misérable, pénible, bestiale et brève... Aucune loi ne peut être promulguée tant qu'il n'y a pas d'accord sur le législateur... C'est la guerre de tous contre tous. Les notions de bien et de mal, de juste et d'injuste n'ont pas de place... Il n'y a pas de propriété, pas de différence entre le mien et le tien. »

L'histoire a certes déjà connu des temps de troubles, d'invasions barbares, de naufrages de civilisation. Mais le no man's land ex-communiste a quelque chose de sans précédent. Tous les foyers de civilisation ont été détruits. Le peuple est comme « mort du dedans », « prêt à haïr dangereusement », pour reprendre la belle expression de Rauschning. Sans lois, comment rétablir les mœurs ? Mais comment affermir les lois s'il est impossible de les appuyer sur les mœurs ? Où puiser l'énergie morale nécessaire à la constitution d'un État ? Quel dirigeant post-communiste est capable d'« unir la contrainte et la justice », comme disait Solon, pour imposer « la force de la loi » ? Pour Hobbes, l'une des passions poussant l'homme à vouloir sortir de l'état de nature est la peur de la mort, l'instinct de conservation. Il faut espérer que le socialisme n'a pas réussi à étouffer tout à fait cette passion élémentaire, ni à éteindre la raison, par laquelle le citoyen se persuade qu'il a intérêt à respecter les contrats, à porter devant un juge impartial les différents l'opposant à autrui, à considérer comme sacrées la vie et la propriété de chacun. Dans l'immédiat après-communisme, ces règles « naturelles » semblent oubliées. Comment seront-elles redécouvertes ? La présence d'un pôle de civilisation extérieur aurait pu faciliter la transformation de ce Far West sans shérif en espace lentement gagné par la loi. Mais nous avons vu qu'un des facteurs aggravants de la crise à l'Est a été la piteuse inadéquation des réactions occidentales aux difficultés éprouvées par les peuples émergeant du communisme. J'ai déjà mentionné la désastreuse obsession autour de la réforme économique, qui a fait oublier que le vrai problème est politique et moral. Les Occidentaux ont considéré comme un axiome que le remède aux maux post-communistes était, outre l'insubmersible réforme économique, la « démocratie » et les « droits de l'homme ». Mais s'est-on interrogé sur le sens de ces notions dans des pays où même l'idée d'État était à redéfinir ? Où le besoin le plus immédiat était un besoin d'ordre, la fin de l'arbitraire, la certitude que les assassins seraient poursuivis et les voleurs forcés de rendre gorge ? Les institutions démocratiques fonctionnent tant que subsistent des vestiges de ce qui n'est pas la démocratie (promotion de l'excellence, famille, religion, respect du droit) ; dans les sociétés passées sous le rouleau compresseur communiste, ces vestiges ont disparu et on s'aperçoit que les institutions démocratiques, paradoxalement, ne fonctionnent pas dans un état démocratique pur. Telle est la leçon que nous aurions dû tirer pour nous du spectacle des affres post-communistes, au lieu de nous complaire dans un rôle d'apologètes irréfléchis de recettes toutes prêtes, un rôle de mentor que notre lâcheté passée devant le communisme et l'état présent de nos régimes politiques ne nous autorisaient nullement à prendre. Dans les pays post-communistes, tout était à refaire depuis le début : on devait songer à reconstituer le terreau permettant à la civilisation de renaître au lieu de niaisement s'extasier sur les réformes gorbatchéviennes et de croire que le mot magique de « démocratie » résoudrait tout. La disparition du parti communiste n'a pas fait renaître la société civile comme par enchantement : tant que son principe de cohésion, le droit, n'existe pas, la démocratie se manifeste en anarchie et en banditisme généralisé. L'État socialiste issu du communisme, qui continue à vivre de déprédations, c'est-à-dire de violations du droit, ne peut devenir ni législateur ni garant de la loi. Le problème est donc de détruire ou de contourner ce Léviathan pillard produisant l'arbitraire, sans ajouter au désordre présent. Peut-être faut-il revenir à l'idée de Montesquieu des « pouvoirs intermédiaires », encourager les privilèges des villes, les prérogatives des corps, ces « sociétés partielles » abhorrées par Hobbes et Rousseau car elles menacent la toute-puissance de l'État, ou du moins cultiver les « libertés locales » admirées par Tocqueville[1] dans la démocratie américaine. Au sortir du communisme, il faut avant tout réconcilier les hommes avec l'existence de leur prochain, en leur faisant voir que celle-ci peut être autre chose qu'une dangereuse concurrence dans l'obtention de biens rares. L'expérience politique occidentale peut certainement être utile aux États ex-communistes, à condition qu'elle passe chez nous par une réflexion sur ce qui a rendu possible nos institutions, par une méditation rétrospective

1. « Il convient de donner une vie politique à chaque portion du territoire, afin de multiplier à l'infini, pour les citoyens, les occasions d'agir ensemble... C'est en chargeant les citoyens de l'administration des petites affaires, bien plus qu'en leur livrant le gouvernement des grandes, qu'on les intéresse au bien public et qu'on leur fait voir le besoin qu'ils ont sans cesse les uns des autres pour le produire... »

sur les fondements de la liberté politique, et non par une tentative d'imposer des formules toutes faites qui dégénèrent en caricatures ou en désordres. L'esprit qui a animé nos institutions les a désertées aujourd'hui : et nous pouvons nous en rendre compte dans le reflet que nous en offrent les États post-communistes, astres morts de nos démocraties. Si nous avions réussi à transmettre cet esprit en même temps que les formes politiques qui en sont issues, le résultat aurait été différent. Aussi la crise post-communiste est-elle la crise de tous les régimes démocratiques. Nous n'avons pas encore achevé de penser l'expérience communiste : nous avons vu ce qui séparait le totalitarisme de la démocratie libérale, mais nous n'avons pas osé nous pencher sur leur souche commune — de même qu'aujourd'hui nous préférons « promouvoir la démocratie » à l'Est plutôt que de nous instruire sur nous-même en nous intéressant à ce qui se passe dans les sociétés post-communistes. L'épisode bolchevik, les limbes de l'après-communisme fournissent une très dense matière à réflexion au philosophe, à l'historien, au moraliste. « Les hommes qui vivent en société, sous n'importe quelle forme de gouvernement, doivent être contraints à faire réflexion sur eux-mêmes par un événement venu soit de l'étranger, soit d'eux-mêmes », écrivait Machiavel. On sent pourtant une réticence à entreprendre cette méditation nécessaire — peut-être parce que la philosophie politique, l'histoire et la morale ont cessé de se nourrir l'une l'autre et de se fortifier mutuellement. Or l'expérience totalitaire ne peut être pensée qu'à la lumière convergente de ces trois disciplines. Elle rappelle le lien entre vérité et liberté, elle réintroduit le jugement sur le bien et le mal, elle relance la réflexion sur le droit naturel, l'interrogation tocquevillienne sur la démocratie. Questions auxquelles nous devons cesser de nous dérober, si nous voulons échapper au sort des victimes du socialisme.

TABLE DES MATIÈRES

Cet ouvrage a été réalisé par la
SOCIÉTÉ NOUVELLE FIRMIN-DIDOT
Mesnil-sur-l'Estrée
pour le compte des Éditions de la Coupole
en janvier 1994

Imprimé en France

N° d'impression : 25965